L. DE KERVAL

LE COUVENT DES FRÈRES MINEURS ET LE SANCTUAIRE DE NOTRE-DAME DE CIMIEZ

APERÇUS HISTORIQUES

NICE
AU COUVENT DES FRÈRES MINEURS DE CIMIEZ

1901

LE COUVENT DES FRÈRES MINEURS

ET LE SANCTUAIRE

DE NOTRE-DAME DE CIMIEZ

L. DE KERVAL

40

LE COUVENT DES FRÈRES MINEURS ET LE SANCTUAIRE DE NOTRE-DAME DE CIMIEZ

APERÇUS HISTORIQUES

NICE

AU COUVENT DES FRÈRES MINEURS DE CIMIEZ

1901

AU TRÈS RÉVÉREND PÈRE

ATHANASE DE SAORGE

EX-DÉFINITEUR GÉNÉRAL DE L'ORDRE DE SAINT-FRANÇOIS

ACTUELLEMENT GARDIEN DU COUVENT
DES FRÈRES MINEURS
DE CIMIEZ

HOMMAGE AFFECTUEUX

APPROBATIONS

LETTRE

DU

RÉVÉRENDISSIME PÈRE LOUIS LAUER,

Successeur de saint François,
Ministre Général de tout l'Ordre des Frères Mineurs.

Rome, 24 décembre 1900.

CHER MONSIEUR DE KERVAL,

Je ne saurais trop vous féliciter de votre nouvel ouvrage et de la pensée qui l'a inspiré.

Le couvent de Cimiez, à cause de son antiquité, de son importance, des religieux remarquables qui l'ont habité, méritait bien qu'on retraçât son histoire.

Votre livre, écrit dans un style magistral, est bien documenté. Je lui souhaite une large diffusion, pour la plus grande gloire de Dieu, l'édification du prochain et l'honneur de notre Ordre.

Vos pages ont, d'ailleurs, le cachet de l'opportunité : elles arrivent au moment où de nouvelles lois d'oppression menacent les Congrégations religieuses. Dès lors, on ne peut qu'applaudir aux efforts des âmes intelligentes qui font valoir les droits des Instituts religieux à la gratitude des peuples.

C'est ce que je fais volontiers, cher Monsieur de Kerval, en vous envoyant, de tout cœur, la bénédiction séraphique.

Votre tout dévoué en Notre-Seigneur.

FR. LOUIS LAUER,
Min. Général.

LETTRE

DE

SA GRANDEUR MONSEIGNEUR CHAPON,

Évêque de Nice.

Au Révérend Père Athanase, Gardien du couvent de Cimiez.

MON RÉVÉREND PÈRE,

Vous avez eu l'idée d'ouvrir à un érudit doublé d'un écrivain les riches archives de votre couvent. L'idée est heureuse et j'y applaudis, d'autant plus volontiers que du travail de l'archiviste est sortie une belle Histoire du sanctuaire et du couvent de Cimiez.

Il importait « de mettre à profit les documents précieux échappés jusqu'ici à tant de causes de destruction ».

Il importait « de recueillir et de fixer, pendant qu'on le peut encore, les souvenirs et les traditions qui, à la longue, se perdent ».

Désormais documents et traditions sont sauvés de la destruction et de l'oubli : ils sont fixés dans un monument durable.

L'Évêque de Nice ne peut que se réjouir de la publication de l'Histoire du couvent de Cimiez, qui forme l'une des plus belles pages des annales de notre ville.

Il n'est pas besoin de dire que la vérité historique ne se trouve que dans les documents. C'est de là qu'il faut l'extraire avec une sage et pénétrante critique. C'est ce qu'a fait le consciencieux historien de Cimiez. Grâce à son patient labeur, il nous est permis de connaître en détail les origines du couvent et du sanctuaire, les phases diverses par lesquelles ils ont passé, à travers les vicissitudes des temps.

Ce n'est que justice de reconnaître que cette histoire est pleine d'intérêt, et par les événements qu'elle raconte, et par le charme du style avec lequel elle est écrite.

Elle aura de nombreux lecteurs ; et ces lecteurs aimeront de plus en plus ce sanctuaire et ce couvent, qui sont un des plus beaux joyaux de notre belle cité de Nice.

Dans cet espoir, je vous bénis et vous prie, mon Révérend Père, d'agréer l'expression de mon affectueux dévouement en Notre-Seigneur.

† HENRI, *Évêque de Nice.*

Nihil obstat.
Imprimatur.

Nice, ce 24 décembre 1900.

LETTRE

DE

SA GRANDEUR MONSEIGNEUR CHRISTIAENS,

De l'Ordre des Frères Mineurs,
Évêque titulaire de Colophon, Ex-Vicaire apostolique du Hou-pé méridional.

Chalon-sur-Saône. — En la fête de sainte Élisabeth, 1900.

CHER MONSIEUR,

Je ne puis qu'applaudir à l'heureuse inspiration que vous avez eue de retracer l'histoire du couvent de Cimiez, de tirer de l'oubli les trésors de sainteté, de zèle et de science qui l'ont orné.

Le moment ne pouvait être mieux choisi : les Ordres religieux sont décriés ; l'orage de la persécution les menace dans leur existence même. Or, vous montrez que les moines ne sont pas des êtres inutiles ; vous les faites parler par leurs œuvres ; vous faites admirer dans les fils de saint François, que vous dépeignez d'après nature, des serviteurs de Dieu et des hommes, des revendicateurs des droits divins, des avocats du pauvre et de l'opprimé.

Puissent ces pages faire ouvrir les yeux à une foule de gens qui sont hostiles aux Congrégations religieuses, plus par ignorance que par malice ; puissent-elles parler au cœur des amis sincères de la justice et de la liberté et contribuer ainsi à écarter des Provinces franciscaines de France les malheurs dont les menacent les intrigues des ennemis de Dieu, de la société, de la patrie.

Agréez à nouveau mes félicitations et mes vœux bien sincères pour l'heureux succès de votre œuvre.

✝ FR. BENJAMIN CHRISTIAENS,
O. F. M.
Évêque titulaire de Colophon,
Ex-Vicaire apostolique du Hou-pé méridional (Chine).

LETTRE

DU

TRÈS RÉVÉREND PÈRE LÉON DE MALAY,

Ministre Provincial des Frères Mineurs de la Province de Saint-Bernardin.

Mâcon, le 23 novembre 1900.

✝

Je ne saurais vous exprimer l'intérêt et la satisfaction avec lesquels j'ai lu l'Histoire du couvent et du sanctuaire de Cimiez.

Nul monastère, par son passé glorieux, son rôle dans l'histoire de l'Ordre en France, le nombre relativement considérable des religieux de mérite qu'il a produits, n'était plus digne de tenter le zèle de l'érudition. Or, toutes ces choses sont retracées vraiment de main de maître dans les pages du gracieux volume que nous avons sous les yeux. Pour faire revivre le passé glorieux, le rôle actif et la fécondité incomparable de ce cher couvent de Cimiez, vous avez puisé aux sources les plus pures; vous vous êtes inspiré des documents les plus authentiques. Votre livre est écrit avec une fidélité qui rassure, une abondance de détails qui éclaire et satisfait l'esprit, une délicatesse en même temps qu'une vigueur de plume qui charment et captivent le lecteur.

Disons-le encore, cette œuvre n'a pas seulement, à notre avis, une importance rétrospective. En faisant passer sous les yeux des Franciscains actuels les vertus, les luttes, les victoires de leurs devanciers, en rappelant en particulier aux religieux de la Province de Saint-Bernardin les gloires de ce couvent de Cimiez, qui a été, au point de vue des origines premières, en quelque sorte leur berceau, elle contribuera efficacement à enflammer leur ferveur et à activer leur progrès dans la pratique des vertus séraphiques.

Enfin, et pour dire toute notre pensée, ce travail consciencieux, en tirant de l'oubli les services rendus à la religion, à la science, à la civilisation, par les moines de Cimiez, sera le plus éloquent des plaidoyers en faveur des Ordres religieux, que l'on persécute si odieusement, à l'heure présente.

Je ne saurais clore cette lettre sans vous adresser aussi mes plus sincères félicitations pour l'heureuse pensée que vous avez eue de retracer, en même temps que celle du couvent, l'histoire radieuse, et souvent merveilleuse, du sanctuaire de Notre-Dame de Cimiez. Cette histoire ne peut qu'augmenter la confiance et les espoirs des âmes qui aiment à penser et à redire que la France, royaume de Marie, ne saurait périr.

Que le Cœur sacré de Notre-Seigneur et celui du Séraphique Patriarche d'Assise bénissent l'auteur et ceux qui avec lui ont mis la main à la composition ou à l'ordonnance de ce charmant volume, dont nous nous faisons une joie de recommander instamment la pieuse lecture à tous, mais plus particulièrement à nos bienfaiteurs et aux amis dévoués de saint François.

Votre très petit *in Corde Jesu*.

Fr. Léon,
O. F. M.,
Provincial de Saint-Bernardin.

LETTRE

DU

Très Révérend Père OTHON DE PAVIE,

Ministre Provincial des Frères Mineurs de la Province de Saint-Louis évêque, en Aquitaine.

A Monsieur Léon de Kerval, écrivain catholique.

Très cher Monsieur de Kerval,

J'ai lu *Le Couvent des Frères Mineurs et le Sanctuaire de Notre-Dame de Cimiez*; j'ai hâte de vous dire, bien cher Monsieur, combien cette lecture m'a intéressé.

Je connais ce couvent dont vous parlez si bien. Il y a quelques années, à mon retour d'Italie, j'y ai passé des heures du ciel. Mon âme y respirait les parfums de la prière, de la pénitence et de la régularité séraphique.

Votre livre, bien cher Monsieur, va donner un nouveau charme à cette solitude, un nouvel et puissant attrait à ce sanctuaire. Dans le tableau que vous en avez tracé, vous ne vous attardez pas outre mesure à dépeindre le site enchanteur qu'il occupe, pas plus qu'à vanter les splendeurs de la « côte d'azur »; mais vous attirez agréablement l'attention de vos lecteurs sur les faits historiques, sur les personnages illustres qui sont venus à Cimiez, enfin sur les Frères Mineurs qui ont donné à ce couvent l'auréole de la sainteté et de la science. Vous faites revivre, pour les fervents religieux, gardiens plusieurs fois séculaires de ce sanctuaire béni, autant que pour les pieux pèlerins qui le visitent, une page historique des plus intéressantes, des plus édifiantes, des plus radieuses.

Les amis de saint Louis d'Anjou y liront avec plaisir que le couvent de Cimiez dépendait autrefois, comme aujourd'hui, de la Province séraphique où l'angélique Évêque de Toulouse eut son berceau et, pendant de longues années, son glorieux tombeau.

Je félicite les Frères Mineurs de Cimiez de vous avoir pour historien de leur couvent. Votre attachement à l'Ordre Séraphique, votre talent d'écrivain, votre compétence dans les questions d'histoire, donnent à votre livre une incontestable valeur.

Au cours de votre travail, vous dites que les Frères Mineurs de Cimiez ont vraiment le droit d'être fiers de leur rôle ; après avoir lu votre livre, j'ajoute qu'ils ont aussi le droit d'être fiers de leur historien.

Veuillez agréer, très cher Monsieur, l'assurance de mes sentiments bien dévoués en Jésus-Christ.

FR. OTHON DE PAVIE,
de l'Ordre des Frères Mineurs,
Ministre Provincial de Saint-Louis en Aquitaine.

Bordeaux, couvent des Frères Mineurs,
23 décembre 1900.

LETTRE

DU

Très Révérend Père LÉONARD D'ARGENTAN,

Ministre Provincial des Frères Mineurs de la Province de Saint-Denys.

ÉGLISE ET COUVENT
DE
SAINT-ANTOINE DE PARIS
—

Paris, le 30 décembre 1900.

Bien cher Monsieur,

De grand cœur j'ajoute quelques lignes aux lettres de félicitations qui vous sont adressées par le Révérendissime Père Ministre Général et par les TT. RR. Pères Provinciaux des Provinces de Saint-Bernardin et de Saint-Louis.

A vrai dire, ces lettres suffisent largement, à elles seules, à recommander votre beau travail, et si j'y joins mes éloges, c'est surtout parce que le couvent de Cimiez est en cause.

N'est-ce pas dans cette vénérable maison, en effet, qu'il m'a été donné, il y a trente-trois ans, de revêtir l'habit franciscain? N'est-ce pas là où j'ai passé, — sous la direction de saints religieux, dont le plus grand nombre nous a quittés pour entrer dans la patrie de l'éternité, — l'une des plus heureuses époques de mon existence ?

Et le souvenir de ces années s'est précieusement conservé dans ma mémoire, comme on y garde le souvenir du foyer paternel!...

Aussi j'ai lu avec un immense plaisir l'histoire de cet antique couvent; j'y ai retrouvé l'évocation des traditions qui me furent jadis racontées à moi-même et que vous avez recueillies avec un soin scrupuleux.

Je puis dire que vous avez ajouté une intéressante page à l'histoire de l'Ordre en général, à l'histoire de la Province de Saint-Bernardin et même à celle de la Province de Saint-Denys. Si d'impérieuses circonstances ont séparé cette dernière de sa Province-mère, elle ne saurait oublier que Cimiez fut son berceau; que de Cimiez sortirent les hommes de dévouement qui vinrent rétablir en France l'une des branches de la grande Famille franciscaine.

Sans doute la Bulle d'union de l'Ordre a fait disparaître les divergences d'observance, et les quatre Provinces françaises des Frères Mineurs marchent ensemble, comme des sœurs, la main dans la main ; personne cependant ne contestera à la Province de Saint-Denys la pieuse inclination qui toujours la rapprochera plus intimement de la Province de Saint-Bernardin.

Veuillez agréer l'assurance renouvelée de mon affectueux dévouement.

FR. LÉONARD D'ARGENTAN,
O. F. M.,
Ministre Provincial des Frères Mineurs
de la Province de Saint-Denys.

LETTRE

DU

TRÈS RÉVÉREND PÈRE ATHANASE DE SAORGE,

Ex-Définiteur général de l'Ordre des Frères Mineurs, Gardien du couvent de Cimiez.

A Monsieur Léon de Kerval

BIEN CHER AMI,

Vous avez bien voulu me dédier l'Histoire du Couvent et du Sanctuaire de Cimiez ; bien plus, vous m'attribuez l'initiative de sa publication et une part prépondérante dans la réalisation de cette œuvre historique. Peut-être certains vous trouveront-ils trop bienveillant à mon égard et estimeront-ils que vous me faites trop d'honneur. Du moins, tous ceux qui liront cet ouvrage n'auront qu'une voix pour vous féliciter, comme moi, du soin, de l'habileté, du talent, avec lesquels vous avez su tirer parti des documents de nos archives qu'il m'a été donné de vous confier, des renseignements assez nombreux que j'ai pu vous communiquer, grâce à mes relations personnelles d'autrefois avec les premiers religieux qui ont repeuplé la communauté après la tourmente révolutionnaire.

Religieux moi-même de Cimiez, successivement Vicaire de la paroisse et Gardien du Couvent, j'y ai, depuis mon entrée au noviciat et à l'exception des quelques années où la charge de Définiteur général m'a retenu à Rome, passé à peu près constamment ma vie ; c'est donc avec une joie et une consolation particulières, c'est donc avec une reconnaissance toujours grandissante, que je vois, grâce à vos intelligents et consciencieux travaux, revivre, depuis ses origines jusqu'à nos jours, l'histoire d'une maison qui m'est chère à tant de titres et à la prospérité, à la régularité, au bon renom de laquelle je n'ai rien eu de plus à cœur que de travailler.

Mais, je ne serai pas le seul à éprouver cette joie et cette consolation. Non seulement la famille franciscaine de Cimiez, non seulement ceux qui, dans le pays de Nice, s'intéressent aux enfants du Séraphique Père, mais encore les Provinces de France et de Piémont, dans le passé et dans la résurrection desquelles notre couvent a joué un si grand rôle, liront votre travail avec une édification, un enthousiasme, un profit, dont le mérite remontera jusqu'à vous. Et, — pourquoi ne pas le dire, puisque nous sommes tous solidaires? — l'Ordre des Frères Mineurs tout entier vous sera justement reconnaissant des belles et éloquentes pages que vous venez d'ajouter à ses annales. Car quiconque parcourra votre ouvrage y retrouvera, bien cher Monsieur et ami, les qualités littéraires qui vous distinguent et vous ont mérité une place d'honneur parmi les écrivains les plus dévoués à cet Ordre, parmi ceux qui, en remuant, comme vous l'avez fait pour Cimiez, la poussière des archives, en compulsant et en étudiant les documents authentiques, sauvent de l'oubli et font resplendir à nouveau ses gloires les plus pures.

Veuillez agréer, bien cher Monsieur et ami, avec l'expression réitérée de ma reconnaissance, l'assurance de mes sentiments très affectueusement dévoués.

FR. ATHANASE DE SAORGE,
O. F. M.,
Ex-Définiteur général de l'Ordre des Frères Mineurs,
Gardien du couvent de Cimiez.

Donné, en notre Couvent de Cimiez, le 29 décembre 1900.

LETTRE

DU

Révérend Père JULES DU SACRÉ-CŒUR,

De l'Ordre des Frères Mineurs, Commissaire général du Tiers-Ordre en France.

Au Très Révérend Père Athanase de Saorge, Gardien du couvent de Cimiez.

30 décembre 1900.

Mon Très Révérend Père,

Au moment où vous m'avez communiqué votre dessein de favoriser, de tout votre pouvoir, la publication de l'Histoire de notre couvent de Cimiez, je n'ai pu que vous encourager ; aujourd'hui, permettez-moi de vous offrir mes humbles mais bien sincères félicitations. Grâce à votre concours éclairé et à celui de vos religieux, il a été possible d'exhumer de la poussière des archives le passé glorieux de ce couvent ; une plume amie et savante, bien appréciée de nous tous, a admirablement raconté ce qui, dans ces événements d'autrefois, pouvait être, pour les Franciscains d'aujourd'hui, un stimulant et une leçon.

Combien opportun, d'autre part, paraît un ouvrage de ce genre, à l'heure présente, alors que l'on prétend anéantir, dans un sentiment d'ingratitude, tout ce qui fut un bienfait, alors qu'aux services rendus par les associations religieuses on ne répond que par la haine et le mépris !

En concevant la première idée de ce livre, en aidant ensuite, vous et vos frères, à sa composition et à son impression, vous avez donné un précieux et fécond exemple. Combien utile, combien avantageux il serait si chaque couvent de notre Ordre, avec la coopération d'érudits consciencieux, travaillait, de la sorte, à reconstituer ses annales !

Parmi tant d'œuvres que vous aurez suscitées, ou auxquelles

vous aurez efficacement concouru, durant votre vie si dignement remplie, cette publication de l'Histoire de Cimiez, plus que toute autre entreprise, perpétuera noblement votre souvenir.

En même temps que mes respectueux hommages, agréez l'expression des sentiments avec lesquels je me dis de Votre Paternité l'humble et bien affectueusement dévoué,

FR. JULES DU SACRÉ-CŒUR,
O. F. M.,
Com. Gén. du T.-O.

INTRODUCTION

INTRODUCTION

Cimiez et la « côte d'azur ». — L'antique Cémélion. — Les souvenirs chrétiens. — La Vierge et les Frères Mineurs. — Pourquoi ces pages.

Sur la côte d'azur, dominant Nice, qui s'étend à ses pieds, s'élève, parsemée de somptueuses villas et de jardins magnifiques, la colline de Cimiez [1].

Non seulement par l'air pur et embaumé qu'on y respire, par les vastes et splendides horizons qu'on y contemple, par le séjour enchanteur qu'on y trouve en tout temps au milieu de la verdure et des fleurs, ce lieu mérite la renommée dont il jouit auprès des voyageurs et des touristes [2] ; mais à l'historien, au pèlerin, à l'artiste,

1. L'orthographe du mot *Cimiez* a plusieurs fois varié. On trouve dans les pièces et registres officiels, depuis un siècle, *Cimié, Cimiés, Cimiez*. Nous avons employé cette dernière forme, qui est celle généralement adoptée à l'heure actuelle.

2. « Celeberrima sunt, disait déjà Britius, felix aeris temperies, grata soli amœnitas qua perpetuo fere vere congaudet, latissimus in proximam urbem et subjacentis pelagi undas per plus quam

il offre d'intéressants souvenirs et de particuliers attraits.

Là, sur ce premier plateau de la chaîne des monts *Céméniens*[1], fut jadis une puissante cité. Plus de trois siècles avant la naissance du Christ, elle fut, dit-on, bâtie par les Grecs *Védiantiens*[2]. En rivalité et en guerres continuelles avec Nice, dont la fondation par les *Massaliotes*[3] aurait été à peu près contemporaine de la sienne[4], elle domina longtemps toute la contrée et, à une certaine époque, ne compta pas moins de quinze à vingt mille habitants[5].

Subjuguée, dans la suite, par Auguste et devenue chef-lieu de la province romaine des Alpes-Maritimes, elle posséda un préfet, un sénat, une garnison et servit longtemps de résidence favorite aux plus illustres familles de Rome, qui venaient y passer l'hiver[6].

On l'appelait *Cémélion* ou *Cemenelum*[7], d'où est venue la dénomination actuelle : *Cimiez*.

terdena milliaria prospectus. » (PAUL BRITIUS, *Seraphica Subalpinæ D. Thomæ Provinciæ monumenta* (de Conv. S. M. de Cimellis); Turin, 1647, p. 211.)

1. PLINE, l. III, ch. IV. — STRABON, l. II.

2. PLINE, l. III, ch. V. — PTOLÉMÉE, l. III, etc.

3. Ou Phocéens, établis à *Massilia* (Marseille) depuis plus de trois siècles déjà.

4. JUSTIN, l. XLIII. — STRABON, l. IV. — GIOFFREDO, *Nicæa civitas sacris monumentis illustrata*, proleg., ch. III et IV. Turin, 1658.

5. C'est, du moins, le chiffre qui semble résulter des dimensions de son amphithéâtre, dont les ruines existent encore.

6. Voir les inscriptions antiques, mentionnant des préfets, des sénateurs, des soldats, des descendants de familles illustres, recueillies par Gioffredo (*Nicæa civitas sacris monumentis illustr.*, proleg., ch. VII et VIII).

7. PTOLÉMÉE : Vediantiorum in maritimis Alpibus Cemenelon. — PLINE : Oppidum Vediantiorum civitatis Cemenelion (l. III, ch. V). — *Itinéraire d'Antonin :* Cemenelum, etc. — GIOFFREDO, *Nicæa civitas*, etc., proleg., ch. V.

Vers l'an 575, semble-t-il, après de longs et sanglants combats, l'antique cité fut prise d'assaut par les Lombards, qui la réduisirent en cendres ; plus tard, Charlemagne aurait essayé inutilement de la relever[1].

Des ruines nombreuses témoignent de sa grandeur passée. On voit encore les restes de son amphithéâtre ; il était de forme ovale et mesurait soixante-cinq mètres de longueur sur cinquante-quatre de largeur ; la voie publique le traverse maintenant par le milieu. On croit aussi reconnaître les restes d'un temple d'Apollon, des thermes, et, derrière un bosquet qui occuperait l'emplacement de l'ancienne acropole, des pans de murs ayant fait partie de l'habitation du gouverneur. On a, de plus, trouvé à diverses reprises, en creusant le sol, une grande quantité de monnaies, de médailles, de bagues, de colliers, de statuettes, de vases, d'urnes lacrymatoires[2].

Des fouilles, pratiquées en 1839, mirent aussi à découvert un vaste souterrain rempli de froment calciné et deux cercueils en plomb avec leurs squelettes intacts[3].

1. Gioffredo, *Nicæa civitas*, etc., proleg., ch. XIII. — Suivant une légende, saint Hospice, abbé de Nice, qui assista à cette invasion des Lombards, l'aurait prophétisée plusieurs années à l'avance. (Gioffredo, *Nicæa civitas*, etc., ibid.)

2. Gioffredo, *Nicæa civitas* etc., proleg., ch. IX et X. — R. P. François Cassini de Perinaldo, Frère Mineur, *Cenni storici sull' antica città di Cimella e sull' attuale chiesa e convento*. Nice, 1858, p. 22-25.

3. R. P. François Cassini de Perinaldo, Frère Mineur, *Cenni storici sull' antica città di Cimella*, etc., p. 24 et 25. — Durant le Moyen-Age, le souvenir de l'antique *Cemenelum* se perdit si complètement, qu'au XVIIe siècle, la plupart des érudits eux-mêmes ne savaient plus en quel pays cette ville avait été jadis située. Un auteur de cette époque renferme, à ce propos, le curieux passage que voici :

« Quant à la cité dite *Cemenelensis*, l'on a esté fort long-temps en ténèbres et dans l'ignorance quelle elle pouvoit estre, et où il

Au point de vue chrétien, Cimiez compte dans ses annales des pages non moins glorieuses.

L'Évangile y fut annoncé de bonne heure. Ses premiers apôtres, — s'il faut en croire certaines traditions, — auraient été saint Barnabé, Sergius Paulus, évêque de Narbonne[1], et saint Nazaire, qui y aurait converti le jeune Celse, devenu plus tard le compagnon de ses courses et de son martyre[2].

On assure aussi que saint Vincent et saint Oronce, massacrés en Espagne pour la foi qu'ils propageaient, étaient originaires de Cimiez[3].

Par suite des rapides progrès du christianisme dans la contrée, on y aurait érigé, dès la seconde moitié du IIIe siècle, un siège épiscopal[4].

Quoi qu'il en soit, au Ve siècle, un décret de saint

falloit la loger. Aussitôt que les *Homelies* de Valerian, évêque de cette ville, commencèrent à paroitre dans Rome, l'on chercha fort long-temps en quelle part du monde pouvoit estre cette ville *Cemenelensis* ou *Cemeliensis.* Les uns doutoient si elle estoit en Sicile, les autres si en Sardaigne ou Corseque; autres si en Affrique; enfin après avoir long-temps feuilleté les écrits des anciens géographes, il fut conclu et résolu qu'elle estoit en Provence. C'est ainsi que m'en a fait le recit, à Rome, le R. P. Lucas Wadingue, Hybernois, très célèbre écrivain des Annales de son Ordre de S. François et un des censeurs de l'Inquisition générale de Rome, qui estoit présent à cette recherche et censure. » (Honoré Bouche, docteur en théologie. *La Chorographie ou Description de Provence et l'histoire chronologique du mesme pays,* t. I, l. III, ch. II, § 3, p. 120. Aix, chez Charles David, imprimeur du Roi, du clergé et de la ville. MDCLXIV.)

1. Gioffredo, *Nicæa civitas sacris monum. ill.*, proleg., ch. XIX.

2. Cf. *Acta SS.*, 28 juillet, de S. Nazario. — Gioffredo, *Nicæa civitas,* etc., Ire par., tit. I, p. 57 et suiv.

3. *Vita auctore episcopo gallo anonymo*, ap. *Acta SS.*, 22 janvier. — Gioffredo, *Nicæa civitas*, etc., Ire par., tit. V, p. 85 et suiv.

4. Gioffredo, *Nicæa civitas*, etc., Ire par., tit. IV, p. 72 et suiv.

Léon le Grand (440-461), réunit le diocèse à celui de Nice[1].

Au VIIIe siècle, Charlemagne fonda, dit-on, près de Cimiez la célèbre abbaye de Saint-Pons, dont saint Syagrius fut le premier abbé[2]. Ce monastère bénédictin demeura une pépinière de saints et savants religieux jusqu'à la fin du XVe siècle (1473), époque où il fut malheureusement réduit en commende[3].

Au IXe siècle, semble-t-il, comme pour marquer définitivement le triomphe du christianisme sur le monde païen, pulvérisé et anéanti par les Barbares, Cimiez, du milieu même des débris de ses temples antiques, vit surgir l'un des sanctuaires les plus augustes et les plus vénérés que les habitants des Alpes-Maritimes aient consacrés à la Vierge Mère. Plus tard enfin, auprès et comme à l'abri de cette église, les disciples de François d'Assise vinrent se fixer et, grâce à la protection de Marie, la Reine Immaculée des Frères Mineurs, ils y prirent si profondément racine, qu'en dépit des guerres, des révolutions et des proscriptions de tout genre, ils y sont encore aujourd'hui.

C'est de ce couvent et de ce sanctuaire que nous voudrions retracer brièvement ici l'histoire.

L'œuvre, croyons-nous, n'est pas inutile.

N'est-il pas important de mettre à profit, en les publiant ou en les résumant, les documents qui, échappés jusqu'ici à tant de causes de destruction, sont encore, bien qu'en trop petit nombre, conservés dans nos archives de recueillir et de fixer, pendant qu'on le peut encore, les souvenirs et les traditions qui, à la longue, se perdent,

1. GIOFFREDO, *Nicæa civitas*, etc., Ire par., tit. VII, p. 96 et suiv.
2. GIOFFREDO, *Nicæa civitas*, etc., Ire par., tit. XI, p. 113 et suiv.
3. GIOFFREDO, *Nicæa civitas*, etc., IIe par. (monast. S. Pontii), p. 214.

nécessairement, de plus en plus ? N'est-il pas opportun, par un exposé historique uniquement appuyé sur des faits et des pièces authentiques, de placer en lumière les services rendus par ces Frères Mineurs de Cimiez, demeurés si populaires, de montrer comment l'église dont ils ont la garde a été constamment, pour la cité voisine, une source de faveurs spirituelles et temporelles, de faire toucher du doigt comment, en ce coin de terre, ont fleuri et se sont épanouis à l'envi la religion, la science et l'art ?

Oui, alors que, sous tant de formes, les Ordres religieux sont menacés, alors que, de toute part, tant de ruines matérielles et morales se consomment ou se préparent, il est bon que la population niçoise sache quels droits imprescriptibles et sacrés le couvent et le sanctuaire de Cimiez ont à ses sympathies dévouées, à ses générosités infatigables, à son active et efficace protection[1].

On l'a dit avec raison : « Un livre, surtout s'il est sérieux, a toujours un grand nombre d'auteurs[2] » ; les pages qui suivent doivent beaucoup aux recherches des autres. Nous avons tâché, dans les notes, de marquer toute l'importance de ces dettes.

1. Entièrement soumis à la sainte Église romaine et aux décrets des Souverains Pontifes, nous déclarons, conformément à la Bulle d'Urbain VIII, n'attribuer qu'une autorité purement humaine aux récits des quelques faits plus ou moins merveilleux qu'il nous arrivera de citer au cours de cet ouvrage. Nous déclarons, en outre, que, si nous donnons parfois le titre de Bienheureux ou de Vénérable à des personnages recommandables par leurs vertus, c'est uniquement ou pour nous conformer à l'usage immémorial de l'Ordre Franciscain, ou en témoignage de notre vénération particulière pour eux, mais non dans la pensée de prévenir, en ce qui les concerne, le jugement de l'Église.

2. PAUL SABATIER, *Vie de saint François*, introd.

Nous tenons, toutefois, à adresser particulièrement ici un mot de reconnaissance à M. Henri Sappia, qui, avec tant d'érudition, a déchiffré les manuscrits du couvent et rassemblé la plupart de nos pièces justificatives. Nous devons aussi témoigner notre gratitude à M. Augustin Anglès, qui a concouru largement à la reconstitution de cette histoire.

Merci enfin aux Pères du couvent de Cimiez, — en particulier au T. R. Père Athanase de Saorge, Gardien, et au R. P. Fidèle de Cros-d'Utelle, Maître des novices, — auxquels revient l'idée première de cet ouvrage, et qui, avec tant de dévouement et de zèle, ont aidé à sa réalisation.

PREMIÈRE PARTIE

LE COUVENT

CHAPITRE PREMIER

Les Frères Mineurs à Nice

Le premier établissement des Frères Mineurs à Saint-Recoubré. — Leur transfert au pied du château : donation d'Augier Badat. — Les persécutions de l'envie : bulle d'Alexandre IV. — Conventuels. — La fondation du couvent de l'Observance : décret d'Anne de Lusignan. — Les disciples fidèles de saint François et la sainteté. — Le Chapitre général des TROIS MILLE. *— Le séjour de Paul III. — Pirates et corsaires : la ruine. — Les souvenirs élevés sur l'emplacement de Sainte-Croix.*

S'IL fallait en croire de vieilles traditions, ou plutôt de pieuses légendes, l'établissement des Frères Mineurs dans la ville de Nice remonterait à saint François lui-même. En 1214, à son retour d'Espagne, le Séraphique Patriarche y aurait laissé quelques-uns de ses disciples.

Quoi qu'il en soit, les premiers Franciscains venus à Nice se fixèrent, dit-on, tout d'abord au quartier de *Lympia*. La petite église de *Saint-Recoubré* leur fut confiée ; ils la desservirent durant plusieurs années[1].

1. « *Minoritis* Divi Francisci, *quos primum, vivente eodem Ordinis fun-*

Cette église, qui fut détruite vers le milieu du XVIIe siècle, s'élevait à l'est du port actuel, non loin d'une vaste carrière de pierres d'où fut tirée la plus grande partie des matériaux nécessaires à la construction du port, creusé en 1760.

En parcourant plusieurs actes des notaires Garelli (20 avril 1749) et Cuchieri (21 janvier 1775), on apprend que cette carrière de Saint-Recoubré se trouvait au milieu d'une propriété couverte d'oliviers et appartenant à la famille Florès, qui, aujourd'hui encore, possède un immeuble dans ces parages. Cette propriété s'étendait, à l'est du nouveau port, jusqu'au lieu où fut bâti le môle dit du *Bari long*.

De l'église de Saint-Recoubré, les Frères Mineurs se transportèrent, un peu plus tard, au pied de la colline du château, sur un terrain à eux cédé, le 17 novembre 1250, par Augier Badat. L'acte suivant, qui le constate, désigne exactement l'emplacement où furent édifiés l'église et le couvent, dont on peut, au surplus, voir encore les restes aujourd'hui, près de l'ancien hôtel de ville.

« Au nom du Seigneur. Amen.

« Qu'il soit notifié à tous ceux, tant présents que futurs, qui auront connaissance de cet acte, qu'Augier Badat, par dévotion envers Dieu et par piété, a donné et abandonné

datore Divo Francisco, Ecclesiam S. Recuperati, vulgo *S. Recoubré*, nunc solo tenus eversam, *incoluisse fama est*, datus est ab Augerio Badato ad monasterium extruendum locus. » (Gioffredo, *Nicæa civitas sacris monumentis illustrata*, IIe par., de Episc., n. xxxiii, p. 183. Turin, 1658.)

à Raymond Richard, qui la reçoit au nom des Frères Mineurs, la quantité ci-après indiquée d'un terrain lui appartenant, sis à son moulin du pont. Cette portion de terrain, touchant le bief des moulins dudit Augier et de deux côtés sa terre, mesure vers la mer trente-cinq *cannes*, au Nord quarante-six cannes, à l'Occident trente cannes, à l'Orient trente cannes. Le susnommé Augier Badat a fait don et abandon, ainsi qu'il a été dit, au susnommé Raymond Richard, agissant au nom des religieux susmentionnés, de ce terrain, à perpétuité, pour qu'il y soit construit un couvent et une église à l'usage des Frères Mineurs. C'est pourquoi Frère Guillaume, au nom des Frères Mineurs, déclare ledit Augier, sa femme et ses fils, participants à toutes les prières et mérites desdits Frères. Ledit Augier Badat a fait cette donation pour le salut de son âme et le soulagement des âmes de ses ancêtres.

« Fait dans ladite terre, l'an de la Nativité de Notre-Seigneur mil deux cent cinquante, indiction neuvième, le dix-septième jour de novembre. — Ont été témoins instrumentaires : Pierre Paul, Hugues Rocha et Raymond de Marseille. Moi, Pierre d'Arexano, notaire public, agissant par autorité du seigneur Othon, empereur, je suis intervenu, et, sur la demande des parties, ai rédigé cet acte[1]. »

Il y avait cinq ans que les Franciscains étaient paisiblement établis sur le terrain en question, lors-

1. Voir aux Pièces justificatives : I. *Acte de donation par Augier Badat d'un terrain pour la construction du couvent et de l'église des Frères Mineurs de Nice.* — Conservé jadis dans les archives des Conventuels de Nice, cet acte a été reproduit par Gioffredo (*Nicææ civitas sacris monumentis illustrata*, IIe part., de Episc., n. XXXIII, p. 183-184). — Wadding, qui ignorait ce document, n'a pu déterminer avec exactitude la date de fondation du couvent. (*Annales Minorum*, an. 1429.)

qu'une violente persécution s'éleva contre eux. Elle était le fait de ceux-là mêmes dont on était, semble-t-il, le moins en droit de l'attendre, de l'évêque de Nice et de son entourage.

Pour bien comprendre ce lamentable épisode, il ne faut pas perdre de vue l'hostilité dont, en diverses contrées, les Frères Mineurs, dès leur apparition, avaient été l'objet de la part de certains prélats séculiers qui, — les bulles d'Honorius III en font foi[1], — allaient souvent jusqu'à leur interdire, par jalousie ou par avarice, le séjour de leurs diocèses ; il faut se souvenir aussi de la guerre acharnée et retentissante que les docteurs de l'Université de Paris et les partisans de leur monopole, par la plume de Guillaume de Saint-Amour, venaient de déclarer précisément aux Ordres mendiants[2].

Quoi qu'il en soit, en quittant Saint-Recoubré, les Frères Mineurs avaient cédé la maison adjacente à des religieuses Cisterciennes[3] ; l'évêque, sous de futiles prétextes, prétendit s'en emparer. Comme les Franciscains protestaient hautement, le prélat ne garda plus aucune mesure : il leur défendit la prédication, leur interdit d'entendre les confessions et enfin fulmina l'excommunication contre eux et contre les religieuses.

1. Bulles *Cum dilecti*, du 11 juin 1219, et *Pro dilectis*, du 29 mai 1220 ; ap. SBARALEA, *Bullar. Francisc.*, t. I, p. 2 et 5.

2. Le libelle de Guillaume de Saint-Amour fut condamné par Alexandre IV, le 5 octobre 1256.

3. GIOFFREDO, *Storia delle Alpi marittime* (an. 1256), dans les *Monumenta historiæ patriæ*, edita jussu regis Caroli Alberti. Turin, imp. royale, 1839.

Un pareil scandale demandait une réparation. Le Pape Alexandre IV, en ayant eu connaissance, écrivit, le 11 juin 1256, à l'évêque de Senez ; il le chargeait, si, dans l'espace de dix jours, l'évêque de Nice n'avait pas retiré ses injustes censures, de les déclarer lui-même, publiquement et comme délégué du Saint-Siège, nulles et de nul effet.

Voici la traduction de cette bulle :

« Alexandre Pape,

« *Serviteur des serviteurs de Dieu, à Notre vénérable Frère l'Évêque de Senez, salut et bénédiction apostolique.*

« C'est pousser jusqu'à l'excès la cruauté, c'est faire preuve d'une méchanceté manifeste que de persécuter sans motif les humbles messagers, les innocents hérauts du Christ, c'est-à-dire Nos bien-aimés fils les Frères Mineurs. Cela est d'autant plus odieux que, supportant, en vue de l'éternelle gloire, la pauvreté la plus absolue et des austérités de tout genre, ils travaillent, avec un zèle ardent, à ce que, dans l'univers entier, le nom de Dieu soit honoré, à ce que partout les âmes des fidèles soient sauvées.

« A cause de leurs éclatants mérites, Notre vénéré Frère l'Évêque de Nice devrait donc les combler de bienveillance et de faveurs, les environner continuellement de sa tendresse et de ses consolations. Or, bien que Nous puissions à peine le croire, Nous apprenons que c'est tout autrement qu'il agit. En effet, des hommes dignes de foi affirment qu'il a naguère fulminé une sentence d'excommunication contre Notre bien-aimé fils le Gardien des Frères Mineurs de Nice. Oui, ayant tenté de s'emparer violemment d'un certain lieu, où ces religieux ont autrefois résidé pour le service divin, et ayant été empêché d'y pénétrer parce qu'il devait en résulter pour eux de graves dommages, il s'est, à cause de cela, laissé aller à un tel excès d'irritation et de colère qu'il déclare frappés du glaive de l'anathème ces mêmes Frères, s'ils ne se soumettent et n'obéissent à son désir ; il n'excepte pas même de cette censure les autres Frères Mineurs du diocèse.

« Non content de cela, au mépris du Siège Apostolique, au détriment manifeste des âmes, il ne craint pas de leur interdire de prêcher, de les empêcher d'entendre les confessions des fidèles qui s'adressent à eux, alors que les prélats des autres diocèses le leur permettent volontiers et avec joie. Est-ce tout ? Non ; car, à de fréquentes reprises, et bien qu'elles soient, dit-on, immédiatement soumises au Saint-Siège, il a lancé l'excommunication contre Nos chères filles, l'abbesse et les religieuses de l'ordre de Cîteaux qui habitent actuellement l'ancienne résidence des Frères Mineurs ; il a même étendu cette sentence d'excommunication à ceux qui visiteraient le lieu en question, à ceux qui prêteraient appui ou secours auxdites religieuses, dont la conduite et la vie sont entièrement dignes d'éloges, dont la pauvreté par ailleurs est fort grande. Il a ainsi fait un grave affront aux Frères, et a causé à beaucoup de fidèles un véritable scandale.

« La dignité de sa charge, pourtant, demande qu'il apprenne à se faire aimer, plutôt que craindre, de ceux qui lui sont soumis, en particulier des personnes humbles et pieuses ; et si parfois il lui devient nécessaire d'user de sévérité, cette sévérité ne doit pas être celle d'un tyran, mais celle d'un père. A l'égard de la famille que Dieu lui a confiée, son sein doit être prêt à répandre en abondance le lait (de la charité) et non le venin (de la haine). Nous avons jugé à propos de l'en avertir et de le prier instamment de ne pas l'oublier. Aussi, par les lettres que Nous lui adressons, Nous lui ordonnons expressément, dans l'espace de dix jours, à dater de la réception de cet avis, d'abroger, sans tergiversation aucune, les sentences d'excommunication qu'il a portées contre les personnes susdites; Nous lui recommandons de s'abstenir soigneusement désormais de toute tracasserie et de tout mauvais procédé, quel qu'il soit, envers les Frères Mineurs et les religieuses ci-dessus mentionnées, ainsi qu'envers leurs bienfaiteurs; qu'il les considère, bien plutôt, comme dignes d'une exceptionnelle estime et veille, autant qu'il le pourra, à ce que nul ne leur suscite d'embarras. De la sorte, il méritera les célestes récompenses et les grâces d'en haut; de la sorte, il acquerra de nouveaux titres à Notre faveur.

« En conséquence, par ces Lettres apostoliques, au cas où ledit évêque négligerait, dans le laps de temps fixé, d'exécuter Nos prescriptions, Nous vous ordonnons, vénérable Frère, d'annuler, suivant la forme canonique et en vertu de Notre autorité, lesdites sentences d'excommunication.

« Donné à Anagni, le 3 des Ides de juin (11 juin), la deuxième année de Notre pontificat (1256)[1]. »

L'histoire de ce couvent, dans la suite, offre peu de faits saillants. En 1377, une chapelle assez somptueuse et, en 1442, plusieurs autels y furent consacrés avec grande solennité[2]; l'an 1483, la voûte de l'église, qui était dédiée à saint François, fut rebâtie et les caveaux agrandis[3]. Vers la même époque, en

1. GIOFFREDO, *Storia delle Alpi marittime* (an. 1256), dans les *Monumenta historiæ patriæ,* edita jussu regis Caroli Alberti. Turin, imp. royale, 1839. — Voir aux PIÈCES JUSTIFICATIVES : II. *Bulle par laquelle le Pape Alexandre IV prend la défense des Frères Mineurs de Nice persécutés.*

2. GIOFFREDO, *Nicæa civitas sacris monum. illustrata,* IIe par., de Episc., n. XLVII, p. 188; LIV, p. 194; LVII, p. 197.

3. De ce couvent provient l'inscription suivante, qui se trouvait à l'intérieur de l'église et que l'un des propriétaires de ce qui sub-

1477, le Père Louis Terrini avait fait élever, au milieu du cimetière, une croix sculptée. Renversée en 1793, mais sauvée, ainsi que nous le verrons, par un habitant de Nice, cette croix fut, le 13 juin 1804, portée à Cimiez et érigée sur la place, où elle est encore aujourd'hui[1].

Le relâchement, d'assez bonne heure, s'introduisit, semble-t-il, dans cette première communauté des Frères Mineurs de Nice. Sous l'influence des idées et des tendances adoptées, à la suite du Frère Elie et de ses partisans, par toute une fraction de l'ordre, ils abandonnèrent la pauvreté en commun et les austérités prescrites par la règle ; ils usèrent de dispenses et de mitigations ; en un mot, ils devinrent et restèrent *Conventuels*[2]. Leur monastère, dont les

siste des bâtiments a fait placer, partagée en deux plaques, sur la façade d'une écurie. Elle est en caractères gothiques.

« *Anno Domini MCCCC octuagesimo tercio pontificatus sanctissimi in Christo — patris Domini Sixti divina providencia pape quarti anno undecimo,*

« *Ex piis defunctorum fidelium helemosinis venerabilis religiosus ac civis niciensis frater Ludovicus Terrini professus in ordine — Minorum hanc sacram basilicam antea venerabiliter constructam hiis crotis noviter ampliavit atque decoravit.* »

« L'an du Seigneur 1483, la onzième année du pontificat de notre très saint Père et Seigneur dans le Christ, le Pape Sixte, par la divine Providence quatrième de ce nom ; — grâce aux pieuses aumônes des fidèles défunts, le vénérable religieux et citoyen niçois Frère Louis Terrini, profès de l'ordre des Mineurs, a agrandi et orné de ces caveaux cette sainte basilique précédemment élevée par la piété. »

1. *Archiv. de la paroisse de Cimiez* : 2e registre des baptêmes ; dernier feuillet.

2. On désigna, d'assez bonne heure, sous le nom de *Conventuels* les religieux qui abandonnèrent la pauvreté prescrite par saint

religieux, constate Gioffredo, se livraient surtout aux études paisibles et aux travaux théologiques[1], subsista jusqu'à la Révolution[2].

Mais la ville de Nice, qui ne remarquait plus dans cette communauté de Franciscains mitigés l'esprit du séraphique fondateur, ne put se résoudre à rester indéfiniment privée de vrais et fidèles disciples de saint Fançois. Deux siècles après la donation d'Augier Badat, une nouvelle et plus importante fondation y avait lieu. Anne de Lusignan, duchesse de Savoie, reine de Chypre, ayant obtenu du Pape Pie II la permission d'établir, dans ses Etats, deux couvents de Frères Mineurs de l'Observance, ordonna que l'un de ces deux monastères fût édifié à Nice, dans l'espace d'un an au plus. Voici ce décret, en date du 17 avril 1460.

« ANNE, DE LA FAMILLE ROYALE DE CHYPRE, DUCHESSE DE SAVOIE, etc.

« Par les présentes Nous faisons savoir à tous ce qui suit :

« Notre très saint Seigneur le pape Pie II Nous a

François et les austérités de sa règle; tandis que ceux qui demeurèrent fidèles à l'esprit et aux lois de leur fondateur gardèrent le nom pur et simple de *Frères Mineurs,* ou s'intitulèrent Frères Mineurs de l'*Observance.* Les Conventuels, distincts des Frères Mineurs depuis le concile de Constance (1415), furent, en 1517, séparés du corps de l'ordre par Léon X.

1. GIOFFREDO, *Nicæa civitas sacris monumentis illustrata,* IIe par., de Episc. n. XXXIII, p. 184.

2. L'un des gardiens de ce couvent, le bienheureux Jérôme Garibbo ou Garibbi, mort le 22 octobre 1540, s'est, toutefois, signalé par la sainteté de sa vie et a même joui, à Bologne, d'un

accordé la permission d'ériger, fonder et établir, là où il Nous plairait, dans Notre duché, deux couvents de l'Ordre Franciscain de l'Observance; cette faveur est constatée dans une bulle apostolique, dûment accompagnée du cordon de soie et du sceau de plomb, expédiée avec toutes les formalités usitées en pareil cas et dont la teneur suit :

« PIE, *Évêque, Serviteur des serviteurs de Dieu, à « Notre très chère fille et noble princesse, Anne « de Chypre, duchesse de Savoie, salut et béné- « diction apostolique.*

« Parmi toutes les choses que peut désirer Notre cœur, « etc. — Donné à Bologne, l'an de l'Incarnation de Notre- « Seigneur 1459, le sept des Ides de mai, l'an un de Notre « pontificat.

« En conséquence, cédant volontiers aux prières de Nos bien-aimés sujets, les citoyens, consuls et membres de la commune de la cité de Nice, prenant particulièrement en considération les pressantes instances que Nous ont faites le vénérable Frère Georges de Piossasco, le gouverneur de la cité et Charles, comte de Vintimille, seigneur de Briga, Nous accordons par les présentes aux susdits citoyens et commune de Nice la faculté et l'autorisation de créer, ériger, fonder en un lieu convenable et honnête, soit en dedans soit en dehors des murs, un couvent de Frères Mineurs de l'Observance, lequel jouira des honneurs, privilèges, prérogatives détaillés dans les lettres apostoliques ci-dessus mentionnées. Ils devront commencer la fondation de ce couvent d'ici un an au plus tard et

culte public. En dépit des mitigations et des dispenses dont usaient ses confrères, il pratiquait, nous disent ses biographes, la plus absolue pauvreté, marchait pieds nus et ne portait qu'une grossière tunique, se rapprochant ainsi du genre de vie des Frères Mineurs. — GIOFFREDO, *Nicæa civitas sacris monum. illustrata*, Ire par., de Sanctis, tit. XVIII.

en poursuivre l'achèvement avec toute la diligence et tout le zèle possibles. Nous leur adressons les présentes comme témoignage et attestation.

« Donné à Moncalieri, le 17 avril, l'an du Seigneur 1460. — Au nom de Madame, en présence du chancelier marquis Romagnani, et de Duyno Seigneur du Valais. — Bollomer [1]. »

De fait, un peu en dehors de la ville, au lieu dit le *Carme vieil*, on vit bientôt surgir le beau couvent et la magnifique église de Sainte-Croix, des Franciscains de l'Observance. Ces derniers en prirent possession dès l'année suivante (1461) et furent aussitôt l'objet de l'affection des Niçois, qui, par d'abondantes aumônes, témoignaient de leur profonde vénération pour ces dignes fils de saint François, exemples vivants de toutes les vertus.

Les illustres familles des Clareti et des Lascaris, cette dernière établie à Nice dès la fin du siècle précédent, se distinguèrent particulièrement par leur générosité envers les Pères[2].

L'histoire de ce couvent forme l'une des plus belles pages des annales de la ville de Nice.

Plusieurs des religieux qui l'habitèrent, dès l'ori-

1. Le texte de ce décret, tiré des *Archives de la ville de Nice*, a été donné par Gioffredo (*Nicæa civitas sacris monum. illustrata.* IIe par. de Episc., n. LVI, p. 195-196). Le voir aux PIÈCES JUSTIFICATIVES : III. *Décret d'Anne de Lusignan, duchesse de Savoie, accordant à la ville de Nice la fondation d'un couvent de Frères Mineurs de l'Observance.*

2. F. PAUL BRITIUS, *Seraphica subalpinæ D. Thomæ provinciæ monumenta*, l. II (de Conv. S. M. de Cimellis Niciæ), p. 208-210, Turin, 1647.

gine, brillèrent de l'éclat de la sainteté. Mentionnons, notamment, le Père Dominique de Fossano, qui en était gardien en 1503. Divers auteurs, tels que Paul Britius dans sa description des monuments de la province de Saint-Thomas, Gioffredo dans l'histoire des Alpes-Maritimes, Giovanni Negro dans son histoire de Fossano, attestent qu'il jouit du titre de Bienheureux[1] et qu'un culte lui a été rendu de temps immémorial[2].

Dans les murs du couvent de Sainte-Croix, le jour de la Pentecôte de l'an 1535 (15 mai), se réunit le chapitre général des Frères Mineurs, assemblé par les soins du Père Nicolas Publici, vicaire général de l'ordre[3]. S'il faut ajouter foi au dire d'Honoré Pasto-

1. Grave siquidem erat... religiosis illis monachis gratam sedem nonnullorumque Patrum ibi conditorum, *præsertim vero Beati Patris Dominici a Fossano, quem gloriosa vitæ bene actæ recordatio cælo asserebat*, ossa deserere. (Paul Britius, *Seraph. subalp. D. Thomæ prov. monumenta*, l. II (de Conv. S. M. de Cimellis Niciæ), p. 210, Turin 1647.) — Mentre (1503) in quella città venivano ad abitare quelli che non conoscono la legge di Cristo (il s'agit des Juifs qui, chassés de l'île de Rhodes, se réfugiaient à Nice), ivi soggiornava per contrappeso un buon servo di Dio, il ven. Fra Domenico da Fossano, della nobile famiglia dei Felissani, *celebrato nell' ordine de' Minori dell' Osservanza*, di cui fece professione, *con titulo di Beato*. Essendo egli, in questo anno, *guardiano del convento di S. Croce fuori delle mura di Nizza*, portossi in Avignone, forse a cagione di qualche capitolo del suo ordine celebrato nella provincia di S. Ludovico... (Gioffredo, *Storia delle Alpi marittime*, an. 1503, dans les *Monumenta historiæ patriæ*. Turin, 1839, p. 1202.) — Giovanni Negro, *Storia di Fossano*, p. 106.

2. Le chapitre de l'église cathédrale de Fossano fait des recherches, depuis plusieurs années, en vue d'obtenir la confirmation de ce culte par le Saint-Siège.

3. Dominique de Gubernatis, *Orbis Seraphicus*, p. 377, CXV, Rome, 1682.

relli[1] et à une relation rédigée, environ cent ans plus tard, en 1646, par Frère Philippe, spécialement chargé par les supérieurs de recueillir des notes historiques[2], les religieux qui, de toute part, affluèrent à ce couvent, furent au nombre de *trois mille*. D'autres auteurs, il est vrai, tels que Revelli et Gioffredo, réduisent ce chiffre à huit cents ou même à cinq cents[3]. En tout cas, ce fut dans cette assemblée que les Franciscains élurent pour général le Père Vincent Lunel, espagnol, et que fut décidée la création, dans chaque province, d'un ou deux couvents de *récollection*, c'est-à-dire de vie plus austère[4].

Trois ans plus tard, en 1538, le pape Paul III, étant venu à Nice pour travailler à la réconciliation du roi François Ier et de l'empereur Charles-Quint, logea dans ce couvent de Sainte-Croix[5]. En souvenir de son passage à Nice, Paul III fit don aux religieux, ses hôtes, d'une magnifique croix en argent doré, ainsi

1. Questo convento, che fu poi distrutto nell' assedio dei Turchi, era... si vasto e capace che, nell' occasione di un capitolo generale in esso tenuto, vi ospitarono dentro *più di tre mila* Frati. — Honoré Pastorelli, *Monumenta Sanctæ Claræ Niciensis*.

2. *Archives du couv. de Cimiez : Relationi fatte da Fra Filippo del Maro., per ordine del R^mo Padre Fr. Giovanni da Napoli, Ministro generale di tutto l'ordine di S. Francesco.*

3. Revelli, *manusc.* — Gioffredo, *Storia delle Alpi marittime,* (an. 1535) et *Nicæa civitas*, etc., IIe par., de Episc., n. LXIII, p. 202.

4. Dom. de Gubernatis, *Orbis seraphicus*, p. 377, CXV. Rome, 1682. — *Chronol. hist. leg.* — Wadding, *Annal. Min.* an. 1535.

5. Gioffredo, *Nicæa civitas sacris monumentis illustrata*. IIe par., de Episc., n. LXIII, p. 202. Turin, 1658.

que du calice et de la patène dont il se servait pour dire la messe[1]; il leur donna, en outre, une chape et deux dalmatiques. Ces précieux objets, transportés, quelques années plus tard, au couvent de Cimiez, y furent conservés avec soin[2] jusqu'à la Révolution. Saisis à cette époque par l'administration civile et déposés à Sainte-Réparate, il résulte des pièces conservées aux archives du couvent, nous le verrons plus loin, qu'ils ne furent pas restitués en 1802, ni en 1817, comme certains autres objets.

Le couvent de Sainte-Croix, devenu, de la sorte, historique en moins d'un siècle, allait pourtant bientôt être détruit de fond en comble. En 1543, le corsaire turc Barberousse, étant venu mettre le siège devant Nice avec une flotte de trois cents vaisseaux, les bâtiments des Frères Mineurs furent en partie démolis par les soldats. La guerre terminée, afin d'éviter qu'à l'avenir ce couvent, situé hors des murs, ne devînt la proie de bandes ennemies, au grand détriment des Frères et de la cité, les magistrats décidèrent qu'il ne serait pas reconstruit, mais totalement rasé[3]; bientôt, effectivement, il n'en resta plus une pierre.

1. F. Paul Britius, *Seraph. subalp. D. Thom. provinc. monumenta,* l. II (de Conv. S. M. de Cimellis Niciæ), p. 212.

2. « In sacrario autem asservatur crux quædam argentea miro compacta artificio, Pauli Tertii Pontificis Maximi munus, ejusdem insignibus in calce appositis, extat et argenteus calix, quo idem Paulus sacra facere consueverat. » (F. P. Britius, ibid., p. 212.)

3. F. Paul Britius, *Seraph. subalp. D. Thom. prov. monumenta,* l. II (de Conv. S. M. de Cimellis Niciæ), p. 210. — Le bienheureux Dominique de Fossano y était enterré. (Ibid.)

La croix de marbre et la colonne commémorative,
élevées, à Nice, sur l'emplacement de l'ancien couvent des Frères Mineurs de Sainte-Croix.

Toutefois, en 1568, pour en marquer l'emplacement et perpétuer le souvenir de la venue de Paul III, un monument fut élevé. Il consistait en une croix, placée sous une coupole en forme de dais soutenu par quatre colonnes. En 1792, ce monument fut renversé ; mais, en 1810, une illustre Française, la comtesse de Villeneuve, dont la piété et la bienfaisance sont restées populaires, le fit rétablir à ses frais. C'est cette croix, toujours debout, qui a donné son nom au faubourg dit « *de la Croix de Marbre* », actuellement habité surtout par les riches étrangers.

L'inscription suivante, gravée jadis au haut de l'édicule et dont il reste un fragment, mérite d'être conservée :

1538. PONT. PAVLVS III VNA CVM CAROLO V CÆS. AC FRANCISCO I GAL. REG. MAXIMIS CHRIST. ORBIS PRINCIP. HIC PACEM CONCILIA. ET AD PERPETVAM MEMORIAM SIGNVM HOC CRVCIS DEDICARVNT NOB. MELCHIO MALETUS MARIVS BALDVINUS EMANVEL GERBONVS CVGGIA COSS. E. N. DNVS HONORATVS GRIMALDIS RICHIERIVS ASSESSOR. AN. 1568 DIE 4 MARTIS. E. E.

« L'an 1538, le Souverain Pontife Paul III a ici travaillé à rétablir la paix entre l'empereur Charles-Quint et François Ier, roi de France, princes très chrétiens. Pour en perpétuer le souvenir, ont dédié ce monument nobles messires Melchio Malet, Marius Baudoin, Emanuel Gerbon Cuggia consuls ; messire Honoré Grimaldis Richier, assesseur ; l'an 1568, le 4 mars[1]. »

1. Le texte complet de cette inscription nous a été conservé par Durante dans son *Histoire de Nice*, l. V, ch. II, t. II, p. 275, Turin (1823). Le fragment actuellement encastré dans la partie

Et à la base on lisait :

N. L. D. P. E. F. G. G. L. S.
M. A. FARAVDI ISS.
FECIT

Sur le reste de l'emplacement du couvent de Sainte-Croix a été construit le palais dit de Marie-Christine. Devant ce palais, en 1823, une colonne fut élevée, en mémoire du passage de Pie VII à Nice[1], lors de son retour de Fontainebleau (1814). Le socle de cette colonne porte les inscriptions que voici :

Du côté du midi : « *Par l'autorité du roi Charles-Félix, les citoyens de Nice, dont le Souverain Pontife Pie VII a lui-même attesté et glorifié magnifiquement, dans ses lettres*[2], *la piété et le dévouement, ont, en l'année 1822, décrété l'érection de ce monument, qui a été élevé par les soins de Raymond Garin, comte de Cocconato, de Jean Joseph Franco, et d'Etienne Levamis, consuls. L'année suivante, en ont fait l'inauguration, Aloysius Alexandre Saisi de Châteauneuf, Jean Pécoud et Pierre Verani consuls.* »

A l'est : « *La cruauté des ennemis de l'Église avait*

supérieure de l'édicule n'en renferme le texte qu'à partir des mots *Signum hoc crucis*, etc.

1. Ce fut en cet endroit, c'est-à-dire sur l'emplacement de l'ancien couvent de Sainte-Croix, que la foule détela la voiture du Saint-Père et commença à la traîner en triomphe. — DURANTE, *Hist. de Nice*, l. IX, ch. v, t. III, p. 386, Turin, 1824.

2. Voir le bref *Ex litteris vestris*, en date du 9 janvier 1822, adressé par Pie VII aux consuls de la ville de Nice. Le texte en a été publié par Durante (*Hist. de Nice*, l. IX, ch. v, t. III, p. 397, Turin, 1824).

dépouillé de ses états et conduit ici, comme prisonnier, sous la garde d'une escorte, le sept des Ides de septembre 1809, le Pape Pie VII. Les citoyens de Nice et les étrangers l'avaient alors accompagné de leurs larmes et de leurs vœux; maintenant, à cause de son heureux retour, le peuple tout entier de la cité, plein de joie et désireux de prouver son dévouement à la personne sacrée et à la majesté du Pontife, a élevé ce monument d'allégresse triomphale. »

Du côté ouest : « *Le Souverain Pontife Pie VII a reçu l'hospitalité à Nice pendant trois jours : du cinq au trois des Ides de février 1814. Toute la ville, spontanément illuminée, brillait, durant la nuit, d'un éclat sans pareil. Une multitude, composée de toutes les conditions et de tous les âges, accourait d'heure en heure, demandant à grands cris à contempler la majesté du Vicaire de Jésus-Christ, et celui-ci daignait condescendre à ses vœux, en la bénissant du haut d'un balcon.* »

Enfin du côté nord : « *L'an 1814, le cinq des Ides de février, le Souverain Pontife Pie VII, vengeur du nom catholique et otage de la religion pendant cinq ans, alors qu'on le ramenait de France à Savone, a vu venir jusqu'ici, au devant de lui, le vénérable chapitre des chanoines de Nice, le clergé, toutes les confréries et la cité presque entière, qui était sortie de ses murs. Sa voiture, sans que les soldats pussent en empêcher, a été traînée, à tour de rôle, par les citoyens; et c'est au milieu d'immenses et continuelles acclamations qu'il a fait son entrée dans Nice*[1]. »

1. Voir le texte latin de ces inscriptions aux PIÈCES JUSTIFICATIVES : XXXIII. *Notes relatives au passage de Pie VII à Nice* (1809-1814).

CHAPITRE II

Les Frères Mineurs à Cimiez jusqu'à la Révolution

Un écho de la Portioncule : le sanctuaire bénédictin de Notre-Dame de Cimiez. — Négociations et actes d'échange de ce sanctuaire et de ses dépendances contre l'emplacement de l'ancien couvent franciscain de Sainte-Croix. — La prise de possession. — Les premières restaurations et les premiers agrandissements : la citerne. — Les constructions et les décorations successives à travers les siècles.

Les Franciscains de l'Observance étaient trop populaires à Nice pour qu'après la destruction de leur couvent, la piété et la charité des habitants ne leur fournît pas un asile. Ils demeuraient, depuis trois ans environ, dans une maison particulière, sise au bas de la ville, dans l'endroit appelé alors *le Trincot*[1], lorsque, en 1546,

1. « Sit notum quod, cum monasterium et conventus ecclesiæ Sanctæ Crucis Fratrum regularium ordinis S. Francisci de Observantia, alias, constructus prope et extra civitatem Niciæ, tem-

une combinaison providentielle leur procura, en dehors mais à proximité de la cité, un nouvel et définitif établissement.

Jadis, aux temps héroïques de l'Ordre Séraphique, alors que le patriarche d'Assise et ses disciples n'avaient ni église ni abri permanent, ce furent les fils de saint Benoît, les moines de Monte-Subasio, qui, en lui cédant l'usage de l'étroite chapelle et de l'humble morceau de terre de la Portioncule, donnèrent à la famille des pauvres évangéliques son premier sanctuaire et son premier couvent. A Nice, au XVIe siècle, le même épisode allait, dans une certaine mesure, se reproduire en faveur des Frères Mineurs Observants.

Au nord de la cité, sur l'emplacement et sur les ruines presque oubliées de Cimiez, il existait une antique chapelle dédiée à Notre-Dame et alors à peu près abandonnée (nous en verrons l'origine probable et l'histoire dans la seconde partie de cette étude). Le sanctuaire, avec les terrains adjacents, faisait partie, dès le XIIIe siècle, des possessions de l'abbaye bénédictine de Saint-Pons[1], située à un

pore obsidionis presentis civitatis, pro fortificatione dictæ civitatis diruptus fuerit, ob quam diruptionem, Fratres conventuales dicti ordinis et conventus inde infra presentem civitatem et in quadam domo, ubi dicitur *lo Trincot*, se reduxissent... » — *Archives du couvent de Cimiez*. — Voir aux PIÈCES JUSTIFICATIVES : XIV. *Transaction entre le chapitre de la cathédrale de Nice et les Frères Mineurs relativement à leur hospice de la cité.*

1. Dans une *Bulle d'Innocent IV*, donnée à Lyon le 13 juin 1247, pour confirmer à l'abbaye de Saint-Pons la possession d'un grand nombre d'églises situées en diverses diocèses, bulle que nous

kilomètre de là[1]. Qui songea le premier à transférer les Frères Mineurs en cet endroit? Les documents ne nous le disent pas. L'acte suivant nous indique, du moins, fort en détail, les négociations qui furent engagées à ce sujet :

« Au nom de Notre-Seigneur Jésus-Christ, Amen.

« L'an de la Nativité mil cinq cent quarante-six, indiction quatrième, le dixième jour du mois de novembre, l'an treize du pontificat de notre Très Saint-Père et Seigneur dans le Christ, Paul III, pape par la miséricorde divine.

« Que par la teneur du présent acte soit notifié à tous ce qui suit :

« A Nice, dans le vestibule de la maison d'habitation de noble personne Thomasino Justiniani, devant Révérendissime Seigneur Jean-Baptiste Provana, par la grâce de Dieu et du Saint-Siège évêque de Nice et comte de Drap, ont comparu : vénérables Frères François Gasani et Louis Larde, de l'Ordre des Franciscains de l'Observance, ainsi que messire Pierre Gralheri, docteur *utriusque juris*, et messire Bertrand Isoard Baudoin, tous deux syndics et procureurs du couvent de l'Observance de ladite ville, délégués et constitués par le chapitre provincial de l'Ordre susmentionné, ainsi qu'il résulte d'un acte public constatant les pouvoirs qu'ils ont reçus. Les susdésignés ont exposé avec douleur que, lors du siège et de l'invasion qui ont désolé la ville ces dernières années, leur église et couvent, situés en dehors des murs, ont été totalement

citerons ci-après, se trouve mentionnée l'église de *Sainte-Marie de Cimiez*.

1. Près du lieu où saint Pons fut martyrisé, vers 261.

ruinés et dévastés ; qu'ils n'ont plus, dès lors, d'église où ils puissent célébrer le culte divin, et encore moins de couvent où habiter ; que plusieurs personnes pieuses et dévouées à leur Ordre sont entrées en pourparlers avec le Révérendissime Abbé commendataire du monastère de Saint-Pons-hors-les-Murs [1], avec les vénérables moines et chapitre dudit monastère, à l'effet d'obtenir que, pour l'avantage et utilité évidente de l'une et l'autre partie, l'emplacement et terrain où avaient été fondés et construits l'église et le couvent des Frères Mineurs Observants fussent, avec les jardins et toutes dépendances, échangés et permutés, à titre de véritable permutation et échange, contre l'église dite de Notre-Dame de Cimiez, sise non loin du susdit monastère de Saint-Pons, en dépendant et habituellement desservie par les moines de ce même monastère, et aussi contre les droits et dépendances de cette dite église de Cimiez.

« Désirant que l'échange, qui a été décidé par suite de ces pourparlers, reçoive son effet, ils ont, en présence du Très Révérend Columbi, moine et vicaire du monastère de Saint-Pons, demandé que l'emplacement et le terrain où était situé le couvent de l'Observance, fussent, ainsi que l'église de Cimiez, visités et régulièrement examinés, en vue de la fixation de l'indemnité respective, par le Révérendissime Seigneur Evêque, ou, du moins, que ce dernier choisît et nommât de suite, pour le faire, des délégués aptes et capables qui rédigeassent un rapport sous la foi du serment et selon les formalités requises. De la sorte, si l'utilité des mesures proposées apparaît de part et d'autre évidente, l'échange en question pourra recevoir son exécution complète et totale. Le susdit Très Révérend Henri Columbi, moine, vicaire et procureur du

1. L'abbé de Saint-Pons était alors Honoré Martelli de Lantosque. — Gioffredo, *Nicæa civitas sacris monum. illust.*, II° par. (De monast. S. Pontii), p. 218, Turin, 1658.

monastère de Saint-Pons, en vertu des pouvoirs qui lui ont été délégués suivant un acte public, a adressé la même demande, promettant, en outre, ratification dudit échange consenti et à faire.

« En suite de quoi, le Révérendissime Seigneur Evêque, tenant compte des raisons ci-dessus mentionnées, a tout particulièrement considéré que les Frères de l'Observance n'ont plus de demeure stable, plus d'église où ils puissent célébrer les offices, plus de couvent où ils puissent résider ; que, d'autre part, dans l'église de Cimiez les offices ne sont pas célébrés ; car c'est tout au plus si, à certains jours, les moines de Saint-Pons y disent des messes votives ; que, du reste, la maison contiguë à cette église est actuellement inhabitable ; qu'en conséquence, si l'échange en question a lieu, il en résultera certainement une augmentation et un développement nouveau du culte divin. Pour ces motifs et les parties dûment appelées, il a confié le soin de visiter et d'examiner, avec leurs droits et dépendances, l'église de Cimiez et l'emplacement ou terrain sur lequel s'élevaient autrefois l'église et le couvent, maintenant ruinés, des Frères Mineurs, à nobles personnes Louis del Pozzo et Antoine Lamberti, syndics de ladite ville de Nice, Thomas Justiniani et Antoine Gralheri, élus d'un commun accord par les deux parties. Il leur a ensuite fait prêter serment, à tous et à chacun, de s'acquitter fidèlement de cette visite et examen, et de rédiger leur rapport sur les avantages et les désavantages de l'un et l'autre terrain et église, suivant Dieu et leur conscience, en vue de sauvegarder les droits et les intérêts des deux parties, de telle façon que celles-ci puissent ensuite elles-mêmes procéder, *servatis servandis*, audit échange.

« De tout ce qui précède, les diverses parties et chacune d'elles ont demandé qu'acte ou procès-verbal fût dressé.

« Outre les susnommés, étaient présents, comme

témoins instrumentaires, Révérend Seigneur Dominique de Albertis de Sospel, noble Marinello Borriglione, seigneur d'Aspremont, et noble François de Vicomercato, du diocèse de Turin.

« Fait par moi, Jean Barrelli, notaire et secrétaire de la curie épiscopale de Nice[1]. »

Les délégués nommés par l'évêque s'acquittèrent de leur mission : ils constatèrent « que, d'une part, le terrain où s'élevait jadis le couvent de Sainte-Croix avait plus de valeur que l'église et l'enclos de Cimiez », mais que, par ailleurs, en se désaisissant de ce dernier sanctuaire, les Bénédictins renonçaient à « environ vingt écus d'aumônes qu'ils recevaient pour y célébrer des messes » ; ils conclurent, qu'en définitive, « cet échange ne pouvait que contribuer à la gloire de Dieu et au bien des ordres bénédictin et franciscain ». En conséquence, par un autre acte où sont relatées ces constatations, et qui est en date du 15 novembre 1546, l'évêque Jean-Baptiste Provana ordonna que ledit échange fût mis à exécution[2].

L'acte de prise de possession de l'église et du terrain de Cimiez par les Frères Mineurs est ainsi conçu :

1. *Archives du couvent de Cimiez.* — Voir aux Pièces justificatives : IV. *Acte ordonnant une enquête relativement à l'échange de l'emplacement de l'ancien couvent franciscain de Sainte-Croix contre l'église bénédictine de Notre-Dame de Cimiez et ses dépendances.*

2. *Archives du couvent de Cimiez.* — Voir aux Pièces justificatives : V. *Acte constatant le résultat de l'enquête précédemment prescrite et ordonnant définitivement l'échange de l'emplacement du couvent de Sainte-Croix contre l'église de Cimiez et ses dépendances.*

« Au nom de Notre-Seigneur Jésus-Christ. Amen.

« L'an de la Nativité mil cinq cent quarante-six, indiction quatrième, vingt-cinquième jour du mois de novembre, l'an treize du pontificat de notre très saint Seigneur Paul III, Pape par la Providence divine.

« Par la teneur du présent acte qu'à tous soit notifié ce qui suit :

« Sur le territoire de Nice et dans l'église ou chapelle de Notre-Dame de Cimiez, après que la messe y a été célébrée, devant Révérendissime Seigneur Jean-Baptiste Provana, par la grâce de Dieu et du Siège Apostolique, évêque de Nice, comte de Drap, ont comparu : les RR. Frères François Gasani, gardien du couvent des Frères Mineurs de l'Observance de ladite ville de Nice, Denis Scaleri et Louis Larde du même couvent, respectable messire Pierre Gralheri, docteur *utriusque juris*, et très excellent messire Isoard Baudoin, notaire. Ils se sont présentés comme procureurs et syndics de la Province de Saint-Louis de l'Observance, ainsi qu'il ressort d'un acte public constatant leurs qualités et leurs pouvoirs. En vertu de la permutation qu'ils ont faite, ces jours derniers, avec le Révérendissime Seigneur Abbé commendataire du monastère de Saint-Pons et avec ses religieux, permutation qui, ainsi que le constate un acte de Jean-Pierre Barrelli, secrétaire de la curie épiscopale, a eu pour objet d'échanger l'église de Cimiez avec ses dépendances contre l'emplacement et terrain où, naguère, en dehors et près des murs, s'élevaient l'église et le couvent de l'Observance avec ses jardins, ils ont demandé à être mis en possession de la susdite église ou oratoire de Cimiez et des bâtiments contigus et dépendances.

« Sur quoi, après s'être déclaré régulièrement informé dudit échange, déjà autorisé par lui sous la réserve du bon plaisir de notre très saint Seigneur le Pape, le Révérendissime Seigneur Évêque a dit faire droit aux requêtes des

Frères de l'Observance et des procureurs susmentionnés acceptant et stipulant avec moi, notaire soussigné, au nom et pour le compte de l'Ordre des Frères Mineurs. En conséquence, il les a mis et envoyés en possession réelle, actuelle, corporelle, de l'église de Cimiez, ainsi que des bâtiments, droits et dépendances y annexés ; et ce en les y faisant entrer et exercer les autres actes possessoriaux d'usage en pareil cas. Il a commandé et ordonné enfin qu'ils fussent maintenus en ladite possession, qu'ils jouissent des fruits et casuel en provenant, et qu'il fût signifié à qui besoin sera, sous peine des censures ecclésiastiques sauf appel, de ne pas les troubler dans lesdites possession et jouissance.

« Étaient aussi présents : Louis Jancelleti, moine du monastère de Saint-Pons, en son nom et au nom des autres moines qu'il a dit intervenir et consentir à ce qui précède ; nobles personnes Antoine Lamberti et Barthélemy Bensis, syndics et procureurs de ladite cité de Nice, lesquels ont déclaré également consentir à ce qui est ci-dessus exposé et, au besoin, en requérir l'exécution.

« Et de tout ce qui vient d'être relaté, lesdits Révérends Frères de l'Observance et lesdits respectable messire Pierre Gralheri et très excellent Baudoin ont demandé qu'acte public fût dressé pour l'usage dudit Ordre.

« Fait et donné, aux lieux indiqués ci-dessus, en présence de très excellent messire Jean-Louis Roger, de très excellent Honoré Olivier, citoyens de ladite cité, et de François de Vicomercato, du diocèse de Turin, témoins instrumentaires[1]. »

Un dernier acte, en date du même jour, constate enfin la prise de possession par les Bénédictins de l'emplacement de l'ancien couvent de Sainte-Croix[2].

1. *Archives du couvent de Cimiez.* — Voir aux Pièces justificatives : VI. *Acte de prise de possession de l'église et du terrain de Cimiez par les Frères Mineurs.*

2. *Archives du couvent de Cimiez.* — Voir aux Pièces justifica-

A côté de l'église de Notre-Dame de Cimiez, — le vieux logis y attenant tombait alors en ruine et était inhabitable[1], — les Frères Mineurs durent aussitôt s'occuper d'aménager un couvent. Ils élevèrent tout d'abord, ce semble, le petit cloître contigu à l'église et les cellules le surmontant à l'Est et au Midi, ainsi que leurs dépendances.

L'un de leurs premiers soins aussi fut de creuser une citerne pour conserver les eaux, qui faisaient alors défaut en cet endroit. Cette citerne, ouverte au public et à laquelle tous les pèlerins et voyageurs, en arrivant à Cimiez, venaient boire, devint bien vite une des curiosités de la colline. Britius, dans les quelques pages qu'il a consacrées au couvent, n'a pas manqué de la mentionner[2]. Pour sa fraîcheur et sa limpidité exquise elle jouissait, autrefois, d'une véritable renommée. Nous pouvons ajouter qu'aujourd'hui encore, elle fait presque concurrence au jus de la vigne, et par ses qualités multiples, dément en partie le proverbe : *Bonum vinum lætificat cor hominis*[3].

Quoi qu'il en soit, les constructions primitives, qui comprenaient, semble-t-il, les bâtiments du petit

TIVES : VII. *Acte de prise de possession par les Bénédictins de l'emplacement du couvent de Sainte-Croix.*

1. Voir le premier des actes ci-dessus cités : « Et domus ejusdem ecclesiæ adjacens sit *inhabitabilis.* »

2. « Cisterna quædam in medio claustri posita adeo frigentibus et uberibus aquis referta ut ad eam, cum sirius ardor exæstuat, civitatis primores crebro conveniant. » (F. P. BRITIUS, *Seraph. subalp. D. Thom. prov. monumenta*, l. II (de Conv. S. M. de Cimellis), p. 212.)

3. « Et vinum lætificet cor hominis » (Ps. CIII, 16). — Cf. Eccli., XL, 20.

cloître, furent bientôt insuffisantes. Elles le devinrent surtout à partir de 1622, époque où le couvent, qui appartenait à la province française de Saint-Louis[1], passa à la province de Saint-Thomas, dont il fut l'une des principales maisons[2]. Aussi, en 1644, bâtit-on du côté du Levant une aile du grand cloître avec un double rang de cellules[3]. La sacristie et la bibliothèque datent de 1681. En 1700, on acheva du côté du Midi une autre aile du même cloître, commencée quelques années auparavant ; celle du côté du Couchant fut construite en 1716, par les soins du Père Pierre de Nice. En 1739, sous le gouvernement du Père François Antoine Matton de Breil, fut édifiée du côté du Nord, joignant le petit cloître, la quatrième aile du

1. F. P. Britius, *Seraph. subalp. D. Thom. prov. mon.*, l. I, cap. v, p. 25.

2. La province observante de Saint-Thomas fut érigée, cette même année 1622, en vertu d'un bref de Grégoire XV. Le couvent de Cimiez fut désigné comme l'un des couvents de *plus stricte observance* de cette province. Les couvents de plus stricte observance, réunis bientôt en custodie, furent érigés à leur tour en province distincte, en 1639. Depuis la bulle *Felicitate* du 4 octobre 1897, ces distinctions et ces dénominations d'*observance* et de *plus stricte observance* au sein de l'Ordre des Frères Mineurs n'existent plus.

3. *Archives du couvent de Cimiez* : Pièces diverses. — Voir aux Pièces justificatives : VIII. *Ordre de bâtir de nouvelles cellules au couvent de Cimiez.* — Une pièce des archives du couvent nous apprend que, vers cette époque, en 1651, les Frères Mineurs de Cimiez étaient au nombre d'une trentaine. Le même document nous donne la statistique des autres couvents de Nice, à cette date de 1651. Les Conventuels avaient 13 religieux ; les Capucins, 20 ; les Augustins, 15 ; les Augustins déchaussés, 12 ; les Bénédictins de Saint-Pons, 13, les Carmes, 10 ; les Dominicains, 16 ; les Jésuites, 14, et les Minimes, 10. — *Archives du couvent de Cimiez : Relationi del convento della Madonna S^{ma} di Cimella, fatte dalli P. P. Guardiano e Discreti del convento, il primo Maggio 1651*, etc.

grand cloître qui, dès lors, forma un carré complet. Le couvent eut ainsi deux cloîtres distincts, le grand et le petit, ce dernier placé désormais en dehors de la clôture, afin de laisser continuellement libres au public l'accès de la citerne, située au centre, et l'entrée de la sacristie[1].

Par un rescrit de la Sacrée-Congrégation des Réguliers, en date du 20 décembre 1696, le couvent de Cimiez avait été érigé en maison de noviciat[2]. Cinquante ans plus tard, on songea à y effectuer de nouveaux agrandissements qui permissent d'abandonner et de démolir les vieilles bâtisses adossées au sanctuaire et jusque-là réservées aux jeunes religieux. Ce projet fut exécuté en 1758[3] : ajouté comme deuxième étage à l'aile qui partage les deux cloîtres, le noviciat se trouve séparé, de la sorte, de tout le reste de la communauté.

A diverses époques, le couvent fut orné, çà et là, de peintures, quelques-unes, à vrai dire, fort grossières ; plusieurs existent encore aujourd'hui :

Dans le réfectoire, en face les fenêtres, des scènes d'un effet assez original : *Abraham recevant les trois anges à sa table ; le prophète Elie nourri dans le*

1. *Archives du couvent de Cimiez : Liber secundus rerum gestarum in hac pedemontana ref. provincia* ; 1712 à 1793 ; et *Libro terzo in cui si contengono le azioni capitolari*, etc. ; *1793 à 1896* ; — Pièces diverses.

2. *Archives du couvent de Cimiez.* — Voir aux Pièces justificatives : IX. *Rescrit de la Sacrée-Congrégation des Réguliers érigeant le couvent de Cimiez en maison de noviciat.*

3. *Archives du couvent de Cimiez* — Voir aux Pièces justificatives : X. *Approbation du plan du nouveau noviciat construit en 1758.*

désert par un corbeau ; Daniel dans la fosse aux lions et assisté par Habacuc ; sur la paroi du fond, l'*Annonciation, saint François et saint Antoine ;* au plafond, les trois personnes de la sainte Trinité.

Près de la porte du chœur des religieux, dans un recoin obscur, la Vierge Mère avec cette gracieuse devise en caractères gothiques : « *Hæc est illa dulcis rosa — Mater Dei speciosa — Ipsam rogo salutate — Qui transitis inclinate :* C'est là cette rose embaumée ; c'est là cette Mère de Dieu radieuse de beauté ; vous qui passez, de grâce, saluez-la et inclinez-vous devant elle. »

Dans une partie du vestibule de la sacristie, maintenant transformée en parloir, une *Pietà* ; sous le grand cloître, trois anges tenant le saint suaire ; dans l'escalier qui, de ce cloître, conduit aux cellules, une *Annonciation*, plus que médiocre, avec l'invocation : *Sumens illud ave, peccatorum miserere.*

A l'extrémité de l'un des corridors du premier étage, près de l'escalier montant au noviciat, un Christ en croix, aux bras largement et horizontalement étendus, qui, à l'époque où il fut exécuté, avait toute la portée d'une protestation antijanséniste [1] ; au bout d'un autre corridor, près d'une fenêtre qui

1. Cette peinture est significative ; elle montre que l'esprit janséniste ne pénétra jamais dans le cloître franciscain de Cimiez. On sait que les Jansénistes, en effet, affectaient de représenter le Christ non les bras *horizontalement* étendus sur la croix, mais seulement entr'ouverts et plus ou moins en forme de V, pour signifier, suivant leur désolante doctrine, qu'il n'était pas mort pour tous les hommes. Ils inondèrent littéralement la France de ces sortes de crucifix.

donne sur la place de l'église, un autre Christ crucifié, environné d'anges, qui, dans des calices, recueillent le sang divin.

Dans ces mêmes corridors du premier étage, vers la fin du XVIIe siècle[1], au-dessus des portes de diverses cellules, furent représentés, dans une série de médaillons, des emblèmes ou symboles avec devises. On nous saura gré, peut-être, d'en donner la nomenclature ; car ils sont l'une des curiosités du couvent :

Une plate-bande de fleurs : « *Se stesso incolpi che il mio odor annoia :* Qu'il s'en prenne à lui-même, celui que mon odeur ennuie. »

Un cœur enflammé et entouré d'un serpent : « *Non comburetur* : Il ne sera pas consumé. »

Une vigne chargée de raisin et que soutient un tuteur : « *Fulcit, non obumbrat :* Il soutient, et ne porte pas ombrage. »

Une rose épanouie : « *Innoxia floret* : Elle fleurit sans nuire. »

Un lis sortant d'un buisson d'épines : « *Speciosus ex horrido* : De la laideur sort la beauté. »

Un cygne : « *Divina sibi canit et orbi* : Il se chante à lui-même et chante au monde des chants divins. »

Un cierge allumé : « *Ut potiar patior* : Je souffre pour jouir. »

Un bras tenant une crosse épiscopale : « *Corrigit et dirigit* : Elle corrige et dirige. »

1. Des peintures analogues, dans la sacristie, sont datées de 1686.

Un coq qui chante en contemplant le soleil : « *Hinc exordior* : A son lever, je commence mes chants. »

Une campagne avec deux églises et un château-fort; dans le ciel, deux étoiles resplendissantes : « *Cum luce salutem* : Avec la lumière, le salut. »

Un four embrasé et une maison : « *Juxta suppositum* : Suivant l'aliment qu'on lui fournit. »

Une clef suspendue à un nœud de ruban : « *Nec aperietur* : Et pourtant il ne sera pas ouvert. »

Une porte et une main : Devise illisible.

Une colombe avec un rameau d'olivier chargé de fruits : « *Et sibi et aliis* : Pour elle-même et pour les autres. »

Au second étage, la voûte de la bibliothèque fut revêtue d'une ornementation dans le style de la Renaissance : au centre, le nom de Jésus. A l'extérieur, au-dessus de la porte d'entrée, l'inscription : *Intus procul a curis.*

Quant aux peintures de la sacristie et de la chapelle adjacente, lesquelles datent de 1686, nous aurons lieu d'en parler plus loin en détail.

Tel était l'état matériel du couvent à la fin du XVIIIe siècle ; les Pères, depuis deux cent cinquante ans, y poursuivaient dans le calme, et entourés du respect des populations, leur vie de prière et d'austérité, de charité et de zèle, lorsque éclata la tempête révolutionnaire.

CHAPITRE III

Les Frères Mineurs à Cimiez depuis la Révolution

Nice et la Révolution. — Aux enchères ! — Le dévouement des proscrits. — La restauration religieuse : décret de Victor-Emmanuel Ier. — Résurrection. — Nouveaux orages et nouvelles menaces. — Les chapitres et les concours. — L'asile offert aux proscrits. — Les derniers ministres provinciaux. — L'hospice ou résidence de la cité.

L'HISTOIRE politique de Nice offre bien des vicissitudes. Fondée, dit-on, par les Marseillais, vers l'an 350 avant Jésus-Christ, en souvenir d'une victoire remportée par eux sur les Ligures, elle prospéra rapidement, mais fut supplantée, sous les Romains, par Cimiez. Ravagée, à plusieurs reprises, par les Barbares, puis par les Sarrasins, elle eut beaucoup à souffrir, par suite de sa position, des nombreuses guerres qui désolèrent la

Provence et le nord de l'Italie, ainsi que des rivalités entre les divers princes qui dominaient dans ces deux pays. Elle appartint, plus ou moins, aux comtes de Provence jusqu'en 1388, époque où elle se donna aux ducs de Savoie. Les Impériaux l'envahirent en 1524, sous la conduite du connétable de Bourbon, et en 1536, sous Charles-Quint. Les Français s'en emparèrent, en 1543, sous François Ier, avec l'aide de Khaïr-Eddin Barberousse, contre lequel se signala l'héroïne Catherine Ségurane ; ils s'en rendirent maîtres de nouveau en 1600, 1691, 1706, 1744 et enfin en 1792. Cette dernière invasion, suivie d'une annexion qui dura jusqu'en 1814, eut pour premier résultat d'introduire dans le comté niçois le régime de violence, de proscription et de persécution religieuse qui pesait alors sur la France. Les couvents furent sécularisés et leurs habitants dispersés.

Nous n'avons pas à faire ici l'histoire de la Terreur à Nice et à retracer en détail les scènes de vandalisme, les actes de tyrannie dont cette ville fut alors le théâtre. Il ne sera pas sans intérêt toutefois, croyons-nous, de donner une nomenclature des communautés dont la suppression fut prononcée et accomplie dans la cité et dans sa banlieue. Ce furent :

L'abbaye des *Bénédictins de Saint-Pons*, hors les murs : les *Augustins*, annexés à la paroisse de Saint-Martin ; les *Augustins Déchaussés*, à Saint-Jean-Baptiste, au delà du Pont-Vieux ; les *Carmes Chaussés*, à Saint-Jacques (Saint-Giaume) ; les *Dominicains*, à Saint-Dominique ; les *Conventuels*, à Saint-François ; les *Capucins*, à Saint-Barthélemy, hors les murs ; les

Minimes, à Saint-François-de-Paule ; les Pères de Saint Gaëtan ou *Théatins*, à Saint-Castor ; enfin les *Frères Mineurs*, à Cimiez.

Les religieuses ne furent pas davantage épargnées. Le monastère des *Clarisses*, maintenant occupé par la Visitation et situé au pied du château, celui de Saint-François-de-Sales ou des *Visitandines*, actuellement hospice de la Providence ou des Césolines, celui de *Sainte-Marie*, sur le cours, à l'angle de la rue de la Poissonnerie, presque en face de la rue de l'Arc, furent fermés.

Le 29 septembre 1793, l'église et le couvent de Cimiez, déclarés bien nationaux, furent saisis[1]. Quelques-uns des religieux, parmi lesquels les Pères Jean Louis Guiglielmo, François Marie Penchienati, Pierre Léonard, Jacques Fighiera, Jacques de Contes et Gentil de Nice, quittèrent l'habit monastique pour revêtir l'habit de prêtre séculier. Ils purent ainsi continuer à résider dans le couvent ou, lorsque l'attitude des autorités semblait plus menaçante, se tenir cachés dans les maisons voisines[2]. De la sorte, ils veillèrent à la conservation des bâtiments et des objets mobiliers qui y étaient restés ; car, — chose remarquable et tout à l'honneur de la population niçoise si attachée aux fils de saint François, — bien que la propriété du couvent de Cimiez eût été, à plusieurs reprises, mise aux enchères publiques, il ne se

1. *Archives du couvent de Cimiez : Libro terzo in cui si contengono le azioni capitolari, etc., 1793 à 1896*, p. 67

2. *Archives du couvent de Cimiez :* Pièces diverses.

trouva jamais personne qui osât s'en rendre acquéreur.

Les Pères, demeurés ainsi plus ou moins secrètement à Cimiez, accomplirent, durant ces tristes jours, bien des actes de dévouement et de courage, célébrant la messe dans des granges ou dans des caves, administrant de côté et d'autre les sacrements, au mépris de tous les dangers. Voici, entre autres faits, ce que nous avons entendu souvent répéter par les vieillards de l'endroit.

Lorsque l'abbaye de Saint-Pons eut été convertie en hôpital militaire et que les soldats blessés durant les guerres subalpines commencèrent à y être transportés, la direction, au point de vue médical, en fut confiée au docteur Passeron, homme dont la piété égalait la science. Il habitait dans le ressort de la paroisse de Cimiez, au quartier Cap de Croix. Son fils, plus tard, entra dans l'Ordre Franciscain et mourut à Bourg-Saint-Andéol, département de l'Ardèche.

Or, dès que l'un des blessés amenés à Saint-Pons se trouvait en danger de mort, le docteur Passeron, tout en lui prodiguant les soins matériels les plus affectueux, l'interrogeait sur l'état de son âme. Rencontrait-il parmi ces soldats de braves chrétiens qui désiraient les consolations de la religion, aussitôt il avertissait les Pères Franciscains, cachés dans les environs, et, par une porte secrète, les introduisait auprès de ses malades. Un grand nombre de ces derniers moururent ainsi entre les bras des religieux persécutés et reçurent de leur bouche le suprême pardon, au seuil de l'éternité. Il nous a semblé juste et opportun de perpétuer le souvenir de ces traits, qui mettent en lumière le calme héroïsme et l'inépuisable zèle du docteur Passeron et des proscrits de 1793.

Cependant, en 1814[1], à la suite de négociations diplomatiques, le comté de Nice était rendu aux Etats Sardes. Deux ans plus tard, le roi de Sardaigne, Victor-Emmanuel Ier, autorisait, par le décret suivant, la restitution des couvents et la réintégration des religieux dans leurs maisons respectives :

« NOUS, ROI DE SARDAIGNE, DE CHYPRE ET DE JÉRUSALEM, etc.

« A Notre illustre, fidèle et bien-aimé premier Président, le comte Serra d'Albugnano, conseiller général des Finances.

« Parmi les affaires dont Nous avons voulu que s'occupât la Commission ecclésiastique nommée par Nous, par décret du 16 novembre 1814, se trouve compris le rétablissement des maisons religieuses de l'un et l'autre sexe. Nous en avons, en effet, reconnu la haute importance pour le bien de la religion et de l'Etat. Or, conformément à

1. Après la Révolution, le couvent de Cimiez fut transformé en séminaire diocésain. Un décret du roi de Sardaigne en 1816 ayant rendu aux Fransciscains leur couvent, le grand séminaire fut alors transféré en ville, dans l'ancienne maison des Pères Jésuites, et, de là, en 1822, dans l'ancien couvent des Bernardines. *(Archives de la Préfecture.)*

Dans ces dernières années, un nouvel et magnifique établissement a été bâti sur le penchant de la colline de Cimiez, par les soins de S. G. Mgr Balaïn, devenu, en 1896, archevêque d'Auch, et par ceux de son digne et zélé successeur, Mgr Chapon. Les séminaristes y ont été installés en 1898.

Nos ordres, ladite Commission Nous a remis, non seulement l'exposé des mesures qui lui ont semblé devoir être prises, en ce qui concerne les congrégations à rétablir et les couvents dans lesquels il convient de les réinstaller, mais aussi l'énoncé des moyens qu'elle propose d'adopter pour assurer à chaque couvent et monastère une dotation convenable en biens-fonds et en revenus. Nous avons, en outre, demandé à ce sujet l'avis des prélats nommés par Nous pour le choix des biens ecclésiastiques dont la vente a été permise. Le plan qui Nous a été ainsi soumis ayant obtenu Notre plein assentiment, Nous avons, conformément à ce plan, approuvé la liste des couvents et monastères à rétablir et affecté, en même temps, pour leur dotation les biens et revenus ci-après désignés, voulant que ces biens et revenus soient, dès maintenant, remis à l'office de l'Economat général, que Nous chargeons expressément de les administrer et qui devra en appliquer les rentes ainsi que Nous le réglerons.

« Donc, en même temps que Nous faisons parvenir, d'autre part, Nos instructions au susdit Economat général, afin qu'il prenne les dispositions dépendant de lui, Nous vous notifions d'avoir à donner des ordres pour qu'audit Economat général soient consignés et remis :

« 1° Les églises, couvents, jardins et terrains y annexés, destinés aux maisons religieuses de l'un et l'autre sexe et désignés dans l'état que Nous vous transmettons ;

« 2° Les biens et maisons appartenant autrefois à des corporations religieuses, et qui sont décrits dans l'état A ci-joint ; le revenu annuel desquels s'élève à deux cent quinze mille huit cent quatre-vingt-quatre francs ;

« 3° Les cens, redevances et autres revenus appartenant autrefois à des corporations religieuses, lesquels s'élèvent à quatre cent un mille quatre-vingt-six francs, d'après l'état C ci-joint visé par Notre secrétaire des Affaires intérieures.

« Il doit, en outre, être tenu compte par Nos finances au susdit Economat royal :

« Des annuités déjà dues aux corporations supprimées s'élevant à trente et un mille deux cents francs, d'après l'état B, visé également par Notre secrétaire des Affaires intérieures; de l'annuité à leur payer, désormais, par semestres, à partir du 1er janvier dernier et sans qu'il y ait besoin à l'avenir de nouvelle ordonnance de Notre part; cette annuité est de deux cent vingt-trois mille cinq cents francs.

« Vous aurez à communiquer la présente pièce au Contrôle général.

« Sur ce, Nous prions le Seigneur de vous avoir en sa protection.

« Turin, le 20 février 1816.

« Signé : V. EMMANUEL.

« Contresigné : BORGARELLI. — Enregistré au Contrôle général, le 4 avril 1816, registre 2 ; décrets A. S. — Soussigné : CANALE, secrétaire[1]. »

D'un état joint à ce décret il résulte que l'un des premiers couvents rétablis dans le comté de Nice fut celui des Frères Mineurs de Cimiez[2].

Dès la publication de cette ordonnance royale, en effet, le R. P. Laurent de Nice, délégué général,

1. *Archives du couvent de Cimiez.* — Voir aux PIÈCES JUSTIFICATIVES : XI. *Décret de Victor-Emmanuel Ier, roi de Sardaigne, pour le rétablissement des maisons religieuses supprimées par la Révolution.*

2. « *Stato dei conventi e monasteri ristabiliti dietro le disposizioni del succennato regio biglietto... Contado di Nizza...* MINORI RIFORMATI NEL CONVENTO DI CIMELLA... *Per copia conforme allo stato esistente nei registri dell' azienda generale di Finanze e spedita per uso dei RR. Padri Minori Riformati nel convento di Cimella (Contado di Nizza). — Torino, li 17 novembre 1835 : Giordano, Capo-sessione* ». — Voir aux PIÈCES JUSTIFICATIVES : XI. *Décret de Victor-Emmanuel Ier*, etc.

s'était hâté de convoquer à Cimiez ceux des religieux qui avaient survécu à la tourmente révolutionnaire. Huit prêtres, cinq frères convers et un oblat répondirent, tout d'abord, à son appel. L'*Ecce quam bonum et quam jucundum habitare fratres in unum* allait donc retentir à nouveau sous les voûtes, longtemps silencieuses, du sanctuaire abandonné.

La rentrée des religieux dans le cloître eut lieu avec solennité et prit les proportions d'une manifestation des plus grandioses.

Le 3 octobre 1816, veille de la saint François, avait été choisi pour cette cérémonie. L'heureuse nouvelle s'était répandue de toute part et avait attiré à Cimiez une foule immense, accourue des pays circonvoisins. Nice tout entière surtout était là, formant autour des proscrits d'hier comme une couronne d'honneur. L'aristocratie de la contrée avait tenu à se mêler au peuple. La joie, rapportent des témoins oculaires, rayonnait sur tous les visages, et bien des yeux se mouillaient de larmes.

Les anciens Franciscains portaient encore le costume ecclésiastique ou les vêtements laïques. Après le chant des vêpres, les habits monastiques qu'ils devaient revêtir à nouveau furent bénits, et lorsque les religieux les eurent repris, une splendide procession s'organisa, le long des cloîtres et sur la place publique : la famille séraphique, ainsi reconstituée et comme sortie du tombeau, défilait, avec sa robe de bure, sa corde grossière et ses pieds nus, sous les regards des spectateurs ravis, au milieu des cris de joie et d'enthousiasme.

A sa suite s'avançait le Gardien, portant une relique de saint François et bénissant la multitude prosternée. Un *Te Deum* d'actions de grâces termina cette journée, l'une des plus radieuses dont les annales de la province aient conservé le souvenir[1].

Le 18 janvier 1818, pour la première fois depuis la Révolution, des postulants furent admis à la prise d'habit et, dès lors, la prospérité de la communauté alla grandissant. Elle fut due en partie au dévouement de l'abbé Pierre Guiglia de Saorge. Pendant près de dix ans, en effet, au sortir du noviciat de Cimiez, les jeunes profès furent envoyés en résidence à Perinaldo[2], dont cet insigne ami et bienfaiteur de l'ordre était curé[3], et où lui-même se chargeait, avec une régularité et un zèle infatigables, de les instruire dans la science sacrée, de les former à la prédication et au ministère des âmes. Quelques-uns de ceux qui, dans la suite, ont rendu le plus de services à la pro-

1. *Archives du couvent de Cimiez : Libro terzo in cui si contengono le azioni capitolari, etc., 1793 à 1896 ;* pp. 71 et 72. — Quelques religieux, notamment les Pères Guiglielmo, Penchienati, Jacques de Contes, Gentil de Nice, nous l'avons déjà dit, étaient restés à Cimiez sous l'habit séculier, pendant la Terreur. Parmi ceux qui y revinrent, après la tourmente, citons les Pères Bonaventure de Lantosque et Bonaventure de Borgomaro, François Antoine Vagion de Nice et François de Nantes, les Frères Valérien Auda de Tourette, Didace Vigon de Cimiez, Victor de l'Escarène, Pascal de Pèone, François d'Isolabona. C'est aux souvenirs du R. P. Raymond Auda, qui a connu, dans sa jeunesse, quelques-uns de ces Franciscains d'autrefois, que nous devons cette indication.

2. Perinaldo appartenait alors au diocèse de Nice.

3. Il devint, dans la suite, chanoine et supérieur du grand séminaire, vicaire général et vicaire capitulaire, après la mort de Mgr Galvano.

vince, tels que les Pères Bénigne de Valbonne, Archange de Borgomaro, etc., furent, de la sorte, ses disciples.

En 1852, — ainsi que nous le verrons dans le chapitre suivant, — le couvent de Cimiez fournit la plupart des religieux qui, sous la direction du R. P. Bénigne de Valbonne, rétablirent en France la branche franciscaine de l'Etroite-Observance[1].

En 1855, il fut compris dans la suppression générale des congrégations décrétée par le roi de Piémont. Toutefois, ses religieux, au nombre d'une trentaine, ne furent pas dispersés. On les autorisa à garder, jusqu'au trépas du dernier d'entre eux, le local qu'ils occupaient, et à desservir la paroisse. En 1860, par suite de la rétrocession de la Savoie, les prétendus droits de propriété du gouvernement piémontais sur la maison passèrent au gouvernement français[2].

1. Le R. P. Aréso, de son côté, restaurait sur notre sol la famille de l'Observance. Ces distinctions de familles et d'observances n'existent plus, répétons-le, depuis la bulle *Felicitate* de Léon XIII. — *Archives du couvent de Cimiez* : Pièces diverses. — *Mém. pour la défense des cong. relig.* (Franciscains Récollets), Paris, 1880.

2. Une question se pose ici, naturellement, dont l'intérêt n'échappera à personne : A qui appartient légitimement le sanctuaire de Notre-Dame de Cimiez ainsi que son cimetière? Quel est, en second lieu, le propriétaire du couvent et des jardins qui l'entourent?

Or, nous l'avons vu, le sanctuaire et les terrains adjacents ont été régulièrement cédés aux Frères Mineurs par les Bénédictins, en 1546, en échange de l'emplacement du couvent de Sainte-Croix. Le second cloître, nous l'avons constaté, a été bâti successivement, aux XVIIe et XVIIIe siècles, par les Pères Franciscains, par le syndic desquels, du reste, les impôts ont toujours été régulièrement payés.

Depuis la Révolution, neuf *chapitres provinciaux* ou congrégations capitulaires, — en 1817, 1830, 1839, 1864, 1867, 1875, 1878, 1889, 1895, — quatre *assemblées custodiales*, ou chapitres de custodie — en 1852, 1855, 1858, 1861, — et vingt-quatre *congrégations intermédiaires* (réunies entre deux chapitres) se sont tenus à Cimiez[1].

C'est à Cimiez aussi qu'ont eu lieu plusieurs des *concours de philosophie et de théologie.*

Ces concours, dans l'Ordre Franciscain, sont accompagnés d'un apparat tout particulier et de formalités peu communes. Ils sont, à défaut du Ministre général, présidés par le Ministre provincial. Les examinateurs sont au nombre de deux; les juges au nombre de six ou, tout au moins, de quatre. Les épreuves débutent par un examen oral d'une heure, à l'issue duquel le candidat tire au sort deux sujets de dissertation. Il désigne celui qui lui agrée le mieux. et, après avoir eu une demi-heure pour se préparer, mais sans livres ni notes d'aucune sorte, il lui faut sur le sujet en question parler et faire un cours pendant une demi-heure. Ce cours achevé, il tire de nouveau au sort deux thèses, choisit celle qu'il préfère,

Le droit de propriété des religieux, ou, aux termes de la Règle et des Constitutions, le droit de propriété du Saint-Siège sur ces divers immeubles et dépendances est irréfutablement prouvé, au surplus, par de nombreuses attestations et pièces authentiques conservées dans les archives du couvent, notamment par trois déclarations reçues par le notaire Daideri, les deux premières remontant au 13 et la troisième au 20 octobre 1652. — *Archives du couvent de Cimiez.*

1. *Archives du couvent de Cimiez : Libro terzo in cui si contengono le azioni capitolari*, etc. ; *1793 à 1896.*

et, pendant vingt-quatre heures consécutives, est rigoureusement tenu enfermé sous clef dans une cellule, sans autre livre à sa disposition que la Sainte Ecriture. Au bout de ce laps de temps, il doit présenter sa thèse écrite, qu'il peut lire ou débiter, mais qui dure, pour le moins, une demi-heure. Il est alors obligé de répondre à toutes les objections qui lui sont opposées, pendant une demi-heure, par deux adversaires, voire même ensuite par toutes les personnes présentes. Enfin, il doit, dans deux argumentations, attaquer, à son tour, ses deux précédents contradicteurs, lorsqu'ils soutiennent leurs propres thèses. L'usage de la langue *latine*, en tout cela, est seul permis. Celui qui n'obtient pas, au moins, dans les épreuves, les quatre cinquièmes des votes des juges, est évincé et ne peut plus se présenter désormais.

Sur les concours tenus à Cimiez, nos archives donnent les détails suivants :

A celui de théologie du 23 octobre 1830 prirent part les Pères Joachim de Badalucco et André de Poggiovarino ; à celui de philosophie des 26, 27 et 28 juin 1839, les Pères Augustin de Vic, Laurent de Javenna, Anastase de San-Damiano, Bernard de l'Escarène, Jacques de la Trinité, Angélique de Carmagnola, Nicolas de Rodello et Salvator d'Hosta, espagnol.

En 1846 ou 1847, sur l'invitation de Mgr Galvano, évêque de Nice, une thèse de théologie fut soutenue publiquement avec le plus grand éclat, en l'église Saint-Jacques, par le Père Jean-Baptiste de Valoria, qui avait été reçu *lecteur* dans le concours d'octobre 1843, tenu à Turin, et par les Pères Egide de Lévens et Pie de Bordighera, reçus *lecteurs* dans le concours de mai 1846, tenu dans la même ville. Plusieurs théologiens qui leur posèrent des objections furent successivement, par eux, réduits au silence [1].

Au concours de théologie et de philosophie qui eut lieu, à Cimiez, le 30 août 1851, furent proclamés lecteurs, en théologie le Père Joseph de Turria, en philosophie le Père Ange de Port-Maurice.

Le concours de philosophie du 17 août 1875 fut présidé par le R^me^ Père Bernardin de Portogruaro, Ministre général; y parurent avec succès les Pères Illuminé de Pietrabruna, Léonard d'Argentan, Alexis de Sainte-Pazanne et Théodore d'Entraigues. Enfin, dans le concours de théologie du 12 juillet 1878, également présidé par le successeur de saint François, se distinguèrent les Pères Léonard d'Argentan, Théodore d'Entraigues, Illuminé de Pietrabruna et Alexis de Sainte-Pazanne [2].

A plusieurs reprises, durant le cours du XIXe siècle, Cimiez offrit un asile aux Frères Mineurs de

1. En juillet 1849, par un décret du Définitoire, le couvent de Cimiez fut érigé en couvent de Hautes-Etudes. Des *lecteurs* en *éloquence sacrée*, en *théologie dogmatique*, en *théologie polémique*, en *morale* et en *droit canon*, y furent institués ; ce furent les Pères Joachim de Badalucco, Louis d'Apricoli, Egide de Lévens, Jacques de la Trinité et Jean-Baptiste de Valoria. — *Archives du couvent de Cimiez.*

2. *Archives du couvent : Libro terzo in cui si contengono le azioni capitolari*, etc. ; *1793 à 1896*, pp. 152, 205, 276, 279, 295, 451 et 491.

divers pays, que les événements politiques ou les persécutions suscitées par les sociétés secrètes forçaient à s'exiler.

C'est ainsi qu'en 1839 ou 1840, après la lutte de Don Carlos contre Marie-Christine, bon nombre de Franciscains espagnols, compromis dans cette guerre, en particulier l'archevêque de Tolède, vinrent y chercher un refuge. En 1861, à la suite de l'invasion du royaume des Deux-Siciles par les bandes de Garibaldi, plusieurs religieux napolitains y furent, à leur tour, généreusement accueillis. En 1868 aussi, ce fut à Cimiez que les Supérieurs de l'Ordre, — tant ils avaient d'estime pour ce couvent, — tinrent à envoyer la plupart des jeunes Franciscains chassés de la Vénétie par les décrets du gouvernement italien. A leur tête, comme *lecteur*, se trouvait le T. R. Père Antoine de Vicence, auquel succéda bientôt le T. R. Père Fidèle de Fanna, devenu si célèbre depuis par ses travaux paléographiques. Ajoutons, du reste, que ce fut parmi ces religieux vénitiens réfugiés à Cimiez, qu'en 1871 et 1872, le R^me^ Père Bernardin de Portogruaro choisit ceux qu'il chargea de faire des recherches dans les diverses bibliothèques de l'Europe[1] et qui furent employés ensuite aux travaux d'érudition du collège de Quaracchi[2].

En 1881, ce furent les Pères de Cimiez qui contri-

1. En vue de la publication de l'édition authentique des œuvres de saint Bonaventure.

2. Deux de ces religieux, les TT. RR. Pères Jean et Apollinaire, vivent encore et continuent de prendre part aux travaux du collège de Quaracchi.

Le Couvent des Frères Mineurs de Cimiez
(Vue d'ensemble).

buèrent, pour la plus large part, à l'établissement du couvent de Monte-Carlo, où se réfugièrent plusieurs des Franciscains atteints par les fameux décrets de 1880 et où a été établi le Collège Séraphique[1].

Après avoir, de 1546 à 1622, appartenu canoniquement à la province française de Saint-Louis et aux Frères Mineurs « de l'Observance », le couvent de Cimiez, en cette même année 1622, passa à la province piémontaise de Saint-Thomas[2] et aux Frères Mineurs « de l'Etroite Observance » ou « réformés », qui ne parvinrent à s'y établir, toutefois, qu'au prix de nombreuses difficultés[3]. — La bulle *Felicitate*, on le sait, a aboli ces différences de désignation surannées : il n'y a plus, maintenant, que des *Frères Mineurs* purs et simples. — A dater de 1861, la communauté a fait constamment partie de la province de Saint-Bernardin, province qui, depuis 1889, se compose, en outre, des couvents d'Avignon, Chalon-sur-Saône, Mâcon, Monte-Carlo, Nîmes, Saorge, d'une résidence dans la ville de Nice proprement dite, et d'une résidence à Marseille.

Parmi les Provinciaux qui, depuis moins d'un demi-

1. *Archives du couvent de Cimiez : Libro terzo in cui si contengono le azioni capitolari*, etc., *1793 à 1896* ; p. 511.

2. La province de Saint-Thomas subit, à plusieurs reprises, en 1639, 1668 et 1849 notamment, des transformations et des *sectionnements*. A cette dernière date, elle fut divisée en deux custodies : la custodie de Saint-Thomas dite *maritime* et la custodie de Saint-Thomas *en Piémont*. PAUL BRITIUS, *Seraph. subalp. D. Thomæ prov. monum.*, l. I, cap. V, VI, VII et VIII. — *Archives du couvent de Cimiez* : Pièces diverses. — *Archives de la Curie généralice des Frères Mineurs à Rome*.

3. *Archives du couvent de Cimiez* : Pièces diverses.

siècle, ont gouverné cette province, la justice et la reconnaissance nous font un devoir de nommer, tout particulièrement, le T. R. Père Vincent de Badalucco, le T. R. Père Bénigne de Janville, si ardemment et si intelligemment zélé pour la discipline religieuse et ensuite Provincial de la province de Saint-Denys[1], le T. R. Père Ferdinand de Saint-Romain, si remarquable par sa science, son talent d'organisateur, son dévouement à la cause sociale des humbles et des petits[2], le T. R. Père Léon de Malay, enfin, qui continue avec tant de tact et de prudence l'œuvre de ses prédécesseurs[3].

Les pages que nous consacrons au couvent de Cimiez ne seraient pas complètes si, en terminant ce chapitre, nous ne mentionnions « l'hospice » ou résidence qui, dans la ville même, en est comme l'annexe et la succursale.

Dès la seconde moitié du XVIe siècle, à la suite de leur établissement sur la colline de Cimiez, les Frères Mineurs, « vu l'éloignement de leur nouveau cou-

1. Laquelle a maintenant à sa tête le T. R. Père Léonard d'Argentan, lui aussi ancien fils du couvent de Cimiez par le noviciat. Au T. R. Père Léonard, on le sait, revient l'honneur d'avoir fondé, à Paris, le sanctuaire de Saint-Antoine et le couvent de la rue Puteaux, ainsi que l'œuvre admirable du pain des miséreux.

2. Le T. R. P. Ferdinand a été l'un des principaux organisateurs des premiers Congrès franciscains, avec le R. P. Jules du Sacré-Cœur, de la Province de Saint-Louis, Commissaire général du Tiers-Ordre, dont il serait superflu de rappeler ici le zèle ardent le dévouement éclairé aux directions du Saint-Siège.

3. Voir aux Pièces justificatives : XII, *Liste des Gardiens du couvent de Cimiez, de 1626 à 1900*, et XIII, *Liste des Ministres provinciaux*, sous l'autorité desquels s'est trouvé le couvent de Cimiez, de 1622 à 1900.

vent et la difficulté des communications », sentirent l'utilité d'avoir dans l'intérieur de Nice, « pour le service des confessions », pour les réunions du Tiers-Ordre, « pour le séjour de leurs quêteurs et de leurs malades », une sorte de pied-à-terre. Ils se procurèrent une maison que leur céda « le Révérend André Fontana, prieur claustral », et qui était située à l'endroit appelé *la Condamina sobrana* (la Condamine supérieure). — La rue de la Condamine actuelle a tiré de là son nom. — Avec l'autorisation de l'évêque Jean Provana et à la suite d'une transaction passée, en 1558, avec le chapitre de l'église cathédrale, ils construisirent, au-dessous de cette maison, *subtus domum*, une petite chapelle, qu'en souvenir de leur ancien couvent, ils dédièrent à la sainte Croix. Aux termes de la transaction susdite, ils pouvaient y entendre les confessions, y distribuer la sainte communion, y célébrer des messes basses ; mais il leur était interdit d'y faire des sépultures, comme aussi de l'agrandir et de la transformer en église[1].

Dès l'an 1623, ainsi qu'il résulte des pièces relatives à l'introduction et à l'établissement des Frères Mineurs *réformés* à Nice, cet « hospice », ou pied-à-terre des Franciscains de Cimiez, était désigné sous le titre *d'hospice de Saint-Joseph*[2]. Dans d'autres

1. *Archives du couvent de Cimiez.* — Voir aux PIÈCES JUSTIFICATIVES : XIV. *Transaction entre le chapitre de la cathédrale de Nice et les Frères Mineurs relativement à leur « hospice » de la cité.*

2. Notamment dans la pièce intitulée : *Ordine ai PP. Osservanti di rimettere alla Riforma l'ospizio di Nizza,* du 24 octobre 1623. — *Archives du couvent de Cimiez.*

pièces, nous voyons qu'au XVIIIe siècle, son oratoire était très fréquenté par les fidèles, à cause des exercices du chemin de la croix qui s'y faisaient avec beaucoup de solennité[1].

Au moment de la Révolution et de la suppression des couvents, les bâtiments de « l'hospice » Saint-Joseph, qui était toujours situé dans le même quartier, non loin du monastère des Bernardines[2], furent saisis par l'administration civile et, en 1810, mis aux enchères. Ils furent achetés par M. Pierre Mages, négociant, qui, bien différent toutefois de tant de gens qui s'enrichirent alors et s'enrichissent encore parfois de biens volés aux moines, s'empressa, dès 1818, par acte notarié, d'en rendre et d'en assurer désormais la jouissance aux Frères Mineurs de Cimiez[3], qui ne l'ont effectivement abandonné qu'en 1870. A cette date, le vieil hospice de la vieille ville tombant en ruine, une nouvelle résidence fut établie, sous le même vocable de « Saint-Joseph », au quartier de *Carabacel*, par les soins du R. Père Vincent de Badalucco. Augmentée d'un étage, en 1897, sous le gardiennat et grâce au zèle du R. Père Hyacinthe de Saorge, il existe encore actuellement.

L'hospice de Carabacel possède naturellement peu

1. *Archives du couvent de Cimiez* : Pièces diverses.

2. Dans la suite, ce monastère, nous l'avons dit, servit, quelque temps, de grand séminaire.

3. *Archives du couvent de Cimiez : Remissione, in favore del convento dei Padri Minori riformati.. di Cimella, dal signor negoziante Pietro Mages, dell' ospizio di San Giuseppe già spettante al detto convento, posto in detta presente città nella contrada detta di San Bernardo.*

d'objets qui méritent d'être notés : dans l'escalier, toutefois, une antique et belle peinture sur bois, représentant saint François ; dans la sacristie, une Vierge également sur bois, mais plus moderne ; dans le réfectoire, quelques cadres sans valeur, provenant de l'ancienne résidence[1].

1. Saint Pascal, saint Joseph, saint François, sainte Marguerite de Cortone et le bienheureux Augustin de Caissotti, Dominicain. Ce dernier cadre porte l'inscription : *Beatus Augustinus de Caissottis, epic. Lucerin., Ord. Prædicatorum. Obiit. 1322.* — Dans l'escalier sont d'autres cadres ayant la même origine : saint Louis de Toulouse, saint Jean de Capistran, l'Immaculée-Conception. Une croix de procession en bois, ayant comme peintures un cœur et l'Enfant Jésus, et quatre grossiers reliquaires, sculptés en forme de bustes, proviennent également de l'ancien hospice.

CHAPITRE IV

Les fils de Cimiez

Vertus et sainteté. — Les apôtres fils de Cimiez. — En Albanie. — En Chine. — En Amérique. — Le couvent de Cimiez et la science. — Cimiez et la restauration de l'Ordre séraphique en France : les instruments de Dieu. — L'œuvre des Définiteurs généraux.

Depuis trois siècles et demi, le couvent de Cimiez a été illustré par un grand nombre de religieux éminents en vertu et en doctrine. Qu'il nous suffise de rappeler quelques noms et quelques faits.

Plusieurs serviteurs de Dieu, dont la sainteté a brillé d'un vif éclat, y ont plus ou moins longtemps résidé; tels, en particulier, le vénérable Père Bonaventure, mort à Turin en 1657; le vénérable Frère Benoît d'Olivastri, décédé à Saorge, le 27 novembre 1692, et le vénérable Père Bénigne Dalmazzo, mort à Cunéo, en 1744[1]. La cause de béatification de ce dernier se poursuit en cour de Rome[2].

A une époque plus rapprochée, nommons : le R. P. Bonaventure de Pianavia, mort le 6 août 1804, à l'âge de quatre-vingt-cinq ans, et auquel l'opinion populaire attribuait des prophéties et des extases[3];

1. Le couvent de Cimiez lui fut assigné comme résidence en 1724. — Voir PAOLO GASTALDI, *Il Ven. P. Benigno Dalmazzo da Cuneo*; Turin, tip. Salesiana, 1889.

2. *Prospectus omnium causarum beatificationis et canonizationis.. quæ ad postulationem generalem Ordinis Fr. Minorum spectant*; ap. *Acta Ord. Minorum*, mai 1898. — Parmi les personnages illustres en sainteté, le comté de Nice a donné à l'Ordre séraphique : le bienheureux François de Mayronis, Frère Mineur, que certains auteurs, il est vrai, font naître en Provence ou en Ecosse; il mourut en 1325 (GIOFFREDO, *Nicæa civitas*, Ire par., tit. XIV. — *Martyrol. Franc.*, 26 juillet) ; le bienheureux Séraphin de Castillon, Frère Mineur, illustre par ses miracles, mort à Milan, en 1460 (SIGISMOND D'ALBERTI, *Istoria di Sospello*. Turin, 1728); le bienheureux André Robert, Frère Mineur, martyrisé par les calvinistes de France en 1567 (GONZAGUE, *De orig. ser. rel.*, IIIe par., conv. Montispessulani. — GIOFFREDO, *Nicæa civitas*, Ire par., tit. XXI); le bienheureux Pierre Blancardi de Sospel, Frère Mineur, martyrisé par les hérétiques de Guyenne, en 1579 (*Martyrol. Franc.*, 22 oct.); les Pères Michel-Ange, massacré par les Turcs à La Mecque (1643), Jean-Baptiste, martyrisé à Tripoli (1653), Gaudiosus, martyrisé en Albanie, le 29 mai 1688, tous trois Frères Mineurs; le bienheureux Bénigne Rossi de Sospel, général de l'Ordre des Frères Mineurs, en 1618, mort en 1651 (PIERRE ANTOINE DE VENISE, *Legend. Francisc.*); le Père Hyacinthe Sicardi de Sospel, missionnaire surnommé « le marteau des Turcs » (ALBERTI, *Istoria di Sospello*); le Père Louis Revelli de Saorge, Frère Mineur, mort à Rome, le 2 septembre 1730, célèbre par ses prophéties et ses miracles; le bienheureux Jérôme Garibbo, Conventuel, mort en 1540, et dont nous avons déjà parlé (GIOFFREDO, *Nicæa civitas*, Ire par., tit. XVIII); le Père Pierre Vento, Capucin, mort en 1631 (GIOFFREDO, *Nicæa civitas*, Ire par., tit. XXIV); etc.

3. Les archives du couvent conservent un très curieux manuscrit de communications surnaturelles et de visions mystiques,

le Père Salvator de l'Escarène, maître des novices, mort à Cimiez, le 6 janvier 1874, à l'âge de soixante-treize ans; le Frère convers Bérard de Gazzo, mort à Cimiez, le 8 janvier 1890, à l'âge de soixante-neuf ans, remarquable par sa mortification et son obéissance; le Père Séraphin de Gazzo, mort à Cimiez, le 28 février 1890, âgé de quatre-vingts ans et le Père Etienne de Rollo, mort à Cimiez, le 26 novembre 1897, à l'âge de soixante-quinze ans, tous deux admirables pour leur régularité, leur austérité, leur ferveur; le Frère Chrysostome, clerc, décédé à Cimiez, tout jeune encore, le 23 novembre 1898 et que ceux qui l'ont connu regardent comme un émule de saint Louis de Gonzague[1].

Cimiez a produit de nombreux prédicateurs qui ont paru, avec éclat et succès, dans les chaires d'Italie et quelques-uns même dans les chaires de France. Au XIXe siècle, on peut nommer les Pères Bénigne de Valbonne, Archange et Chérubin de Borgomaro, Victor de Breil, Séraphin de Gazzo, Louis de Dolceacqua, professeur d'éloquence à Turin, etc.

De Cimiez aussi sont parties des légions de missionnaires et d'apôtres qui ont évangélisé surtout l'Albanie, la Chine et l'Amérique du Sud.

En Albanie, parmi ceux qui ont le plus activement

soumises au Père Bonaventure de Pianavia par une pieuse extatique qu'il dirigeait, vulgairement appelée *la beata Passerona da Nizza*, de la famille sans doute du docteur Passeron. — *Archives du couvent de Cimiez : Colloqui tra il Padre Bonaventura e la beata serva Passerona, vulgo dicta « la beata Passerona da Nizza »*.

1. *Archives du couvent de Cimiez : Nécrologe de la Province.*

travaillé à prêcher et à entretenir la foi, mentionnons, au moins, dans ces cinquante dernières années, le Père Michel, mort le 3 septembre 1830, à l'âge de trente ans; le Père Albert de Nice, mort, le 26 janvier 1871, à l'âge de cinquante-cinq ans; le Père Etienne de Rollo, qui consacra sa vie tout entière à la conquête des âmes et s'endormit dans le Seigneur le 26 mars 1897; le Père Pascal de la Trinité, qui, après avoir séjourné dix-huit ans dans les Balkans, où il bâtit plusieurs églises, revint finir ses jours à Cimiez; il y mourut, à l'âge de quatre-vingts ans, le 8 octobre 1898[1].

En Chine, nous citerons un seul nom, — qui peut servir de type, — celui d'un évêque franciscain, Mgr Novella.

Né le 13 février 1805, à Carpasio (diocèse d'Albenga), il entra, à l'âge de dix-sept ans, au noviciat de Cimiez et, après l'année de probation canonique, prononça ses vœux solennels. Il fit ses études de philosophie, de théologie dogmatique et de théologie morale sous la direction du R. P. Dominique de Caranovica et profita à tel point des leçons qui lui furent données que ses supérieurs le nommèrent lui-même professeur, en 1831. Il s'acquittait depuis six ans déjà des fonctions de l'enseignement, au

1. *Archives du couvent de Cimiez* : *Nécrologe de la province.* — Au XVIIIe siècle et au commencement du XIXe, plusieurs religieux, après avoir fait leur noviciat à Cimiez, ont été missionnaires aussi en Turquie et en Egypte. Citons, par exemple, le Père Marcel de Nice, mort à la Mecque, en 1729; le Père Innocent de Nice, mort au Caire, le 25 juin 1797; le Frère Marcel de Nice, convers, mort dans l'Archipel, le 4 janvier 1813.

couvent de Borgomaro, lorsqu'il obtint la permission d'accomplir le vœu qu'il avait fait de se consacrer aux missions étrangères.

Il partit pour Rome et y arriva dans le courant de 1837.

Là, le Cardinal Préfet de la Sacrée-Congrégation de la Propagande crut devoir tempérer l'ardeur du zélé religieux, d'abord par un examen théologique dont il sortit avec grand honneur, et ensuite en lui faisant professer la théologie polémique au couvent de Saint-Pierre *in Montorio*, où se préparaient alors les Franciscains de l'Etroite Observance destinés à prêcher l'Evangile dans les pays infidèles. Le Père Novella passa, de la sorte, sept ans environ à Saint-Pierre *in Montorio*. En même temps qu'il remplissait la charge qu'on lui avait imposée, il se livrait à l'étude de la langue grecque et il parvint à la posséder si bien qu'il put servir de secrétaire à la Congrégation de la Propagande pour les missions des îles de l'Archipel et de l'Asie-Mineure. Il s'appliqua également à l'hébreu et, après avoir reçu des leçons de Mgr Molza de Modène, il fut jugé capable par ce savant hébraïsant de traduire en latin le texte hébreu de la Bible. Toutefois, la matière où excellait particulièrement le studieux Franciscain, c'était la langue la plus difficile pourtant qui existe, celle qui s'est montrée rebelle aux efforts du cardinal Mezzofanti lui-même : nous voulons dire la langue chinoise, qu'il arriva promptement à bien connaître.

La Sacrée-Congrégation de la Propagande acquiesça enfin aux désirs du Père Novella, et, au commencement de l'année 1845, elle l'envoya prendre part aux lointaines missions de l'empire chinois. Le nouveau missionnaire emportait un pli scellé, à l'adresse de Mgr Rizzolati, de l'ordre des Frères Mineurs, vicaire apostolique du *Hou-Kouang*[1], et, — ce dont ne se doutait pas notre pieux voyageur, — le pli renfermait des bulles pontificales qui l'instituaient évêque de Patare en Lycie (Asie-Mineure) et coadjuteur en Chine de Mgr Rizzolati.

Le 22 mai 1847, malgré les résistances de son humilité, il était consacré. Aussitôt il voulut imiter le zèle des Apôtres, dont il était maintenant l'un des successeurs. Il se mit à visiter les anciennes chrétientés, à en fonder de nouvelles, à élever un séminaire pour l'éducation des ministres du Seigneur, et au milieu de tant de soins et de fatigues, sa charité ardente lui donnait encore la force de se rendre assidûment auprès des mourants. Si éloignés qu'ils fussent, les distances étaient impuissantes à effrayer son courage, et on raconte que, dans une circonstance, appelé pour un malade qui demeurait *à huit jours de chemin* du lieu où il se trouvait, il partit aussitôt, arriva à temps et put administrer les derniers sacrements au moribond.

Parmi les plus remarquables conversions dues aux efforts de Mgr Novella, nous devons mentionner celle d'un bonze, qui reçut au baptême le nom d'Étienne.

1. A l'ancien vicariat du *Hou-Kouang* correspondent actuellement les trois vicariats du *Hou-Pé* (oriental, septentrional, méridional) et les deux vicariats du *Hou-Nan* (septentrional et méridional).

L'ancien prêtre de la religion chinoise, amené à la connaissance et à la pratique de la vérité, devint un catéchiste plein de ferveur. Plusieurs fois, du fond de la Chine, il adressa des lettres d'actions de grâces à celui auquel il devait d'appartenir à l'Eglise de Jésus-Christ, et nous savons qu'il s'est endormi, quelques années après l'évêque lui-même, dans la paix du Seigneur.

Tout marchait au gré des pieux désirs de Mgr Novella, et son nom était déjà assez connu en Chine pour qu'un médecin célèbre n'hésitât pas, au prix d'un voyage de trois ou quatre cents milles, à venir s'instruire du christianisme près de lui. Mais, hélas ! la persécution était sur le point de sévir ; elle allait éclater bientôt, apportant de redoutables obstacles à la prédication de l'Évangile et à la conversion des infidèles.

Mgr Novella ne tarda pas, en effet, à voir son église brûlée, les élèves de son séminaire dispersés, ses fidèles poursuivis ; lui-même fut obligé, ainsi que deux autres missionnaires, de se cacher pour échapper à la haine des païens. Il se trouva, malheureusement, un indigne chrétien qui, poussé par le démon de l'avarice, consentit, moyennant vingt-*tac-ly* (environ cent trente francs), à découvrir à un mandarin le lieu qui servait de refuge aux missionnaires européens.

Le 5 décembre 1847, Mgr Novella était arrêté à Han-Kéou, ainsi que le Père Michel Navarro et neuf séminaristes indigènes. Conduit à Ou-Tchang-Fou, il y demeura prisonnier jusqu'au commencement de janvier 1848. Il en partit alors, sous la surveillance de deux mandarins, et, après un voyage de soixante et un jours, parvint à Canton, où, par crainte de l'intervention de la France, les Chinois le remirent en liberté, mais en le forçant à se diriger sur Hong-Kong.

Rentré secrètement dans sa mission, il dut désormais se cacher avec le plus grand soin et mener l'existence d'un proscrit. Aux privations et aux dangers de cette vie toujours errante et menacée, vinrent se joindre bientôt pour lui des angoisses d'un autre genre. En juin 1849, d'horribles inondations dévastèrent le vicariat, et l'évêque, sans argent pour secourir ses pauvres néophytes, en vit plus de trois cents mourir de misère et de faim sous ses yeux. Lui-même tomba si gravement malade de fatigue et d'épuisement, qu'en présence de l'impossibilité manifeste de recouvrer jamais complètement la santé, il dut se résigner à revenir en Europe et s'embarqua à Chang-Haï, le 3 novembre 1851.

La dernière période de sa vie se passa à Naples et surtout à Cimiez. Durant le séjour prolongé qu'il y fit, il s'occupa de dresser une carte de tous les vicariats apostoliques de Chine. Cette carte, exécutée d'après les ordres du Souverain Pontife, et qui donne les noms des pays et des villes dans les trois langues, chinoise, française et latine, fut lithographiée par les soins de la Propagande. Ce monument de la science géographique de Mgr Novella n'était pas le seul qu'il dût laisser. Obéissant aux inspirations d'une charité qui, désormais impuissante à s'exercer dans les missions, voulait cependant produire encore des œuvres utiles, il entreprit un travail bien autrement considérable, la publication d'une série de cartes donnant l'état topographique de toutes les vice-royautés, c'est-à-dire de toutes les provinces, du Céleste-Empire. On lui doit également une grammaire et un dictionnaire chinois.

Mgr Novella assista, en 1870, au concile du Vatican, où il siégea constamment parmi les membres favorables à la proclamation de l'infaillibilité pontificale.

Il mourut à Cimiez, le 26 février 1872[1].

Quant à l'Amérique du Sud, elle a vu de même les Frères Mineurs, fils de Cimiez, émigrer à l'envi vers ses plages lointaines[2] et opérer sur son sol, notamment en Bolivie et au Pérou, des prodiges de zèle et de dévouement. Comment ne pas rappeler ici, entre autres, le Frère François d'Aspremont, mort au Pérou, le 5 août 1839; le Père Bonaventure de Nice, mort à Tarija, le 2 juillet 1848; le Frère Joseph de Nice, mort le 15 novembre 1860, à l'âge de cinquante-trois ans; le Père Ignace de l'Escarène, légat apostolique, mort à La Paz, le 15 mai 1868; le Frère Antonin de Saint-André, mort à Tarate, le 21 février 1873, à l'âge de soixante-huit ans; le Père Anselme Chianea de Saorge, qui passa

1. *Archives du couvent de Cimiez : Nécrologe de la province.* — *Notice sur Mgr Novella*, par M.-F.-D. DE SAINT-MACLOU, dans la *Semaine religieuse* de Nice, 1872.

2. Sans parler des départs antérieurs, elle n'a pas reçu, vers 1840, moins de dix-sept missionnaires sortis du couvent de Cimiez.

plus d'un demi-siècle au milieu des sauvages de Bolivie, faillit être lapidé par eux, en convertit un grand nombre et leur bâtit une église paroissiale ; à l'âge de soixante-seize ans seulement, il retourna à Cimiez et mourut, à Gênes, au Commissariat de Terre-Sainte, en janvier 1895 ; le Père Celse Ghio de Saorge, enfin, parti, en 1889, pour la République Argentine, où il n'a pas cessé de travailler à l'évangélisation des peuplades infidèles ?

Quelques religieux de Cimiez ont pénétré aussi, comme missionnaires, dans l'Amérique du Nord ; par exemple, le T. R. Père Michel-Ange, de la famille Florès de Nice, custode de la custodie de Marie-Immaculée, aux États-Unis, mort au collège d'Albany, le 19 juin 1887[1].

D'autre part, les sciences sacrées et profanes ont compté parmi les Frères Mineurs de Cimiez d'illustres représentants.

Bon nombre d'entre eux, en effet, se sont distingués dans la *théologie*. Au XVIIe siècle, citons le Père Ange de Lantosque, de la noble famille Auda, lequel professa, en qualité de *lecteur*, la doctrine de Scot dans différentes chaires de l'Ordre. Il était également très recherché comme prédicateur. Étant venu à Rome, il fut incorporé à la Province romaine, et devint le conseiller du cardinal Altieri, plus tard Clément X. Alexandre VII lui confia plusieurs travaux concernant les Congrégations romaines, et il

1. Tous les missionnaires que nous venons de citer, originaires de Nice ou des environs, avaient fait leur noviciat à Cimiez.

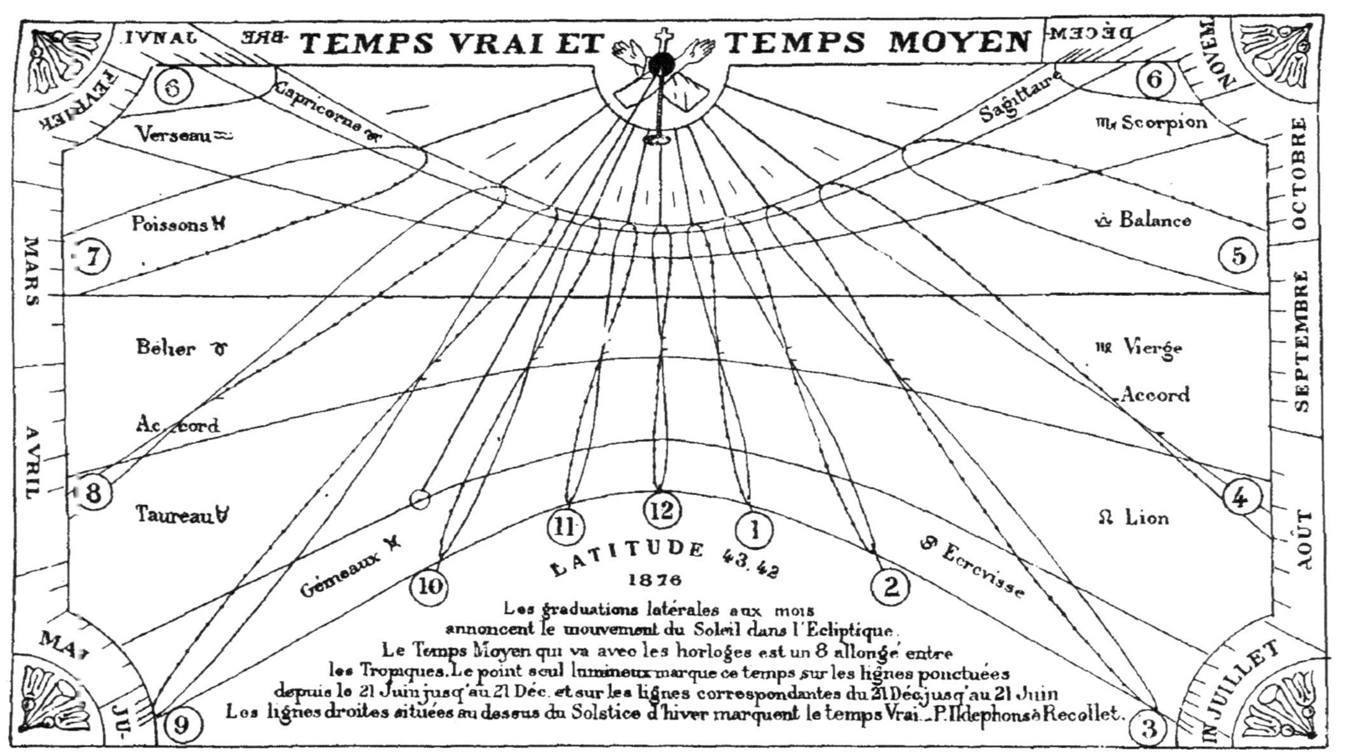

Cadran solaire, dressé par le R. P. Ildefonse, religieux du couvent des Frères Mineurs de Cimiez.

composa sur ce sujet des ouvrages remarquables, qui lui valurent les félicitations de tout le Sacré-Collège. Il mourut en juin 1665[1]. Au XIXe siècle, nommons, entre autres, les Pères Dominique de Caranovica, mort en 1843; Victor de Breil, mort le 2 décembre 1867; Egide Massiera de Lévens, mort le 16 juillet 1880; Fulgence de Saint-André, mort le 10 décembre 1883.

Dans la *philosophie* mentionnons, tout au moins, le Père Jacques Bottau, de La Trinité-Victor près Nice, décédé à Gênes, en 1888; dans l'*apologétique* les Pères Bénigne de Valbonne, mort en 1860, et Vincent Oliva de Badalucco, mort à Assise, le 15 juin 1887.

Au point de vue de la *science historique,* le couvent de Cimiez peut se glorifier d'avoir donné à l'Ordre Franciscain l'un de ses écrivains les plus éminents, le Père Dominique de Gubernatis de Sospel, qui figure dignement à côté des Wadding, des François Gonzague, des Marc de Lisbonne.

L'œuvre à laquelle il consacra tout particulièrerement son talent fut l'*Orbis seraphicus* ou *Historia de tribus ordinibus a seraphico patriarcha S. Francisco institutis deque eorum progressibus et honoribus per quatuor mundi partes.* Il n'en put achever que les cinq premiers volumes *in-folio,* publiés à Rome et à Lyon de 1682 à 1689. Tout incomplet qu'il est, c'est un magnifique monument historique, devenu, par ailleurs, d'une telle rareté, qu'il est

1. R. P. LUDOVICO DA MODENA, *Vicende della provincia romana,* p. 33.

presque impossible aujourd'hui de trouver dans une même bibliothèque les cinq volumes réunis. La Bibliothèque Nationale de Paris ne possède que les tomes I, III et IV. En voici la division.

Le tome I est partagé en cinq livres. Le premier traite de la fondation de la famille franciscaine ; la vie du Séraphique Père y est racontée, et l'auteur y fait voir la nécessité de la régénération des ordres religieux, au XIIIe siècle, par la pauvreté. Le second étudie le but de l'institution nouvelle des Frères Mineurs. Le troisième expose le mécanisme et le fonctionnement de l'administration hiérarchique de l'ordre. Le quatrième s'occupe de la règle, qui, pour employer l'expression scolastique, en est la *forme* essentielle. Enfin le livre V fait l'histoire des différentes réformes, après avoir montré les causes du relâchement.

Les tomes III et IV contiennent l'histoire des chapitres généraux et les règlements surajoutés successivement à la règle pour l'adapter aux lieux et aux circonstances. Viennent ensuite les bulles apostoliques, les décrets des congrégations romaines, les lettres encycliques des ministres généraux, en un mot les documents qui concernent la législation franciscaine.

C'est une chose à jamais regrettable que cette immense collection, que cette sorte d'*encyclopédie séraphique*, soit demeurée inachevée ; elle était faite avec autant d'intelligence que d'érudition. Ajoutons que le Père de Gubernatis était non seulement un chercheur consciencieux et infatigable, mais encore un penseur et un grand écrivain. Un véritable souffle d'éloquence anime, en effet, la plupart de ses pages, écrites dans un style d'une correction et d'une éloquence toutes classiques.

En outre de son *Orbis seraphicus*, le Père de Gubernatis a fait imprimer à Rome (in-folio, 1689) un volume intitulé : *De missionibus inter infideles*, extrêmement précieux pour l'histoire des missions monastiques.

Signalons encore le Père Pascal Codretto de Sospel, qui, au XVIIe siècle, travailla à l'histoire de la maison de Savoie[1], et, au XIXe siècle, le Père François Cassini de Perinaldo, mort à Cimiez, en 1865[2], auteur d'une *Histoire de Jérusalem* et de divers travaux sur la Terre-Sainte[3].

1. Il a publié notamment : *La ghirlanda d'alcuni principi beati della real casa di Savoja*, ou Vies des bienheureuses Louise et Marguerite de Savoie, et des bienheureux Amédée et Humbert de Savoie, Turin, 1655 ; — *Annolazioni della vita della S. S. Isabella di Savoja*. Mondovi, 1654 ; — *Spregio del mondo*, ou Vie de Françoise-Catherine de Savoie, Mondovi, 1654 ; — *Abbreviata serie d'alcuni eroi della real casa di Savoja*, Mondovi, 1655 ; — *Giardino genealogico della real casa di Savoja*, etc. ; — Voir Alberti, *Istoria di Sospello*, par. VII, Turin, 1728.

2. Voici la liste des ouvrages du Père François Cassini : 1° *Storia di Gerusalemme*, corredata di un compendio delle principali vicende dei re e dei principi di Giuda, della guerra giudaica e delle crociate, Rome, 1857. — 2° *La Terra-Santa descritta*, 3 volumes, Gênes, 1855. — 3° *Epistole e colloqui sulla Terra-Santa*, 1855. — 4° *Breve cenno delle religioni, delle sette, dei riti e dei costumi che si professano, che serpeggiano, che si praticano, e che sono in uso tra i confini che chiudono la custodia minoritica della Terra-Santa*. 1 volume, Gênes, 1855. — 5° *Lezioni evangeliche sulle principali festività dell'anno*. Gênes, 1863. — 6° *Cenni storici sull' antica città di Cimella e sull' attuale chiesa e convento de' Padri Minori Riformati*. Nice, 1858. — 7° *Le Veglie notturne al cimitero di Cimella*. Gênes, 1858.

3. Au point de vue des sciences *médicales*, il ne sera peut-être

Enfin, *dans les mathématiques* et *l'astronomie*, nous ne saurions passer sous silence le R. P. Ildefonse de Gazzo, membre de la société astronomique de France, inventeur et constructeur d'une pendule cosmographique universelle, à huit cadrans, avec mappemonde, donnant les heures de tout le globe, indiquant les jours de la semaine, de la lune, du mois, de l'année, le lever et le coucher du soleil, l'aurore et le crépuscule, etc. Cette pendule a obtenu une médaille d'argent à l'exposition de Nice, en 1884 ; deux grands diplômes d'honneur avec croix, à Monaco, en 1893, et à Nice, en 1894. Un cadran solaire, très scientifique, placé sur la façade sud du couvent et marquant le temps vrai et le temps moyen, est aussi l'œuvre du R. P. Ildefonse.

L'une des gloires du couvent de Cimiez, au XIXe siècle, nous y avons déjà fait allusion, c'est

pas sans intérêt de dire un mot du R. P. Dominique Auda de Lantosque, qui vivait au XVIIe siècle. Avant d'être religieux, il s'était adonné à l'étude de la pharmacie dans l'hôpital du Saint-Esprit, à Rome. C'est pour se perfectionner qu'il parcourut ensuite, pendant onze ans, différentes régions de la France et de l'Italie.

Rentré à Rome, il étudia encore sous la direction du savant Ippolito Mancini, qu'il appelait « un oracle dans l'art de la chimie », et se fit lui-même remarquer par ses aptitudes et son talent. Sur ces entrefaites,il entra dans l'Ordre de Saint-François, où, pendant vingt-deux années, il vécut en fervent religieux, se faisant, en même temps, le médecin des âmes et des corps.

Alexandre VII, ayant besoin d'un chef pharmacien pour l'hôpital du Saint Esprit et connaissant ses mérites, lui intima l'ordre de déposer l'habit franciscain et de revêtir celui des religieux de l'hôpital du Saint-Esprit. Nos documents n'indiquent pas la date de sa mort. — R. P. Benedetto Spila, *Memorie storiche della prov. riform. romana*, t. I, p. 548. Rome, 1890.

d'avoir vu sortir de son sein les religieux qui, après soixante ans de proscription, d'exil et d'oubli, devaient rétablir en France les Frères Mineurs de l'Etroite Observance. Pour comprendre la grandeur de leur œuvre, il faut en envisager les difficultés. Or, cette restauration, à l'époque et dans les circonstances où elle fut entreprise, semblait, humainement parlant, impraticable.

De quoi s'agissait-il, en effet? De faire revivre non un rameau *mitigé* de l'arbre séraphique, non une congrégation franciscaine jouissant d'adoucissements et de dispenses, se conformant aux exigences et aux mœurs nouvelles, ayant pour code une règle tronquée et dépouillée de ses caractéristiques rigueurs... Non ; ce qu'il fallait propager, c'était l'Ordre tel que saint François l'a conçu et fondé en plein Moyen-Age [1], avec la pauvreté, même en commun, avec la vie au jour le jour, avec les humiliations et les incertitudes de la mendicité, avec les jeûnes répétés et les longues prières, avec la grossière robe de bure et ces pieds nus qui excitent les rires du mondain et les insultes de l'impie.

Tout cela, peut-être, était bon aux siècles passés; mais de nos jours, n'était-ce pas un téméraire défi jeté à la civilisation et au progrès? Dans notre France moderne, qui n'honore que la richesse et n'estime

1. « L'Ordre Séraphique doit reparaître en France dans sa pureté primitive, ou bien qu'il n'en soit nullement question. Telle est notre volonté, qui est la volonté même de Dieu ; telle est la nécessité des peuples ; telle est enfin votre mission. » — *Lettre du Rme Père Venance de Celano*, Général de l'Ordre, 1852.

que la jouissance, cette vie de privations, de misère et d'opprobres ne rencontrerait que la répulsion et le mépris ; elle se heurterait bien vite à des embarras inextricables. A ces mendiants inconnus les bienfaiteurs feraient défaut ; à ces quêteurs, débris d'un autre âge, on ne répondrait que par l'indifférence, et les moines mourraient de faim ; trop heureux encore s'ils ne soulevaient pas les susceptibilités ombrageuses de la politique, les persécutions de la haine. Certes, ceux qui tentaient de réaliser un tel projet étaient fous.

Ils étaient fous, en effet ! Ils étaient fous de pauvreté et d'amour ; ils étaient fous comme l'était, à la même époque, le vénérable Père Aréso[1], comme l'avaient été, jadis, les Bernardin de Sienne, les Jean de Capistran et les Bonaventure, comme l'avait été François d'Assise, comme l'avait été le Christ lui-même, qui n'eut pas où reposer sa tête, et qui voulut mourir, nu et dépouillé, sur un gibet entre deux scélérats. C'était la folie de la croix.

Pourtant, à ces témérités et à ces audaces répondit un consolant succès. Peu à peu, les sympathies s'éveillèrent, les vocations surgirent, les couvents se fondèrent. Le 24 mars 1852, les premiers Pères arrivaient à Avignon, et le 28 juillet 1853 y étaient régulièrement établis ; le 14 août 1855, commençait la fondation de Nîmes, canoniquement reconnue le 28 septembre 1861 seulement ; le 7 décembre 1855,

1. De Surrel de Saint-Julien, *Le Père Joseph Aréso*, Montreuil-sur-Mer, 1892.

celle de Bourg-Saint-Andéol était résolue ; le 10 mai 1857, avait lieu celle de Caen ; en mai 1859, celle de Mâcon ; en 1875, celle de Saint-Nazaire ; le 26 juin 1876, celle de Rennes[1]. Aujourd'hui, après cinquante ans, la Province de Saint-Bernardin et celle de Saint Denys, qui en est directement issue par sectionnement, comptent quinze maisons[2]. Plus d'un tiers des monastères franciscains de France a eu, de la sorte, au point de vue de l'origine première, le couvent de Cimiez pour berceau[3].

Le principal instrument choisi par la Providence pour cette résurrection, fut le Père Bénigne Guglielmi, de Valbonne (Vallebuona, en Ligurie), l'une des premières recrues que fit le couvent de Cimiez après la Révolution. Admis par les Pères survivants et formé aux sciences sacrées par l'abbé Guiglia et par le Père Dominique de Caranovica, il professa brillam-

1. *Archives du couvent de Cimiez : Libro terzo in cui si contengono le azioni capitolari,* etc., *1793 à 1896. — Archives de la Curie généralice des Frères Mineurs,* à Rome.

2. Province de Saint-Bernardin : *Avignon, Chalon-sur-Saône, Cimiez, Mâcon, Marseille, Monte-Carlo, Nice, Nîmes et Saorge.* — Province de Saint-Denys : *Caen, Le Havre, Nantes, Paris, Rennes, Rouen, Saint-Nazaire.*

3. La province de Saint-Louis et, par suite, la province de Saint-Pierre, qui en est issue, ont eu pour *point de départ* le couvent de Saint-Palais, et pour premier restaurateur le R. P. Aréso. Elles comptent comme couvents : Province de Saint-Louis : *Béziers, Bordeaux, Bourges, Brive, Le Puy, Pau, Saint-Palais, Limoges.* — Province de Saint-Pierre : *Amiens, Epinal, Lille, Orléans, Paris, Roubaix, Saint-Brieuc, Ascot* (Angleterre), *Clevedon* (Angleterre), *Woodford-Green* (Angleterre), *Montréal* (Canada). — La province de Corse, enfin, dont l'histoire est indépendante de celle des autres provinces françaises, renferme les couvents d'*Alesani, Bastia, L'Ile-Rousse, Lavasina, Marcasso, Niolo, Oletta, Pino, Sartène.*

ment la philosophie et la théologie, occupa plusieurs charges dans l'Ordre et en fut élu définiteur général en 1838. Excellent prédicateur, il se fit entendre dans les grandes villes d'Italie[1]. Il était de résidence à Cimiez, lorsqu'au commencement de 1852, il reçut du successeur de saint François la mission de rappeler au delà des Alpes les Frères Mineurs de l'Étroite Observance, et, dans ce but, se mit à la tête de la colonie de religieux niçois qui devait fonder les communautés nouvelles. Ce fut à cette tâche, qu'en qualité de commissaire général, il consacra les dernières années de sa vie; il mourut au couvent de Nîmes, le 30 août 1860.

Autour du Père Bénigne, du reste, s'était groupée, issue comme lui du couvent de Cimiez, toute une pléiade de coopérateurs éminents, dont les vertus et les actes rappellent, sous certains aspects, les périodes les plus fécondes de l'histoire franciscaine.

Tel le Père Celse Passeron, de Cimiez, fils du docteur Passeron, dont nous avons signalé le zèle chrétien sous la Terreur. Il fut envoyé à Bourg-Saint-Andéol, où il résida durant les années les plus difficiles de la fondation et de l'organisation du couvent; il y mourut, le 7 décembre 1859, tellement estimé des habitants que les jeunes gens se cotisèrent pour lui faire construire un tombeau.

1. Plus tard, il prêcha également dans plusieurs diocèses et cathédrales de France, où son souvenir est demeuré vivant. Le Père Bénigne avait été nommé Consulteur de la Sacrée-Congrégation de l'*Index*, le 7 juillet 1843, et Consulteur de la Sacrée-Congrégation de la *Propagande*, le 13 du même mois.

Tel le R. P. Joseph de Turria (Ligurie). Lecteur en philosophie et en théologie, il fut chargé d'enseigner ces sciences aux jeunes religieux. Il mourut à Nîmes, le 11 août 1866.

Tel le R. P. Félix de Breil. Religieux à l'âme ardente et à l'éloquence passionnée, il apprit rapidement la langue française et prêcha avec succès. Il travailla beaucoup à la maison de Caen, dont il fut le fondateur et où il mourut, le 13 décembre 1872, âgé seulement de quarante-trois ans. Par exception, l'autorité civile permit d'inhumer son corps dans le jardin du couvent [1].

Tel le R. P. Denis Blancon de Nice. En France, il s'adonna surtout à la direction des âmes, gouverna la province en qualité de ministre provincial et mourut pieusement à Avignon, le 7 octobre 1878, à l'âge de soixante ans.

Tel le Père Agapit Giacobi de Berre. Il était fort savant en théologie morale et fut envoyé à Nîmes. Nommé ensuite pénitencier de Saint-Jean-de-Latran, il contracta, à Rome, des fièvres malignes dont il ne put jamais se délivrer complètement et qui l'obligèrent à revenir à Nîmes, où il finit par succomber, le 8 octobre 1878 ; il était âgé de cinquante-trois ans.

Le R. P. Odoric Giacobi de Berre, son frère aîné, évangélisa, pendant de longues années, les départements de Vaucluse et du Gard, s'occupa spécialement de la construction du couvent de Nîmes [2], rue d'Aqui-

1. A côté du R. P. Pacifique de Lisieux, mort au cours de 1870.
2. Cette construction, interrompue en 1880, lors de l'expulsion

taine, et acquit dans cette ville une immense popurité. Rappelé à Nice par ses supérieurs, il y mourut, à la résidence ou hospice de Saint-Joseph, le 7 décembre 1889, à l'âge de soixante-six ans.

Tel encore le R. P. Séraphin de Gazzo (Ligurie). Il avait été gardien de Cimiez, en 1840 et 1851. Arrivé à Avignon en 1852, il apprit aussitôt le français et prêcha ensuite avec fruit de nombreuses stations et missions. Il fut le premier provincial de la nouvelle province de Saint-Bernardin. Revenu à Cimiez en 1875, il y termina sa vie, le 28 février 1890, à l'âge de quatre-vingts ans.

Le R. P. Ildefonse de Gazzo, dont nous avons signalé plus haut le mérite comme astronome, a fait aussi partie des premiers Pères de la province française. Il acheva ses études à Avignon; en 1861, à l'âge de trente et un ans, il présidait aux travaux de construction du couvent de Bourg-Saint-Andéol (Ardèche), couvent qui, à la suite des décrets d'expulsion de 1880, fut cédé aux Frères des Écoles chrétiennes.

Nommons, enfin, le R. P. Raymond Auda des Tourettes de Lévens, qui fonda, en 1865, et dirigea pendant vingt et un ans les *Annales du Tiers-Ordre*. Il a publié, en outre, divers ouvrages de piété : les *Opuscules de saint François*, les *Fleurs à la Vierge Immaculée*, *La sainte Eucharistie dans les trois ordres séraphiques*, *Les Couvents modèles*, etc.

des religieux, fut reprise en 1890 et complètement achevée par les soins du R. P. Bonaventure de Saorge, alors gardien du couvent.

D'autres Pères de Cimiez, à diverses reprises, vinrent, mais en passant, travailler à la reconstitution des couvents français ; il serait trop long de les énumérer ici. Enfin, parmi les Frères convers dont le concours fut particulièrement efficace, notons seulement le Frère Maurice de Conio, le Frère Hilarion d'Aspremont, le Frère Venance de Périnaldo et le Frère Accurse de la Badie[1].

Le couvent de Cimiez enfin, par les définiteurs généraux qu'il a fournis, n'a pas été sans exercer une influence dans le gouvernement même de la famille séraphique. Qu'il nous suffise de rappeler, depuis soixante ans, le T. R. P. Bénigne de Valbonne, dont nous venons d'apprécier le rôle comme restaurateur monastique, et aussi le T. R. P. Athanase de Saorge[2], qui a fait partie, avec tant de prudence et de mérite, du conseil suprême de l'Ordre durant les années particulièrement importantes et dans les circonstances exceptionnellement délicates qui ont précédé la promulgation de la bulle *Felicitate*[3].

1. *Archives du couvent de Cimiez : Nécrologe de la province ; — Libro terzo in cui si contengono le azioni capitolari ; 1793 à 1896* ; — Pièces diverses.

2. Nommé définiteur, le 1er juin 1895, dans la Congrégation générale célébrée à Notre-Dame-des-Anges, près Assise, sous la présidence du cardinal Mauri.

3. Bien que ce renseignement ne concerne pas directement l'histoire du couvent de Cimiez, il ne sera peut-être pas sans intérêt de donner ici, en note, les noms des principaux *évêques* et du *cardinal* que la province des Frères Mineurs de Saint-Thomas de Piémont a produits. Ce sont :

Le Rme P. François Rasino, comte de Martinengo, confesseur de Charles-Emmanuel, duc de Savoie, d'abord désigné pour l'archevêché de Turin, puis créé évêque de Nice (1601). Illustre par ses

A tous ces titres, on le voit, les Frères Mineurs de Cimiez ont vraiment le droit d'être fiers de leur rôle et, pour bien mériter toujours de la religion et de la patrie, de la civilisation et de la science, ils n'ont qu'à demeurer fidèles à leur passé.

vertus, il se distingua surtout par son zèle ardent à visiter le diocèse et à réformer les mœurs, rédigea dans ce but des constitutions synodales et favorisa l'établissement des religieuses de Sainte-Claire (1603), et des Pères de la Compagnie de Jésus (1606). (GIOFFREDO, *Nicæa civitas*, IIe par., de Episc., LXIX.) — Le Rme P. Jean-Baptiste de Strambino, évêque de Lausanne, prince du Saint-Empire Romain, mort à Lausanne, le 3 janvier 1690. — Le Rme P. Ange Gabriel Gauthier de Nice, évêque de Vienne, mort à Vienne, le 9 juin 1707. — Le Rme P. François Lombardi, évêque titulaire de Thalza, vicaire apostolique de Smyrne et visiteur général des îles de la mer Egée, mort à Smyrne, le 26 novembre 1721. — Le Rme P. François Marie de Ferrère, évêque titulaire d'Ephestum, vicaire apostolique de Cochinchine, mort en Chine, le 8 janvier 1738. — Le Rme P. Joseph Novella de Carpasio, évêque titulaire de Patare, coadjuteur du vicaire apostolique du Hou-Kouang, mort à Nice, le 26 février 1872. — Le Rme P. Bonaventure Gazzola de Plaisance, évêque de Montefiascone et Corneto, cardinal de la sainte Église romaine, mort à Montefiascone, le 29 janvier 1832, et dont le portrait se conserve dans l'un des parloirs du couvent de Cimiez.

Ajoutons que la province a fourni à l'Ordre un général, le Rme P. Pascal Frosconi de Varèse, mort à Rome, le 5 juin 1791, après être resté en charge vingt-trois ans et quinze jours. (*Archives du couvent de Cimiez : Nécrologe de la province.*)

DEUXIÈME PARTIE

LE SANCTUAIRE

CHAPITRE PREMIER

Le sanctuaire de Notre-Dame de Cimiez avant la Révolution

Incertitudes sur les origines du sanctuaire. — Le premier document officiel qui le mentionne : Bulle d'Innocent IV. — Bénédictins et Frères Mineurs. — Restaurations et embellissements progressifs. — L'épanouissement du culte de Marie. — La « fontaine inépuisable des grâces ». — Les ex-voto : l'épisode du crocodile.

L'ORIGINE de l'église de Notre-Dame de Cimiez est fort obscure. Suivant certaines traditions, elle remonterait à une haute antiquité et aurait été bâtie sur les ruines d'un temple de Diane[1]. Le fait en lui-même, assurément, n'a rien d'invraisemblable ; toutefois, aucun document ancien n'est venu jusqu'ici confirmer ces assertions. Le sanctuaire existait-il déjà, lorsque, vers 775, les Béné-

1. Une inscription, dictée en 1858, par l'érudit Nicolas Tommasco et placée à l'entrée de l'église, sous le portique, mentionne cette tradition ainsi qu'il suit : « *Chiesa sorta sulle ruine del tempio di Diana verso il secolo IX.* »

dictins s'établirent à Saint-Pons[1] ? Nous ne saurions, non plus, répondre historiquement à cette question.

L'opinion la plus constante et la moins contestable est celle qui attribue au IXe siècle la fondation de l'église de Notre-Dame de Cimiez. La première fois, en tout cas, qu'on la voit figurer dans un acte public, c'est en 1247 : elle est mentionnée, à cette date, dans la bulle où Innocent IV énumère les divers fiefs des religieux de Saint-Pons.

« INNOCENT PAPE,
« *Serviteur des serviteurs de Dieu, à Notre cher fils l'Abbé de Saint-Pons hors les murs de Nice et à ses religieux, tant présents que futurs, professant la vie régulière, salut et bénédiction apostolique.*

« Il est convenable que le Siège Apostolique prenne la défense de ceux qui embrassent la vie religieuse, de peur que de téméraires attaques ne les détournent de leurs généreux desseins ou ne viennent affaiblir la discipline du cloître. C'est pourquoi, fils bien-aimés dans le Seigneur, cédant volontiers à vos prières, Nous consentons à prendre spécialement sous la protection de saint Pierre et sous Notre protection, en vertu des présentes, le monastère de Saint-Pons, dans lequel vous vous consacrez au service du Très-Haut.

« En premier lieu, Nous ordonnons que la vie monastique, qui a été établie selon Dieu et conformément à la règle de saint Benoît dans ce monastère, y soit toujours inviolablement observée.

1. GIOFFREDO, *Nicæa civitas sacris monum. illustrata* ; Ire par., de Sanctis, tit. XI : S. Syagrius, p. 113, 114, 117, 120 ; IIe par., de Monast. S. Pontii, p. 214.

Croix antique, portique et façade de l'église de Notre-Dame de Cimiez.

« Nous voulons ensuite que toutes les propriétés et tous les biens, quels qu'ils soient, que possède, à l'heure présente, légitimement et canoniquement ce monastère, ou qu'à l'avenir, grâce aux concessions des Souverains Pontifes, aux largesses des rois ou des princes, aux oblations des fidèles et par d'autres voies légitimes, il pourra acquérir, demeurent fermes et intacts en votre possession et en celle de vos successeurs. Ces biens, Nous jugeons bon de les énumérer ici. Ce sont : l'emplacement même où est situé ledit monastère avec toutes ses dépendances ; dans la ville de Nice, l'église de Sainte-Réparate avec ses droits et dépendances, L'ÉGLISE DE SAINTE-MARIE DE CIMIEZ, *avec toutes ses dépendances*, les églises de Saint-Barthélemy, Saint-Sylvestre, Saint-Michel de Barbalata, Sainte-Marie de Falicon, Sainte-Marie de Villevieille, avec leurs dépendances, etc.

« Donné à Lyon, le 13 juin, indiction V, l'an 1247, la quatrième année du pontificat du seigneur Pape Innocent IV [1]. »

Vers 1450, il semble que l'église de Cimiez dut être reconstruite en partie. On y fit, sans doute, des agrandissements considérables, en particulier à la nef, qui reçut très probablement alors son extension actuelle. Les travaux exécutés pour creuser les fondations des nouvelles murailles mirent au jour des tombeaux et des urnes funéraires, des débris d'inscriptions, des médailles et autres objets du temps

1. GIOFFREDO, *Nicæa civitas sacris monum. illustrata ;* IIe par., de Monast. S. Pontii, p. 214-217. — Voir aux PIÈCES JUSTIFICATIVES : XV. *Bulle d'Innocent IV, mentionnant le sanctuaire de Notre-Dame de Cimiez parmi les possessions du monastère des Bénédictins de Saint-Pons.*

des empereurs romains. C'est, du moins, ce que prétend Durante[1]. Mais fixer, comme le fait cet auteur, à la date de 1450, la première érection du sanctuaire serait tomber dans un grossier anachronisme, puisque, par ailleurs, la bulle d'Innocent IV, dont nous venons de parler, en atteste déjà l'existence au milieu du XIIIe siècle.

Les enfants de saint Benoît, semble-t-il, desservirent régulièrement cette église jusque vers le commencement du XVIe siècle ; mais à partir de cette époque, sans doute par suite des invasions et des guerres, peut-être aussi par suite du relâchement et de la torpeur où étaient tombées alors tant d'illustres abbayes, ils la délaissèrent presque complètement[2] : l'un des actes officiels que nous avons cités, au chapitre II de la première partie de cette étude, constate qu'en 1546 ils n'y faisaient plus d'offices, se bornaient, sur les instances des fidèles, à y célébrer la messe à de rares intervalles et avaient déserté la maison contiguë qui, du reste, était maintenant inhabitable[3].

1. DURANTE, *Hist. de Nice* ; l. I, ch. IV, t. I, p. 60 et 61. Turin, 1823.

2. Delubrum illud, nescio quo fato, a monachis destitutum. — PAUL BRITIUS, *Seraph. subalpinæ D. Thomæ provinciæ monumenta* ; l. II (de Conv. S. M. de Cimellis), p. 211.

3. Cum in eadem ecclesia de Cimellis non celebrentur divina officia, sed duntaxat aliquibus diebus missæ votivæ per monachos ejusdem monasterii dicantur et domus ejusdem ecclesiæ adjacens sit inhabitabilis. (*Acte du 10 novembre 1546*, ap. *Arch. du couv. de Cimiez*). — Voir, aux PIÈCES JUSTIFICATIVES : IV. *Acte ordonnant une enquête relativement à l'échange de l'emplacement de l'ancien couvent franciscain de Sainte-Croix contre l'église bénédictine de Notre-Dame de Cimiez et ses dépendances.*

Nous avons raconté plus haut en détail par quel concours de circonstances, à la suite de quelles négociations et transactions, le sanctuaire de Cimiez, au cours de 1546, fut, non pas purement et simplement *donné* à l'Ordre de Saint-François, comme l'ont avancé fort inexactement certains écrivains modernes, mais *cédé* aux Frères Mineurs *en échange* de l'emplacement et des jardins, beaucoup plus importants, de leur ancien couvent de Sainte-Croix [1].

Dès qu'ils en eurent pris possession, ils s'occupèrent, avec le secours de la charité, de le restaurer, de l'orner, de l'agrandir. A la vieille nef ogivale, du côté de l'évangile, se trouvaient déjà jointes, ou, du moins, furent alors, tout d'abord, ajoutées deux chapelles de style à peu près semblable, l'une près du sanctuaire, l'autre au fond de l'église ; elles étaient dédiées aux trois rois mages et au crucifix [2]. En 1636, on occupa l'espace vide existant entre elles en y érigeant, avec le concours de la famille Testoris, une troisième chapelle, qui fut d'abord dédiée à la Madone

1. Ire par., ch. II.

2. Ces chapelles eurent pour fondateurs, d'après les *Archives du couvent*, messire Passadesco et les comtes Boglio et Massoino de Nice. — Le tableau qui fut placé, en 1626, à l'autel des trois rois mages est encore conservé, bien qu'en fort mauvais état, dans le couvent. Deux des rois mages y sont représentés avec le costume des grands seigneurs de l'époque, sous des traits qui rappellent les physionomies d'Henri III et d'Henri IV. On y lit cette inscription : *Hoc opus fieri fecit D. Joannes Baptista — Passadescus quondam Francisci ad perpetuam — Dei gloriam et beatæque* (sic) *Virginis Mariæ. — Anno Dni 1626.* — Un autre tableau, postérieur, des trois mages est, depuis 1895, passé de l'église de Cimiez à l'église paroissiale de Saint-Antoine de Ginestiera près Nice.

du Suffrage, puis, plus tard, à saint Pierre d'Alcantara. Dans la première moitié également du XVIIe siècle, croyons-nous, — nous n'avons pas retrouvé la date précise, — fut construit, en arrière de l'autel, un chœur pour les religieux. En 1657, la chapelle du Crucifix menaçant ruine, on la remplaça par une autre, dédiée à saint Antoine de Padoue, que le commandeur Don Marcel Vivaldo fit élever à ses frais[1]. En 1662, sous le gardiennat du Père Félix Marie Baudoin de Nice et par les soins de messire Jean-Paul Caissotti, conseiller royal, furent construits les portiques extérieurs qui précèdent la nef[2]. En 1663, fut complètement achevé le magnifique et monumental retable en bois sculpté du grand autel, dont la partie centrale existait peut-être déjà avant 1646[3]. Comme ce retable semblait peu conforme à la pauvreté et à la simplicité sévère prescrites, même pour les églises, par les constitutions de l'Etroite Observance, les Pères crurent devoir s'adresser à la

1. *Archives du couvent de Cimiez* : Pièces diverses.

2. En cette même année 1662, fut placée la porte en noyer, exécutée l'année précédente, ainsi que l'indique la date « 1661 » qui s'y trouve.

3. Cela, jusqu'à un certain point, paraît résulter de la description qu'en donne, à cette date de 1646, le Frère Philippe, dans une « relation » où il s'exprime ainsi : « *Il sancta sanctorum* è reso maestoso da una bellissima custodia e suoi ornamenti e apparati, e da una venerandissima statua della Vergine col bambino in braccio, in atto di donare la benedizione... Sta dentro d'una nichia in mezzo del altare con quattro colonne indorate con due figure bellissime intagliate, una del serafico Padre S. Francesco, l'altra del patriarca S. Domenico. » — *Archives du couvent de Cimiez : Relazioni fatte da Fra Filippo del Maro... per ordine del Rmo Padre Fra Giovanni da Napoli, Ministro generale.*

Sacrée-Congrégation des Rites, qui, par un rescrit en date du 4 août 1663[1], leur permit, eu égard à la dévotion du peuple de Nice envers le sanctuaire, de garder le somptueux autel qu'on y avait élevé et même de le faire achever ou embellir grâce à la générosité des fidèles. Les stalles du chœur sont de 1673[2].

La consécration solennelle de l'église avait eu lieu en 1667. L'acte suivant, que nous avons retrouvé dans les archives du couvent, en fait foi :

« AU NOM DE DIEU. AMEN.
Diego della Chiesa[3], p r la grâce de Dieu et du Siège apostolique, Evêque de Nice et comte de Drap.

« Qu'à tous soit notifié ce qui suit :

« Nous trouvant dans l'église de Notre-Dame de Cimiez et considérant, avec mûre réflexion, que ce n'est pas d'ordinaire le lieu qui sanctifie l'homme, mais l'homme qui sanctifie le lieu par de bonnes œuvres, sur les instances et requête de Très Révérend Père Frère Sauveur de Nice, Gardien, et des autres Révérends Pères du couvent de

1. « NICIEN. — *Sacros. rituum Cong° censuit concedendum esse Civitati et Populo Nicien. ut Fratres reformati min. observ. S. Francisci Conventus Cimellæ extra d^m Civitatem commorantes possint in sua Ecclesia retinere et absolvere Piorum elemosinis unum Altare pretiose ornatum sub invocatione B^mae Virginis, non obstantibus Constitutionibus in contrarium, si ita Sanct^mo visum fuerit ; Et facta de pred^is relatione S^m sua benigne annuit. Hac die 4 Aug^ti 1663.* — M. CARD^lis GINETTUS. » — *Archives du couvent de Cimiez : Rescrit de la Sacrée-Congrégation des Rites, du 4 août 1663.*

2. *Archives du couvent de Cimiez : Livres des vêtures du 4 octobre 1605 au 21 mai 1724.* — R. P. FRANÇOIS CASSINI DE PERINALDO, Fr. Min., *Cenni storici sull' antica città di Cimella e sull' attuale chiesa e convento ;* II° par., p. 37-38. Nice, 1858.

3. Evêque de Nice de 1665 à 1669.

ladite église de Cimiez, de l'Ordre des Frères Mineurs de l'Etroite Observance, Nous étant revêtu de Nos ornements pontificaux, à la louange, à la gloire, à l'honneur du Dieu tout-puissant et souverain, à l'honneur aussi de la bienheureuse et glorieuse Vierge Marie, sa Mère, sous l'invocation de laquelle a été fondée ladite église, et après avoir invoqué pieusement leur secours, Nous avons décidé de consacrer et dédier à cette bienheureuse et glorieuse Vierge l'église sus-désignée ; et cela de la façon la meilleure et la plus régulière, avec toutes les solennités, tant de droit que de fait, nécessaires ou opportunes, prescrites soit par les lois canoniques, soit par la coutume, notamment avec l'aspersion de l'eau bénite, les encensements et les onctions sacrées. Nous avons effectivement procédé à cette consécration et à cette dédicace, en observant toutes les solennités et tous les rites que Nous devions observer, et en Nous conformant aux constitutions et aux formes liturgiques de la sainte Eglise romaine.

« En témoignage de quoi, Nous avons ordonné que la présente pièce, dûment confirmée et munie de Notre sceau épiscopal et rédigée en forme d'acte public, fût dressée et souscrite par Notre secrétaire.

« Fait dans ladite église de Notre-Dame de Cimiez, sise sur le territoire de Nice, en la présence et avec l'assistance de très illustres et très révérends messires César Baudoin, prévôt, et Jean-Baptiste Torrini, archidiacre, chanoines de Notre église cathédrale, témoins appelés et requis pour tout ce qui précède. L'an du Seigneur mil six cent soixante-sept, indiction cinquième, le vingt-neuf août, l'an un du pontificat de Notre très saint Père et Seigneur dans le Christ Clément IX.

« Pour l'illustrissime et révérendissime Evêque de Nice, sus-mentionné : Daideri, secrétaire [1]. »

1. Voir aux Pièces justificatives : XVI. *Acte constatant la consécration solennelle de l'église de Notre-Dame de Cimiez.*

Mais c'est surtout au point de vue de la piété, au point de vue du développement et de l'épanouissement du culte de Marie, que la venue des Frères Mineurs à Cimiez marqua l'aurore d'une ère glorieuse.

Il semble qu'en appelant les humbles et pauvres Franciscains sur cette colline, la Vierge Immaculée ait voulu faire resplendir son nom, affirmer sa puissance, multiplier ses prodiges, en un mot, régner souverainement et triomphalement à Nice[1], comme elle règne à Marseille sur la montagne de la Garde, à Lyon sur celle de Fourvière. En moins d'un demi-siècle, grâce à leur zèle et à leur ascendant sur les masses, Cimiez devint le lieu de pèlerinage le plus fréquenté de la région subalpine. On y accourait en foule de la Provence, de la Ligurie, du Piémont, voire même de la Lombardie et de la Suisse[2]. Au XVIIe siècle, alors

1. Au reste, le culte de la sainte Vierge a toujours été des plus populaires dans la région des Alpes-Maritimes. Presque toutes les anciennes cathédrales et une multitude d'églises abbatiales, collégiales ou paroissiales de cette contrée, lui ont, dès l'origine, été dédiées. A Nice, l'église du Port est sous le vocable de l'Immaculée Conception ; celle du Vœu sous celui de Notre-Dame des Grâces (*Gratiarum Matri*) ; la chapelle des Pénitents bleus de la place Garibaldi est dédiée à Notre-Dame de l'Assomption, la chapelle des Pénitents noirs, près du théâtre, à Notre-Dame de la Miséricorde. Signalons aussi la belle église moderne de Notre-Dame, avenue de la Gare, au centre de la nouvelle ville. Sur la route de Turin, à quelque distance de la cité, se trouve, en outre, la chapelle de Notre-Dame du Bon-Voyage. Il convient de ne pas oublier enfin que Nice, dès 1658, se consacrait solennellement à l'Immaculée Conception, devançant ainsi de deux siècles la proclamation du dogme promulgué par Pie IX.

2. *Archives du couvent de Cimiez : Relazioni fatte da Frate Filipop*

que la contrée était désolée par des guerres et des invasions quasi périodiques, la dévotion et la confiance des populations, loin de se ralentir, s'affermit encore davantage envers l'antique Madone[1].

Nice surtout, en butte incessamment aux menaces et aux vexations des soldatesques étrangères, s'habitua à recourir à elle comme à sa plus fidèle protectrice et à sa meilleure sauvegarde. Chaque dimanche, tour à tour, les confréries de pénitents venaient s'agenouiller au pied de l'autel de Cimiez, et à ces confréries se joignaient d'innombrables fidèles. Les processions se succédaient ainsi sans interruption pendant des jours entiers[2].

Paul Britius, Frère Mineur, évêque d'Alba[3], dans son remarquable ouvrage sur les monuments séraphiques de la région subalpine, nous dit que « cet empressement continuel du peuple, notamment le 25 mars, fête de l'Annonciation, était si grand qu'il mettait les Pères dans la nécessité de lever la clôture de leur couvent. On était obligé, pour maintenir l'ordre et éviter de graves accidents, de laisser sortir par le petit cloître de la citerne les fidèles, même les femmes, entrés par la porte de l'église[4]. »

del Maro, per ordine del Rmo Padre Fr. Giovanni da Napoli, Min. generale; — Pièces diverses.

1. *Celeberrima colitur Deiparæ Virginis ædes,* multis coruscans miraculis et *a populis*, ob memorem acceptarum gratiarum confessionem, *maximo in honore habita.* (Paul Britius, *Seraphica subalp. D. Thomæ provinciæ monumenta*; l. II, (de Conv. S. M. de Cimellis), p. 211.) — L'ouvrage de Britius est de 1647.

2. *Archives du couvent de Cimiez* : Pièces diverses.

3. En Piémont.

4. *Quantus porro et quam frequens sit populorum quotidie,* præ-

Le crocodile offert en ex-voto à Notre-Dame de Cimiez.

Aussi se décida-t-on, dans la suite, vers 1739, ainsi que nous l'avons dit plus haut, à distraire ce cloître de la clôture. Et ce n'étaient pas seulement les gens du peuple qui venaient, de la sorte, à Cimiez : un rescrit de la Sacrée-Congrégation des Evêques et Réguliers, en date du 19 février 1790, nous apprend que les Gardiens avaient dû solliciter la permission de laisser entrer, *servatis servandis*, dans le couvent, les « princesses » et les « dames de première noblesse », que la piété attirait en ce lieu[1]. Ces détails ne sont-ils pas caractéristiques?

A toutes ces prières ardentes, qui montaient incessamment vers elle, la Vierge de Cimiez, nous disent les vieux documents, répondait, du reste, par d'innombrables « miracles », justifiant pleinement et magnifiquement son titre de « fontaine inépuisable de grâces, *fons gratiarum*[2] ».

sertim vero in festo virgineæ Annuntiationis, *illuc pietatis ergo adventantium concursus ex eo colligitur quod, Virgine salutata, cum per portam regredi præ turba non liceat, per claustra et conventus fores feminis etiam absque noxa exire permissum sit.* — Paul Britius, *Seraph. subalp. D. Thomæ provinciæ monumenta*, lib. II. (de Conv. S. M. de Cimellis), p. 212.

1. « Si è concessa la facoltà per un triennio di lasciar entrare nella clausura d'esso convento le principesse ed altre moglie di magnati di primo ordine, dal levare fino al tramontar del sole. » — *Archives du couvent de Cimiez : Memoria di facoltà ottenuta da Roma per l'ingresso alle donne di gran rango.* 17 fév. 1790.

2. *Multis coruscans miraculis* et a populis, *ob memorem acceptarum gratiarum confessionem,* maximo in honore habita. (Paul Britius, *Seraph. subalp. D. Thomæ provinciæ monumenta ;* lib. II (de Conv. S. M. de Cimellis), p. 211. Turin, 1647.) — Questa chiesa è molto venerata e frequentata... *per li grandissimi* (miracoli) *operati e che alla giornata opera il sommo Dio per li meriti ed intercessione della sua santissima Madre.* (*Archives du couvent de Cimiez :*

A défaut des relations et des procès-verbaux qui ont péri, nous en avons une preuve décisive dans les innombrables ex-voto qui, au témoignage des témoins oculaires, tapissaient littéralement les murs du sanctuaire[1], les portiques et jusqu'au cloître voisin : c'étaient des cœurs, des colliers, des bracelets, des pendants d'oreilles et des bijoux de tout genre, des tableaux, des plaques de marbre, de petits vaisseaux, des cordages, des béquilles, jusqu'à des fusils et des poignards. Le nombre des objets d'or et d'argent était si considérable, qu'à diverses reprises, on put, avec la permission du Souverain Pontife, en employer quelques-uns pour couvrir les frais de restauration du sanctuaire[2].

On y conservait également plusieurs bannières militaires. L'une, entre autres, avait été offerte à la Madone par Jérôme Galleano, chevalier de Saint-Jean de Jérusalem, qui, dans le combat naval que les vaisseaux de Malte soutinrent, au mois de juin 1638, sur les côtes de Calabre, contre le pacha de Tripoli, s'en était emparé grâce à la protection de

Relationi fatte da Fra Filippo del Maro... per ordine del Rmo Padre Fra Giovanni da Napoli, Ministro generale. 1647.

1. Il *sancta sanctorum* resta *tutto pieno* di torcie e tavolette ed altri instrumenti *in memoria delli operati miracoli* e grazie ricevute. — *Archives du couvent de Cimiez : Relationi fatte da Fra Filippo del Maro... per ordine del Rmo Padre Fra Giovanni da Napoli, Ministro generale.* 1647. — Ces ex-voto ont, malheureusement, disparu au XIXe siècle.

2. *Archives du couvent de Cimiez : Rescrit de la Sacrée-Congrégation des Evêques et Réguliers, en date du 13 janvier 1679.* — R. P. François Cassini de Perinaldo, F. M., *Cenni storici sull'antica città di Cimella e sull' attuale chiesa e convento,* IIe part., p. 41.

Marie. Le même chevalier avait fait don aussi d'une somme destinée à un tabernacle d'argent[1]. Enfin un autre ex-voto, qui fut longtemps suspendu aux voûtes de l'église et qui se conserve encore dans le couvent, est non moins pittoresque et non moins suggestif, au point de vue qui nous occupe. C'est un *crocodile*, dont à Nice on raconte ainsi l'histoire[2].

Vers le commencement du XVIIe siècle, une caravane de voyageurs européens explorait les rives du Nil, lorsque quelques-uns d'entre eux, s'étant trop approchés du fleuve, se virent tout à coup environnés d'une bande de crocodiles, fort nombreux en cette région. Qui ne sait combien féroces et redoutables sont ces hideux amphibies? Leur taille atteint parfois jusqu'à quatre et cinq mètres de long; leur vaste gueule est garnie d'une soixantaine de crocs acérés et tranchants; leur audace, par ailleurs, est si grande qu'ils s'attaquent et résistent même aux hommes armés, contre les coups et les balles desquels ils sont en partie protégés par une épaisse et presque impénétrable carapace. Les voyageurs, inopinément assaillis de la sorte, demeuraient donc frappés d'épouvante, ne sachant quel parti prendre ni à quel moyen de salut recourir, n'osant ni avancer ni reculer; car les monstrueux animaux leur barraient le chemin et leur coupaient la retraite.

1. *Archives de la paroisse de Notre-Dame de Cimiez* : 1er registre des baptêmes, dernier f[o].

2. Il y a plusieurs versions à ce récit. Nous avons suivi la plus naturelle et la plus vraisemblable.

Toutefois, parmi ces Européens, il se trouvait deux ou trois citoyens de Nice. En ce moment de suprême danger, ils se souvinrent de la Vierge de Cimiez, qu'ils avaient appris à invoquer dès leur enfance et dont, si souvent, ils avaient entendu relater les miracles. Excitant de la voix et du geste leurs compagnons tremblants et consternés : « En avant ! en avant ! s'écrièrent-ils, au nom de la Madone de Cimiez qui nous protège et va nous sauver ! » En même temps, tirant au hasard des coups d'arquebuse, ils marchaient résolument et intrépidement vers les crocodiles toujours menaçants. O prodige ! à peine le nom de la Vierge avait-il retenti, que les monstres s'enfuyaient et regagnaient à la nage les profondeurs du fleuve où désormais ils demeuraient cachés. Un seul, atteint, malgré sa cuirasse naturelle, par une balle, était resté expirant sur le sable du rivage. Les voyageurs l'achevèrent sans peine, l'emportèrent avec eux à Alexandrie et de là à Nice, où ils le laissèrent, comme témoignage de leur délivrance et de leur reconnaissance, dans le sanctuaire de Cimiez[1].

Ce trait, ajoutent naïvement les vieillards qui parfois encore le rapportent, ce trait ne montre-t-il pas, une fois de plus, que Dieu, dont les oiseaux, les reptiles, les animaux des champs et les bêtes féroces chantent, à leur manière, la puissance, aime à se servir aussi de ces créatures sans raison pour exalter

1. Légende conservée par les vieillards de Nice et de Cimiez.

la gloire de sa Mère : *Bestiæ et universa pecora, serpentes et volucres pennatæ*[1] ?

1. Ps. CXLVIII, 10. — Parmi les dévotions jadis en honneur dans le sanctuaire de Cimiez, une vieille relation de 1647 nous signale celle au *bienheureux Salvator d'Horta*, Frère Mineur espagnol, mort en Sardaigne en 1567, et dont le culte fut confirmé plus tard par Clément XI. — « Dans l'église de Cimiez, dit le document en question, on voit un tableau *miraculeux* de ce bienheureux, environné d'un grand nombre d'ex-voto et de cierges, en reconnaissance des grâces obtenues par son intercession. — Si ritrova ancora un quadro *miracoloso* del Beato Salvatore d'Horta, cinto da molte tavolette e torcie in segno e memoria delle grazie che ricevono li suoi devoti. » *(Archives du couvent de Cimiez : Relationi fatte da Fra Filippo del Maro... per ordine del Rmo Padre Fra Giovanni da Napoli, Ministro generale.* 1647.) — Il nous a été impossible, malgré nos recherches, de savoir à quelle époque a disparu et ce qu'est devenu ce précieux tableau.

CHAPITRE II

Les indulgences et les reliques

L'agrégation du sanctuaire de Cimiez à la basilique de Saint-Jean de Latran : décret du chapitre de l'insigne basilique. — Le privilège des sept autels. — Le corps de sainte Victoire : sa translation. — Quatre autres reliques insignes, — La châsse de saint Chrysomolus. — Nomenclature des autres reliques.

Désireux d'enrichir de toute façon l'illustre sanctuaire dont ils avaient la garde, les Frères Mineurs, au commencement du XVIIe siècle, songèrent à solliciter en sa faveur, de l'autorité ecclésiastique, des indulgences et des privilèges. Le R. P. Paul Bréa, leur Gardien, eut recours à Rome et obtint que Notre-Dame de Cimiez fût agrégée à la basilique de Saint-Jean-de-Latran, l'église mère et maîtresse de toutes les églises du monde catholique : *Omnium ecclesiarum urbis et orbis mater et caput* [1]. Dans les archives

1. « Dogmate papali datur simul ac imperiali quod sim omnium ecclesiarum urbis et orbis mater et caput. » *(Inscription de la basilique de Latran.)*

du couvent de Cimiez se trouvent les pièces authentiques certifiant ce privilège : voici la teneur de la première.

« Le chapitre et les chanoines de la sacrosainte église de Latran.

« A tous ceux qui verront et liront les présentes, salut à jamais dans le Seigneur.

« Notre église de Latran a été ornée et enrichie par les Souverains Pontifes de grâces, de privilèges, d'immunités et de prérogatives insignes ; d'autre part, sous sa protection, dans toutes les parties du monde et de temps immémorial, il existe un nombre immense d'églises, chapelles, autels, hôpitaux, monastères et autres lieux pieux qui, de leur plein gré, se sont soumis à elle, ou bien ont été construits sur des terres lui appartenant. Chaque jour, il en est qui, de la sorte, recourent à elle comme à l'église première, mère et chef de toutes les autres, comme à celle que les Pontifes Romains ont voulu avoir pour patriarcale. Or, nous le reconnaissons, il est conforme au droit et à l'équité, il est conforme à nos fonctions, que nous fassions participer aux grâces, indults, immunités et privilèges de notre basilique les églises qui se rangent ainsi sous sa dépendance.

« Il se trouve précisément que le T. R. P. Paul Bréa et les autres Frères Mineurs de l'Observance habitant près l'église de Notre-Dame de Cimiez, au territoire de Nice, poussés par un saint zèle, désirent extrêmement joindre, unir, incorporer leur dite église à notre église mère et maîtresse de Latran ; ils nous ont priés, en conséquence, avec les plus vives instances, de leur accorder communication de nos susdits privilèges, immunités, grâces et indults s'appliquant à cette matière. Voulant donc répondre à leur désir et les contenter dans le Seigneur, autant que nous le pouvons, nous avons décidé et decrété de leur faire effectivement communication desdits privilèges, indults, grâces et immunités, tels qu'ils sont contenus dans des diplômes originaux, en due forme, intacts et authentiques. Ces privilèges sont énumérés, notamment dans la bulle *Ecclesia nostra* d'Honorius, datée de Latran, le 13 novembre de la cinquième année de son pontificat; dans la bulle *Officii nostri* d'Innocent, datée de Latran, le 15 mars de la première année de son pontificat; dans la bulle *Gerentes vos* de Boniface, datée de Viterbe, le 11 septembre de la cinquième année de son pontificat; enfin dans la bulle *Meritis nostræ religionis* de Nicolas, datée de Riéti, le premier septembre de la première année de son pontificat.

« Toutes choses, conformément à l'exposé détaillé qui précède, ayant été régulièrement et légitimement accomplies par nous, nous avons ordonné et fait en sorte que les présentes fussent souscrites par les camériers et secrétaire canoniaux, puis munies du sceau du chapitre.

« Donné à Rome, dans la salle capitulaire de ladite église de Latran, l'an 1607 de la Nativité de N.-S. Jésus-Christ, le 3 novembre, la troisième année du pontificat de Sa Sainteté Paul V, Pape par la miséricorde divine.

« Jean-Jérome Bonfili, *chanoine et camérier de Latran.*

« Jean Ubertini, *chanoine et camérier de Latran.*

« Jacques Brancati, *chanoine et secrétaire de Latran*[1]. »

Cette agrégation, qui communiquait à l'église de Cimiez de nombreuses indulgences[2], fut accordée

1. *Archives du couvent de Cimiez.* — Voir aux Pièces justificatives : XVII. *Acte d'agrégation de l'église de Cimiez à la basilique de Latran.*

2. *Archives du couvent de Cimiez.* — Voir aux Pièces justifica-

« moyennant la redevance annuelle, en faveur de la basilique de Latran, d'une livre de cire blanche[1] ».

De nos jours (1897), le T. R. P. Athanase de Saorge a obtenu du Saint-Siège, pour les sept autels de Notre-Dame de Cimiez, les mêmes indulgences que celles attachées aux sept autels principaux de Saint-Pie rre de Rome[2].

Durant le XVIIe siècle, de précieuses reliques vinrent rehausser aussi la renommée du sanctuaire.

Notons, en premier lieu, celles de sainte Victoire, dont le corps, c'est-à-dire le squelette en partie intact, avait été extrait du cimetière de Saint-Calepode ou Saint-Pancrace à Rome. Leur translation mérite d'être racontée, au moins en quelques mots.

Elles furent données, en 1697, par le Pape Innocent XII au comte Marcel de Gubernatis, ambassadeur du duc de Savoie auprès du Saint-Siège[3]. Le

TIVES : XVIII. *Sommaire des indulgences de la basilique de Latran, en communication desquelles fut mis, au XVIIe siècle, le sanctuaire de Notre-Dame de Cimiez.*

1. *Archives du couvent de Cimiez.* — Voir aux PIÈCES JUSTIFICATIVES : XIX. *Décret des chapitre et chanoines de Saint-Jean de Latran confirmant l'agrégation de l'église de Notre-Dame de Cimiez à leur insigne basilique.*

2. *Archives du couvent de Cimiez.* — Voir aux PIÈCES JUSTIFICATIVES : XX. *Bref de Léon XIII accordant aux sept autels de Notre-Dame de Cimiez les indulgences des sept autels de Saint-Pierre de Rome.*

3. « Universis et singulis præsentes litteras nostras visuris fidem facimus qualiter Nos... sacras reliquias de mandato S. S. D. N. P. P. e Cœmeterio *Calepodii* extractas et a Sacra Congregatione Indulgentiarum sacrarumque reliquiarum recognitas et approbatas, inclusas in capsula lignea seu theca nigri coloris, variis celaturis deauratis ornata, intus serico rubro aureo opere contexto

comte de Gubernatis, ayant obtenu aussi les reliques de saint Honoré, de saint Dieudonné, de sainte Félicissima et de sainte Libérata, reliques consistant en quatre fémurs [1], s'occupa, de concert avec deux Franciscains, les Pères Hyacinthe et Paul, de faire transporter ce pieux trésor de Rome à Civita-Vecchia, et de là à Villefranche et à Nice. Le 13 novembre, les restes des martyrs étaient arrivés dans cette dernière ville : on les déposa, non loin de la porte de la Marine, dans une maison, qu'entourait un beau jardin, appartenant à M. Antoine Masino.

Le lendemain, Messire Henri Provana, évêque de Nice, procéda à la reconnaissance des pièces prouvant l'authenticité de ces reliques, qu'il laissa exposées à la vénération des fidèles, accourus en foule de toute part [2]. Le 30 novembre, fête de l'apôtre

cooperta et cristallis circumsepta, bene clausa... et consignavimus Ill^mis et Ex^mis Comitibus Hieronymo de Gubernatis apud S. Sedem residenti Sabaudiæ et D. Lucretiæ Mariæ Vintimiliæ ejus uxori, *nempe Corpus Stæ Victoriæ Mart. una cum Vase sanguinis* integre compositum et pretiosis vestibus indutum... In quorum fidem has præsentes litteras, manu nostra subscriptas et nostro sigillo firmatas, per infrascriptum nostrum secretarium expediri jussimus. Dat. Romæ, die 24 mens. 7^bris, anno 1697 : — PETRUS LAMBERTUS, Ep. Porphyriensis. — Gaspar Fabrinius, secr. » (*Archives du couvent de Cimiez : Authentique délivré par l'Evêque titulaire de Porphyre, Pierre Lambert Ledrou, de l'Ordre des Augustins, sacriste apostolique.*)

1. *Archives du couvent de Cimiez : Authentiques, en date des 3 et 7 août 1697, délivrés par l'Evêque titulaire de Porphyre, sacriste apostolique. — Acte de reconnaissance des quatre reliques par l'Evêque de Nice, Henri Provana, 14 novembre 1697.*

2. *Archives du couvent de Cimiez : Acte de reconnaissance des reliques de sainte Victoire par l'Evêque de Nice, Henri Provana, 14 novembre 1697.*

saint André, le chapitre, le clergé séculier et régulier, les confréries de pénitents, les autorités civiles et militaires, se réunirent à l'église cathédrale, d'où, avec le prélat, ils se rendirent processionnellement à la propriété Masino.

Là, la châsse principale et les quatre autres reliquaires leur furent remis. La châsse était en bois noir, ornée de ciselures et d'anges dorés. Les petits reliquaires, en bois noir et cristal, étaient de forme pyramidale.

L'évêque encensa alors, solennellement et à plusieurs reprises, les reliques, qui, au chant du *Te Deum*, furent transportées ensuite à la cathédrale.

Le corps de sainte Victoire, précédé des prêtres des paroisses et des religieux de tous les ordres[1], entouré des chanoines, suivi, en outre, par les membres du Sénat, avec leurs toges écarlates, s'avançait sous un riche dais de velours cramoisi et or que soutenaient le préfet et les syndics de la ville.

La procession s'étant arrêtée à Sainte-Réparate, on y prononça le panégyrique de la Sainte et l'on se rendit ensuite à la petite église de Saint-Joseph, dépendant de l'hospice des Franciscains, et située au sommet de la ville basse, sous les murailles du château[2]. Les reliques y furent laissées provisoirement.

1. Seuls, les Pères Capucins manquaient à cette cérémonie.

2. Cette église, désaffectée en 1870 et démolie en 1898, se trouvait à l'endroit même qu'occupe actuellement l'extrémité supérieure de la rue Rossetti. Elle fut à Nice *la première* et longtemps l'unique chapelle dédiée à saint Joseph. (Voir Gioffredo, *Nicæa*

Le dimanche suivant, fête de l'Immaculée Conception, elles furent portées enfin au sanctuaire de Cimiez et déposées à l'autel des Trois-Rois-Mages[1].

Au siècle suivant, l'église s'enrichit aussi des ossements du martyr saint Chrysomolus. Données, en 1700, par le Souverain Pontife Innocent XII à la comtesse Lucrèce de Gubernatis, épouse de l'ambassadeur Marcel[2], et apportées à Nice, ces dernières reliques étaient conservées depuis près de trois quarts de siècle dans la famille de Gubernatis, lors-

civitas sacris monum. illust.; proleg. ch. xx.) En la plaçant sous ce vocable, les religieux de Cimiez s'étaient montrés fidèles aux traditions et au rôle de leur Ordre. Partout et toujours, en effet, les Frères Mineurs ont été les propagateurs les plus actifs de la dévotion au virginal époux de Marie. Qu'il nous suffise de rappeler deux faits : 1° dès 1399, ils célébraient liturgiquement sa fête, qui ne devait être établie dans toute l'Eglise que deux siècles plus tard, en 1621 ; 2° saint Bernardin, comme tous les promoteurs de l'Observance, se fit l'apôtre de cette dévotion et une légende raconte qu'un jour qu'il redisait aux multitudes les grandeurs de saint Joseph, une étoile resplendissante apparut tout à coup au-dessus de lui.

1. *Archives du couvent de Cimiez : Livre des vêtures, du 4 octobre 1605 au 21 mai 1724.* Append. dern. f°. — Voir aux Pièces justificatives : XXI. *Translation à Cimiez des reliques de sainte Victoire.*

2. « Universis et singulis præsentes nostras litteras inspecturis fidem facimus et attestamur quod Nos... dono dedimus Nobili Dnæ Lucretiæ Mariæ de Gubernatis, Comitissæ Vintimilienæ, *Corpus Sancti Christi martyris Crysomoli, proprio nomine* reperti, una *cum vasculo sanguinis,* per Nos de mandato Sanctiss. D. N. Papæ *ex Cœmeterio S. Cyriacæ* extractum, quod in capsula argento cooperta, septem laminis cristallinis septa et ære inaurato formata, bene clausa et funiculo serico coloris rubri colligata et sigillo nostro signata, consignavimus... Romæ, ex ædibus nostris, die 7 mensis Augusti, anno 1700. — Gaspar, Card. Vic. » (*Archives du couvent de Cimiez : Authentique délivré par le cardinal Gaspar de Carpineo,* cardinal-vicaire.)

qu'en 1772, elle les offrit au sanctuaire de Cimiez.

Outre ces reliques, particulièrement considérables et vraiment *insignes*, l'église et le couvent de Cimiez en possèdent un grand nombre d'autres. Il ne sera pas sans intérêt, peut-être, d'en donner une nomenclature.

Mentionnons d'abord des parcelles de la vraie Croix, des fragments du sépulcre de Notre-Seigneur, des parcelles des vêtements de la sainte Vierge et des fragments de son sépulcre, des fils du manteau de saint Joseph, des ossements de sainte Anne et de saint Jean-Baptiste [1].

Rangés par catégories, voici maintenant les noms des Saints qui figurent dans cette précieuse collection.

Apôtres et Evangélistes. — Des ossements de saint Pierre et saint Paul, de saint André, de saint Jacques le Majeur, de saint Jean, de saint Thomas, de saint Jacques le Mineur, de saint Philippe, de saint Barthélemy, de saint Simon, de saint Thaddée, de saint Mathieu et de saint Marc [2].

Saints et Bienheureux du Premier Ordre Franciscain. — Du cilice et de la tunique de saint François, des os et de la tunique de saint Antoine de Padoue, des ossements de saint Benoît le More, de la tunique de saint Bernardin, des vêtements de saint

1. *Archives du couvent de Cimiez : Authentiques datés de 1791, 1839, 1841, 1875, 1878 et 1894.*

2. *Archives du couvent de Cimiez : Authentiques datés de 1841, 1861, 1875, 1878 et 1894.*

Bonaventure, des ossements du bienheureux Charles de Sezze, de saint Didace, du bienheureux Humble de Bisiniano, du capuce de saint Jacques de la Marche, du manteau de saint Jean de Capistran, des os de saint Jean-Joseph de la Croix et de saint Joseph de Copertino, des entrailles de saint Léonard de Port-Maurice, des ossements de saint Louis de Toulouse, de saint Pacifique de San-Severino, de saint Pascal Baylon, de saint Pierre d'Alcantara, du bienheureux Salvator d'Horta [1].

Saintes du Deuxième Ordre Séraphique. — Des cendres de sainte Claire, des ossements de sainte Colette, des vêtements de sainte Véronique de Julianis [2].

Saints et Saintes du Tiers-Ordre. — Des ossements de saint Louis, de saint Roch, de sainte Elisabeth, de sainte Hyacinthe de Mariscotti, du linceul de sainte Marguerite de Cortone [3].

Martyrs. — Des ossements de saint Alexandre, de saint Amantius, de saint Blaise, de saint Célestin, de saint Charus, de saint Clarus, de saint Clément, de saint Cyr, de saint Étienne, de saint Eusèbe, de saint Faustus, de saint Félix, de saint Front, de saint Georges, de saint Hyacinthe, de saint Jean-Népomu-

1. *Archives du couvent de Cimiez : Authentiques datés de 1742, 1772, 1777, 1789, 1791, 1831, 1841, 1868, 1870, 1874, 1875, 1878, 1882 et 1894.*

2. *Archives du couvent de Cimiez : Authentiques datés de 1868, 1874 et 1878.*

3. *Archives du couvent de Cimiez : Authentiques datés de 1808, 1868, 1874 et 1894.*

cène, de saint Julien, de saint Juste, de saint Laurent, de saint Libérat, de saint Maxime, de saint Pancrace, de saint Romain, de saint Sécurus, de saint Sébastien, de saint Simplicianus, de saint Venance, de saint Victor, de saint Vital, de saint Vitus, de sainte Aurélie, de sainte Célestine, de sainte Dévote, de sainte Gaudiosa, de sainte Réparate, de sainte Rosalie, de sainte Urbana[1].

Evêques. — Des ossements de saint Alphonse de Liguori, de saint Ambroise, de saint Augustin, de saint François de Sales, de saint Hilaire, de saint Martin[2].

Confesseurs non pontifes. — Des vêtements de saint André Avellino, de la peau de saint Benoît, des vêtements de saint Camille de Lellis, des ossements de saint Dominique, de saint François Régis, de saint François Xavier, de saint Hospice, de saint Ignace de Loyola, du cercueil de saint Louis de Gonzague, des ossements de saint Maur, des vêtements de saint Nicolas de Tolentino, de saint Simon Stock, des cendres de saint Vincent de Paul[3].

Vierges, veuves et pénitentes. — De la chair et du voile de sainte Jeanne de Chantal, des ossements de sainte Marie-Madeleine, des vêtements de sainte Madeleine de Pazzi, des cendres de la bienheureuse

1. *Archives du couvent de Cimiez : Authentiques datés de 1754, 1758, 1778, 1808, 1841, 1872, 1875 et 1894.*

2. *Archives du couvent de Cimiez : Authentiques datés de 1768, 1868, 1875 et 1894.*

3. *Archives du couvent de Cimiez : Authentiques datés de 1789, 1795, 1839, 1841, 1856, 1868, 1870, 1878 et 1894.*

Marguerite-Marie, des os de sainte Monique et de sainte Rose de Lima, des vêtements de sainte Thérèse [1].

Plusieurs de ces reliques sont contenues dans des reliquaires en forme de *monstrances* et de bras tenant des palmes, lesquels se placent, le jour de la Toussaint et pendant l'Octave, entre les chandeliers des autels.

1. *Archives du couvent de Cimiez : Authentiques datés de 1768, 1841, 1865, 1868 et 1894.*

CHAPITRE III

Les grandes Familles protectrices et bienfaitrices du sanctuaire

La famille Achiardi de Saint-Léger. — La famille de Gubernatis. — La famille Garin de Cocconato. — La famille de Châteauneuf. — La famille Dabray. — La famille Caissotti de Roubion. — L'inscription du réfectoire du couvent des Franciscains de Cimiez.

CETTE notice serait par trop incomplète si nous ne disions au moins quelques mots des grandes familles protectrices et bienfaitrices du sanctuaire. Intimement mêlés à l'histoire des Frères Mineurs de Cimiez, leurs noms attestent de quelle vénération les grands comme les petits, les riches comme les pauvres, entourèrent constamment le sanctuaire confié aux fils de saint François et aussi de quelles sympathies ces derniers, par leurs vertus, leur austérité, leur dévouement vraiment apostolique, surent, de tout temps, se rendre dignes.

La famille Achiardi de Saint-Léger. — Dès le XVIe siècle, nous trouvons dans les archives du couvent le noble Antoine Acardi de Nice, demeurant alors à Séville (Espagne), mentionné parmi les bienfaiteurs de Cimiez. Citons, en particulier, l'acte suivant :

« Que tous ceux qui liront les présentes sachent que, l'an du Seigneur mil cinq cent quatre-vingt-huit, le quatre du mois de juin, nous, Frère François Campi, de l'Ordre des Frères Mineurs de la régulière Observance, Ministre provincial de la province de Saint-Louis et délégué par le R^me Père Général de tout l'ordre comme commissaire avec pleins pouvoirs dans ladite province; Frère Blaise de Saint-Jean, gardien du couvent de Notre-Dame de Cimiez à Nice ; Frère Antoine André, vicaire dudit couvent ; Fère Nicolas Cotta, Frère Antoine Vianei et autres, réunis et formant chapitre, avons pris connaissance des vœux et désirs de très magnifique Seigneur Antoine Acardi de Nice, actuellement résidant à Séville (Espagne). Or, à l'honneur de la bienheureuse Vierge Marie, Mère de Notre-Seigneur Jésus-Christ, pour le bien aussi de la chapelle ou église qui lui est dédiée à Cimiez, au territoire de Nice, et près de laquelle notre couvent est situé, nous avons résolu de condescendre à ces vœux et à ces pieux désirs du très magnifique Seigneur Antoine Acardi sus-mentionné. En conséquence, nous lui accordons, librement et de notre plein gré, le droit de restaurer, d'orner et de doter le *presbyterium* ou chapelle principale de ladite église, ainsi que le grand autel ; comme patron et à titre de fondateur, nous lui concédons, en outre, la faculté de choisir et désigner le lieu de sa sépulture et d'y faire ériger son tombeau dans l'enceinte et dans les limites dudit *presbyterium* ou chapelle majeure; de faire, au surplus, toutes autres choses concernant la gloire de

Dieu et de la bienheureuse Vierge Marie, pourvu qu'il se conforme aux dispositions du Concile de Trente.

« En foi de quoi, nous avons voulu signer nous-mêmes les présentes.

« Fait à Nice, dans ledit couvent, l'année et le jour ci-dessus indiqués.

« Fr. François Campi, *Ministre provincial et Commissaire du Rme Père Général*;

« Fr. Blaise de Saint-Jean, *Gardien* ;

« Honoré Baudoin, *Syndic et Procureur dudit couvent de l'Observance de Notre-Dame de Cimiez* ;

« Fr. Antoine André, *Vicaire*;

« Fr. Nicolas Cotta :

« Fr. Antoine Vianei[1]. »

Cet Antoine Acardi, désigné dans l'acte qu'on vient de lire, est certainement le chef de la lignée des comtes Achiardi de Saint-Léger, dont l'avant-dernier héritier, le comte Amédée, réclama, le 11 juin 1841, le droit d'inhumer la comtesse son épouse dans l'église de Cimiez[2], en se fondant sur ce que ses ancê-

1. *Archives du couvent de Cimiez.* — Voir aux Pièces justificatives : XXII. *Concession par les religieux de Cimiez à Messire Antoine Acardi du droit de sépulture dans le « presbyterium » restauré par ses soins.*

2. Les Frères Mineurs accordaient la sépulture dans leurs églises en vertu des privilèges qui leur ont été octroyés, à ce sujet, par les Souverains Pontifes, notamment par Grégoire IX (1227-1241), par Clément IV (1265-1268) dans la bulle *Virtute conspicuos* datée de Pérouse le 21 juillet 1265, par Boniface VIII (1294-1303), Clément V (1305-1314) dans la Décrétale *Dudum*, où il est dit : « Huiusmodi statuto adiicimus ut Fratres dictorum Ordinum, videlicet Prædicatorum et Minorum, in Ecclesiis vel locis suis, ubilibet constitutis, liberam habeant sepulturam et quod omnes iam recipere valeant qui sepeliri elegerint in locis et Ecclesiis memoratis » ; enfin, par Sixte IV (1471-1484) dans la Bulle *Regimini*,

tres en avaient fait, à leurs frais, construire le chœur, et avaient, pour une large part, contribué à l'embellissement du maître-autel. Ce recours de M. le comte Amédée Achiardi de Saint-Léger, adressé à Mgr Dominique Galvano, évèque de Nice, était ainsi conçu :

« Illustrissime et révérendissime Seigneur.

« Le comte Amédée Achiardi de Saint-Léger vous fait connaître que, sa femme Joséphine étant décédée à sept heures, ce matin, munie de tous les secours de notre sainte religion, il désirerait qu'elle fût ensevelie dans l'église de Cimiez ; il y possède, lui et les siens, depuis très longtemps, le droit de sépulture, résultant de ce que ses ancêtres ont fait bâtir, à leurs frais, le chœur et ont contribué pour beaucoup à l'embellissement de l'autel majeur.

« Tout étant déjà réglé avec les RR. Pères Franciscains, il a recours à la bonté de Votre Seigneurie illustrissime et révérendissime, pour que la grâce en question lui soit confirmée. »

Suit la mention ci-après :

« Nous accordons bien volontiers la faculté demandée, sous la réserve que les droits paroissiaux soient sauvegardés.

« Nice, palais épiscopal, le 11 juin 1841.

« † DOMINIQUE, *Evêque*.

« PICO, *Pro-secrétaire*[1]. »

du 31 aout 1474, par laquelle « Omnia privilegia, de quibus in Bulla supradicta *Virtute conspicuos* Clementis IV, sunt confirmata et ampliata ».

1. *Archives du couvent de Cimiez.* — Voir aux PIÈCES JUSTIFICATIVES : XXIII. *Requête de M. le comte Achiardi de Saint-Léger pour faire valoir son droit de sépulture.*

La famille de Gubernatis. — En reconnaissance des dons et offrandes qu'elle fit au sanctuaire, la famille de Gubernatis obtint le patronage de la chapelle de Saint-Antoine, qu'elle fit bâtir et dont elle assura longtemps l'entretien. A la fin du siècle dernier, les droits des de Gubernatis passèrent aux comtes Garin de Cocconato.

La famille Garin de Cocconato. — Cette noble famille s'établit à Cimiez il y a plus d'un siècle. Par son grand esprit de piété et de religion, elle y conquit bien vite la sympathie générale. Le comte Edwing Garin de Cocconato servait comme officier dans l'armée italienne : blessé gravement à la poitrine, en 1866, lors de la bataille de Custozza, il dut abandonner le service. Il épousa alors la comtesse Clémentine Righini de Sant-Albino et en eut un fils, qui reçut le nom d'Urbain. Ce dernier, par ses vertus, son intelligence et son noble cœur, semblait prédestiné à continuer les traditions de sa famille, de tout temps si dévouée à la religion et à l'humanité. Le ciel, dans ses mystérieux desseins, en avait décidé autrement : le jeune Urbain devait être de bonne heure ravi à l'affection et à la tendresse des siens.

Sa santé délicate le forçant à s'éloigner de son pays, l'air du Caire lui fut conseillé ; il se rendit dans cette ville, et y mourut pieusement, à la fleur de l'âge, entre les bras de ses parents, le 12 mars 1894.

Ame d'artiste, le jeune comte Urbain Garin avait toujours eu un penchant pour les études littéraires :

la nature l'avait fait poète, et les quelques essais dans lesquels il sema les inspirations de son cœur révèlent en lui, sous ce rapport, un talent exquis, plein de charme et de grâce[1]. Il connaissait non moins parfaitement la musique : diverses compositions, conservées précieusement par sa famille, prouvent combien les lois et les secrets de l'harmonie lui étaient familiers. Enfin, chez lui, le poète et le musicien se complétaient par le peintre.

C'est, on le voit, avec raison que tous fondaient sur lui les plus belles et les plus consolantes espérances. Mais, hélas ! ici-bas il n'appartient à personne d'escompter l'avenir. Le ciel, sans doute, l'enviait à la terre, et voulait en enrichir ses phalanges.

La douce Vierge de Cimiez, nous en avons la conviction, inspira au père et à la mère désolés l'énergie nécessaire pour supporter avec résignation et héroïsme un pareil malheur. Toutefois, ce coup terrible devait être fatal au comte Edwing, qui, après avoir survécu seulement quelques années à son fils bien-aimé, s'endormit dans la paix du Seigneur, le 27 décembre 1898.

Sa dépouille mortelle fut portée au champ du repos au milieu du concours empressé de toutes les notabilités niçoises et des pauvres, par excellence ses amis et ses protégés. L'inhumation eut lieu dans le tombeau de famille, où dormaient déjà tant de

1. Voir aux Pièces justificatives : XXIV. *Deux sonnets du comte Urbain Garin de Cocconato.*

Partie centrale du retable du maître-autel de Notre-Dame de Cimiez.

nobles aïeux : la mémoire du comte Edwing n'a pas cessé, dès lors, de recevoir l'hommage que méritent une vie tout entière consacrée à la piété et une noblesse de cœur toujours prête à faire le bien.

Comment dire, maintenant, la douleur de la mère et de la veuve inconsolable? Mme la comtesse Clémentine Garin de Cocconato, si cruellement poursuivie par le malheur, est le modèle le plus parfait de la soumission humble et magnanime à la volonté de Dieu. Au pied de la Vierge de Cimiez, dans le sourire de la bonne Mère « consolatrice des affligés » elle puise, avec un admirable abandon, la force de marcher sans faiblir dans cette voie du calvaire qui est désormais son partage.

La famille de Châteauneuf. — Parmi les grands bienfaiteurs du sanctuaire, nous ne saurions omettre de signaler le pieux baron de Châteauneuf, M. Aimé Héraud. Inspiré par l'élan généreux de sa foi, il entreprit l'embellissement du sanctuaire, qu'il dota, en 1858, de riches balustrades en marbre, placées devant le maître-autel[1] et l'autel de la chapelle de Sainte-Victoire; il fit don aussi du magnifique ostensoir dont on se sert dans les grandes solennités.

En reconnaissance de ces bienfaits, les Pères Franciscains lui ont octroyé le *jus honorificum* de la chapelle de Notre-Dame-des-Sept-Douleurs. L'entretien

1. Ces balustrades ont remplacé des grilles en fer forgé, qui ne manquaient pas de valeur et qui, exécutées par un « maître-ouvrier » de Gênes, avaient été posées le 13 juin 1660. — *Archives du couvent de Cimiez : Livre des vêtures du 4 octobre 1605 au 21 mai 1724* (an. 1660).

de cette chapelle est exclusivement confié aux soins du baron, qui s'est chargé d'y faire célébrer deux neuvaines chaque année[1], d'y faire chanter une grand-messe le troisième dimanche de septembre et une autre pendant l'octave des morts, de prendre enfin toutes dispositions pour que ses héritiers continuent fidèlement ces œuvres de piété.

On le voit, c'est une véritable mission que M. le baron de Châteauneuf, digne héritier d'une famille illustre et chrétienne, s'est imposée ; du reste, il n'est pas une œuvre à Nice dont il ne soit l'insigne bienfaiteur. C'est pour reconnaître ses mérites que Sa Sainteté Léon XIII, *motu proprio*, a conféré au vénéré baron le titre de Camérier de cape et d'épée.

La famille Dabray. — Depuis le 20 août 1692, la famille Dabray possède le *jus honorificum* de la chapelle de Saint-Pierre-d'Alcantara, jadis dédiée à saint Louis. Voici, au surplus, le titre qui le constate :

« Le vingt du mois d'août, l'an du Seigneur mil six cent quatre-vingt-douze, des lettres patentes ont été concédées par le T. R. Père Bonaventure de Livourne, Ministre provincial, au très illustre Seigneur Vincent Dabray de Nice, au sujet du droit honorifique d'une chapelle avec sépulture dans notre église de Notre-Dame de Cimiez près Nice. Cette chapelle est celle dite autrefois de Saint-Louis et maintenant désignée sous le titre de Saint-Pierre-d'Alcantara.

« Fr. Bonaventure de Livourne,
« *Ministre provincial*[2]. »

1. Avant chacune des deux fêtes de Notre-Dame des Sept-Douleurs.

2. *Archives du couvent de Cimiez.* — Voir aux Pièces justifica-

La famille Dabray n'a jamais cessé d'avoir une grande vénération pour l'Ordre des Frères Mineurs, et ses bienfaits se sont toujours répandus avec largesse sur le sanctuaire de Cimiez. Nous en trouvons une preuve, entre autres, dans le testament, en date du 30 janvier 1702, déposé par Barthélemy Dabray entre les mains de maître François Gastaldi, notaire, et publié judiciairement, le 2 avril 1746, par maître Barthélemy Michelis, greffier du tribunal de Nice.

« Le testateur, y est-il dit, a élu sépulture dans l'église des Révérends Pères de Notre-Dame de Cimiez, à savoir dans sa chapelle qui est dédiée à saint Pierre d'Alcantara et où se trouve déjà la sépulture de ses ancêtres. Il lègue auxdits Pères trois cents messes pour le repos de son âme et ordonne qu'aussitôt après son décès, elles soient célébrées dans la susdite église ; il charge, en conséquence, son héritier de solder l'aumône fixée par la coutume en pareil cas.

« De plus, il le charge, expressément et à perpétuité, des dépenses nécessaires à la conservation de l'autel et de la chapelle érigés, ainsi qu'il vient d'être dit, en l'honneur de saint Pierre d'Alcantara dans ladite église de Cimiez, de même que des frais que lui et ses ancêtres ont toujours eu coutume de faire à l'occasion de la fête dudit Saint. C'est pourquoi il prélève sur ses biens et héritage un legs qui doit permettre à son héritier de remplir respectueusement cette obligation.

« Par le présent testament il a institué pour son héritier universel Monsieur l'avocat Ignace François Dabray, son fils [1]... »

TIVES : XXV. *Concession du droit honorifique d'une chapelle avec sépulture à Messire Vincent Dabray de Nice.*

1. *Archives du couvent de Cimiez.* — Voir aux PIÈCES JUSTIFICA-

La famille Giacobi, devenue, dans la suite, héritière des Dabray, jouit des mêmes privilèges qu'eux et, disons-le à sa louange, marche sur leurs traces.

La famille Caissotti de Roubion. — Dès le XVIIe siècle, les Caissotti ont été les bienfaiteurs de Notre-Dame de Cimiez. Nous en avons un témoignage dans l'inscription qu'on lit, aujourd'hui encore, sur une pierre sculptée et ornée d'écussons, à l'intérieur du portique de l'église :

D. O. M.
AD SVPEROS EVECTAE DEIPARAE
VT SIBI REFVGIVM A VINDICIS IRA PARARET IN COELO
JOANNES PAVLVS CAISSOTTVS REGIVS STATVS CONSILIARIVS
IN NICIEN. SEN. DECANVS COMES E RIGAVD MASSOIN
E TORNEFORT
PORTICVM HANC EIVS ADIECTIS CVLTVI AZILVM
P. A. SAL. MD.CLXII.
CVI PERENNIS FVLGOREM LAMPADIS AD ARAM MAXIMAM
DIRECTE ANTE VIRGINIS EFIGIEM PERPETVO SERVANDVM
ANNIBAL CAISSOTTVS FILIVS IN PRAEFATO COMITATV
FIDEICOM. SVCCESSOR AC DOMINVS DE
ROBIVM ANNO MDCVC SOCIAVIT.

« A Dieu très grand et tout-puissant. — Afin de s'assurer en la Mère de Dieu, triomphante par son assomption glorieuse, un refuge contre la colère du souverain Juge, Jean-Paul Caissotti, conseiller royal, doyen du sénat de Nice, comte de Rigaud, Massoin et Tornefort, a élevé ce portique destiné à servir d'abri aux pieux fidèles ; l'an du salut mil six cent soixante-deux.

« Annibal Caissotti, fils, héritier par fidéi-commis du

TIVES : XXVI. *Extrait du testament de M. Barthélemy Dabray en faveur du sanctuaire de Cimiez.*

dit titre de comte, et seigneur de Roubion, a voulu, en outre, qu'à perpétuité, une lampe brûlât, jour et nuit, devant le grand autel et l'image de la Vierge qui y est placée : l'an mil six cent quatre-vingt quinze. »

Un autre témoignage, plus moderne, de la charité inépuisable de cette famille[1] est le document suivant, que nous tirons des archives du couvent :

« Le soussigné a l'honneur de présenter ses humbles respects au T. R. Père Gardien du couvent de Cimiez et de lui verser la somme de cent soixante-quinze francs, moitié de celle de trois cent cinquante francs que son père offre pour contribuer à la restauration, soit intérieure, soit extérieure, du portique du sanctuaire et église de Cimiez, se réservant de verser le surplus quand les réparations seront terminées. Il le prie de lui donner reçu de ladite somme et de bien vouloir veiller à ce que soient maintenus intacts l'*inscription lapidaire* qui existe sur le mur intérieur du portique et l'*écusson* des Caissotti qui se trouve devant le seuil de la grande porte de l'église ; car telles sont les intentions du donateur.

« Nice, le 14 mars 1846.

« Comte F. de Roubion[2]. »

A ces noms, particulièrement illustres, il faudrait, pour donner la liste des bienfaiteurs de Cimiez, en ajouter une foule d'autres. Nous ne saurions, on le comprend, entreprendre de dresser ici cette nomenclature, ce livre d'or de la charité. Au surplus, le

1. Voir aux Pièces justificatives : XXVII. *Acte de baptême concernant la famille de Roubion.*

2. *Archives du couvent de Cimiez.* — Voir aux Pièces justificatives : XXVIII. *Don du comte F. de Roubion pour la restauration du portique de l'église de Cimiez.*

noble motif qui inspirait et inspire encore tant d'âmes généreuses et dévouées, ce n'est pas un caprice d'ostentation et de vanité; c'est une pensée de religion et de foi profonde. Elles savaient et elles savent que la Vierge, « fontaine de toutes grâces », n'oublie personne dans sa maternelle reconnaissance; elles savaient et elles savent que les fils du mendiant d'Assise embrassent dans une commune et impérissable gratitude la mémoire de tous ceux qui leur font du bien. L'inscription qui se lit, en forme de frise, sur les murs du réfectoire des Franciscains de Cimiez, n'est que l'expression de leur incessante et perpétuelle prière : *Retribuere dignare, Domine, omnibus nobis bona facientibus propter nomen tuum vitam æternam.*

CHAPITRE IV

Le sanctuaire depuis la Révolution

Sous la Terreur. — La légende de 1793. — L'église de Cimiez érigée en succursale ou paroisse. — Ses curés ou desservants de 1803 jusqu'à nos jours. — Le passage de Pie VII à Nice. — L'abjuration du colonel François d'Ernest. — La translation de la statue de saint Antoine. — La visite du roi Charles-Félix et de la reine Marie-Christine. — La Vierge de Cimiez et le choléra. — Les restaurations et les embellissements depuis un demi-siècle. — Un renouveau merveilleux de dévotion et de confiance.

Nous venons de le constater : depuis qu'en 1546 les Frères Mineurs en avaient reçu la garde, le sanctuaire de Notre-Dame de Cimiez s'était vu environné d'une renommée et d'une vénération toujours grandissantes. Des jours de deuil allaient succéder à cette période glorieuse ; la Révolution, après avoir sécularisé le couvent et dispersé les moines, ne pouvait épargner l'église.

Une annotation, qui se lit dans le plus ancien des

registres paroissiaux, donne à entendre qu'elle fut alors fermée aux fidèles. « Le 24 octobre 1794, y est-il dit, les églises ont été fermées et les prêtres mis en prison[1]. » De fait, à partir de cette date et au cours des années suivantes, la plupart des baptêmes sont signalés comme ayant lieu dans des maisons particulières[2].

D'autre part, plusieurs pièces de nos archives nous apprennent qu'au mois de juillet 1802, le préfet de Nice, s'étant transporté à Cimiez avec une escorte de gendarmes, se fit remettre les objets d'argenterie qui existaient alors dans l'église et la sacristie. Outre un assez grand nombre d'ex-voto, qui furent consignés au commissaire de police et dont une vingtaine furent rendus au Père Guiglielmo quelques jours plus tard[3], ces objets comprenaient la croix et le calice donnés autrefois par Paul III et cinq lampes d'argent[4]. Ils

1. Die 24 octobris 1794, *clausæ fuerunt ecclesiæ* et in carceribus inclusi sunt sacerdotes. — *Archives de la paroisse* : Petit registre intitulé : *Nota aliquorum qui in hac ecclesia Cemellensi et alibi baptisati... sunt ab anno 1793 usque ad annum 1805*; f. 8 (v°).

2. *Archives de la paroisse* : Même registre, f. 8 et suiv.

3. *Archives du couvent de Cimiez.* — Voir aux Pièces justificatives : XXIX. *Liste des objets d'argenterie de l'église de Cimiez remis au commissaire de police de la ville de Nice et de ceux rendus ensuite par ordre du préfet.*

4. Le sanctuaire avait dû posséder autrefois un assez grand nombre de lampes. Cent ans auparavant, en 1705, au milieu des calamités qui suivirent la prise de Nice par les troupes françaises, nous voyons, dans un acte du 20 avril, les Frères Mineurs de Cimiez prêter aux Consuls « pour le service de la ville dans les présentes nécessités de guerre, *per servizio di detta città nelle presenti urgenze di guerra* », sept lampes d'argent, dont deux seulement furent rendues, le 22 juin 1726. — *Archives du couvent de*

furent portés à la cathédrale, sauf le surplus des ex-voto dont les églises Saint-Jacques et Saint-Martin héritèrent. Une cloche, enlevée de Cimiez, fut également attribuée à Sainte-Réparate[1].

Quinze ans plus tard, au commencement de 1817, le syndic apostolique des Frères Mineurs ayant adressé une requête au vicaire général du diocèse, dans le but d'obtenir la restitution de tout ce qui avait été soustrait de la sorte, le curé de la cathédrale, par un acte du 5 février, s'engagea effectivement à s'en dessaisir. Une autre déclaration, signée de lui, constate qu'au 4 octobre 1819, il avait toujours à rendre la cloche et la valeur du calice de Paul III « que l'on avait fait fondre[2] ». Les choses, croyons-nous, en restèrent là.

Toutefois, si le lieu saint demeura quelque temps désert, si l'accès en fut interdit aux pèlerins, si les riches ornements dont la piété des foules l'avait comblé disparurent en partie, il ne fut pourtant jamais le théâtre des scènes de vandalisme et de dévastation, des saturnales et des orgies sacrilèges, qui souillè-

Cimiez : Reçu constatant la remise de sept lampes d'argent aux consuls de Nice.

1. *Archives du couvent de Cimiez.* — Voir aux Pièces justificatives : XXX. *Requête du syndic des Frères Mineurs au vicaire général de Nice pour obtenir la restitution des objets appartenant à l'église de Notre-Dame de Cimiez déposés à la cathédrale,* et *Réponse à cette requête.*

2. *Archives du couvent de Cimiez.* — Voir aux Pièces justificatives : XXX. *Requête du syndic des Frères Mineurs au vicaire général de Nice pour obtenir la restitution des objets appartenant à l'église de Notre-Dame de Cimiez déposés à la cathédrale,* et *Réponse à cette requête.*

rent alors de toute part, en France, les édifices les plus sacrés. Faut-il voir en cela la protection spéciale de la très sainte Vierge? Certes, il est permis de le croire.

A ce propos, pour ne laisser périr aucune des traditions, même légendaires, qui concernent notre sanctuaire, et au risque de faire sourire certains lecteurs, nous rapporterons l'épisode que voici. Il y a un quart de siècle, les Pères les plus âgés du couvent en racontaient encore les détails, qu'ils tenaient, prétendaient-ils, de témoins oculaires.

C'était à la fin de 1793 ou au cours de 1794. Le couvent de Cimiez avec ses dépendances venait d'être déclaré propriété nationale ; on s'attendait, à chaque instant, à voir l'église envahie par la populace et livrée au pillage. Les quelques religieux qui restaient encore là, délibérèrent, avant de se disperser complètement, sur ce qu'il y avait à faire pour sauver de la profanation et d'une destruction presque certaine tout au moins la statue de la Madone, « fontaine des grâces [1] », vénérée au maître-autel. Il n'y avait, conclurent-ils, qu'un parti à prendre : enlever, au plus tôt, cette image, l'emporter et la cacher secrètement en lieu sûr.

Deux d'entre eux, étant donc montés sur l'autel, se mirent en devoir d'ôter la statue de la niche où elle était placée. Cette statue est en bois et relativement légère : l'opération de son déplacement et de son enlèvement devait, dès lors, être des plus simples

1. *Fons gratiarum.* (Inscription du retable.)

et des plus faciles. Mais, ô prodige ! vainement les religieux tentèrent-ils de la soulever ; elle était, subitement et merveilleusement, devenue si lourde que tous leurs efforts réunis et réitérés parvenaient à peine à l'ébranler. Un bloc de pierre ou de plomb ne fût pas demeuré plus immobile.

Stupéfaits et saisis d'une frayeur respectueuse, ils durent finalement s'avouer vaincus et renoncer à leur tentative. La légende ajoute que l'un d'eux dit alors à la Vierge, avec une naïveté charmante : « Bonne Mère, puisque vous ne voulez pas de nos services, puisque vous refusez de nous laisser emporter et mettre à l'abri votre image, c'est votre affaire... Chargez-vous de la défendre contre les profanations des impies, et s'il lui arrive quelque chose, ne vous en prenez qu'à vous. » La Vierge, tacitement, avait ratifié ces paroles ; car, durant toute la période révolutionnaire, et bien que sur la place voisine des bandes de terroristes se livrassent fréquemment à des démonstrations tumultueuses, jamais il ne se trouva personne qui osât porter la main sur l'image miraculeuse, ni même pénétrer dans l'église pour en braver la sainteté par des chants ou des cris injurieux.

Dès avant la Révolution, l'église de Cimiez avait été érigée en église de secours, dépendant de la cathédrale[1]. Après la suppression du couvent, c'est-

1. *Petit registre*, conservé dans les *Archives de la paroisse* et intitulé : *Nota aliquorum qui in hac ecclesia cemellensi et alibi baptisati... sunt ab anno 1793 usque ad annum 1805.* — On y faisait les services paroissiaux. De la fin de 1793 à la fin de 1801, les actes de baptême sont signés : *Fr. Gentilis a Nicia, Ord. S. Fran-*

à-dire en 1794[1], elle fut, avec l'autorisation du Souverain Pontife et l'agrément des autorités civiles d'alors, déclarée paroissiale par Mgr Garidelli, vicaire capitulaire du diocèse[2]; mais à cause des troubles politiques qui suivirent et de la persécution de plus en plus violente dont le clergé devint l'objet[3], ce fut en 1803 seulement que put être nommé le premier curé ou desservant, qui fut le Père Louis Guiglielmo[4].

En 1806, par une ordonnance, Mgr Colonna d'Istria fixa, ainsi qu'il suit, les limites de la circonscription paroissiale :

« ... Levant : le torrent du Paillon et le territoire de Saint-André; couchant : le chemin public de Saint-Barthélemy et de Gairaud ; midi : le chemin public de Saint-Barthélemy; nord : du côté du couchant, le vallon *delle*

cisci, Fr. Jacobus a Contes, Fr. Gaudentius a Nicia, Fr. Franciscus Maria Penchienati.

1. En même temps que Notre-Dame de Cimiez, la cathédrale, à l'époque de la Révolution, avait pour succursale l'église de Sainte-Rosalie, sise à peu de distance et dont le desservant, d'après notre petit registre de baptêmes, était l'abbé Casteu.

2. Un anno appresso alla soppressione del nostro convento di Cimella, cioè nel 1794, quella nostra chiesa è stata eretta in parrocchia dall' Illmo e Revdmo Sig. P. Garidelli, vicario capitolare della Diocesi di Nizza, e cio coll' autorità del Sommo Pontefice e col consenso dell' attuale governo. — *Archives du couvent : Libro 3° in cui si contengono le azioni capitolari ed altre disposizioni concernenti il governo di questa riformata Provincia di S. Tommaso, apostolo, in Piemonte*, 1793-1896 (pag. 79).

3. Die 24 octobris 1794, clausæ fuerunt ecclesiæ et in carceribus inclusi sunt sacerdotes. — *Archives de la paroisse* : Petit registre intitulé : *Nota aliquorum*, etc., f. 8, v°.

4. *Registres de l'évêché de Nice.* — Voir aux PIÈCES JUSTIFICATIVES : XXXI. *Ordonnance de Mgr Jean-Baptiste Colonna, nommant le Père Guiglielmo desservant de la paroisse de Notre-Dame de Cimiez.*

Giarre; du côté du levant, le petit chemin qui conduit à Saint-André, non comprise la maison autrefois des Armirat.

« Nice, le 29 mars 1806.

« † JEAN BAPTISTE, *Évêque de Nice.*

« Par mandement de Mgr l'Evêque,

« A. PASSERON, *Secrétaire*[1]. »

Les archives de la paroisse, en particulier le *premier registre des baptêmes,* qui remonte au 24 mai 1803, nous fournissent les noms des curés et des vicaires ; quelques-uns méritent d'être cité

Antérieurement à 1814, outre le Père Guiglielmo, qui signe : « *Joannes Ludovicus Guiglielmo, succursalis rector* », nous trouvons mentionnés : François Marie Penchienati, « *vicaire*[2] » ; Pierre Léonard Fighiera, « *presbyter adjutor* », et Jacques Louis Fighiera, « *prêtre assistant*[3] ». Tous trois étaient des religieux de Saint-François, qui s'étaient momentanément sécularisés pour conserver à leur ordre soit l'église, soit le couvent[4].

A partir du 30 juin 1814, le Père Guiglielmo, qui signait auparavant « *Jean-Louis Guiglielmo* », re-

1. *Archives de la paroisse* : *Premier registre des baptêmes*, remontant au 24 mai 1803 et se terminant en décembre 1827.

2. De l'ordre des Frères Mineurs, plus tard curé, puis provincial, ainsi que nous allons le voir ci-après.

3. C'est de lui qu'est signé le premier acte du registre.

4. Sous le Premier Empire, Mgr Jean-Baptiste Colonna d'Istria, ayant établi le grand séminaire de son diocèse dans le couvent de Cimiez, en avait confié la direction à l'abbé Hyacinthe Félix Bollié. Le nom de ce dernier figure, le 24 janvier 1814, dans un acte de baptême (f. 129, r°).

prend son nom de religion et s'intitule « *Fr. Laurentius Guiglielmo, succursalis rector* ». Sa signature se rencontre pour la dernière fois le 2 juin 1816[1].

Peu après cette date, en effet, il cessa d'être curé. Une note, insérée dans le *Registre des actes capitulaires de la province*, nous apprend en quelles circonstances :

« Le T. R. Père Laurent de Nice était curé de la paroisse, depuis plusieurs années, lorsqu'il a été élu délégué général avec mission de rétablir les couvents de Nice et autres villes. Ne pouvant plus désormais s'occuper de l'administration paroissiale, il a, en sa qualité de supérieur, le 16 juin 1816, nommé curé le Père François Marie (Penchienati) de Contes et l'a proposé comme tel à Mgr l'Evêque, qui, par lettres patentes, l'a approuvé et confirmé[2]. »

Le Père François-Marie Penchienati régit la pa-

1. Du 24 mai 1803, date par laquelle ils débutent, jusqu'au 6 mars 1806 (*anno secundo imperii*), les actes de baptême du premier registre sont écrits *en latin*. A partir du 9 mars 1806 jusqu'au 17 mai 1814, ils sont écrits *en français*. A partir du 19 du même mois, ils sont de nouveau écrits *en latin*. Le premier registre finit en décembre 1827. Le deuxième registre des baptêmes commence au 1er janvier 1828 et se termine au 26 décembre 1837.

2. Della quale parrochia essendo già curato da più anni il fu M. R. P. Lorenzo di Nizza, ed essendo stato eletto in delegato gen. affin di rimettere il Convento di Nizza e gli altri, non potendo quindi più per se stesso attendere all' amministrazione della parrochia, come superiore nomino, in Giugno del 1816, il P. Francesco Ma di Contes in curato, e come tale lo proposè a Monsignor Vescovo, e questi con sua patente lo approvo e confirmo. — *Archives du couvent de Cimiez : Libro terzo in cui si contengono le azioni capitolari ed altre disposizioni concernenti il governo di questa provincia di S. Tommaso, apostolo, in Piemonte;* 1793-1896. pag. 79.

roisse de Cimiez jusqu'en novembre 1827, époque où il fut nommé provincial par le R^me^ Père Jean de Capistran, général de l'ordre. Par lettres patentes de Mgr Jean-Baptiste Colonna d'Istria, en date du 30 du même mois, le R. Père Léonard Arnaudo de Dolceacqua fut alors choisi pour curé ; il prit possession le 12 décembre 1827[1].

Dans les premiers mois de 1838, à la suite de difficultés avec les supérieurs de sa province, le Père Léonard ayant dû être relevé par eux de ses fonctions et éloigné[2], il s'ensuivit un désaccord et un démêlé pénibles entre les religieux de Cimiez et l'évêque de Nice, Mgr Galvano, désaccord et démêlé terminés par une sentence de la Sacrée-Congrégation des Evêques et Réguliers, en date du 26 avril 1839, laquelle donna pleinement raison aux religieux et reconnut leurs droits[3].

Après que, pendant un an et demi, le Père François Antoine Beaudoin eut administré la paroisse, avec le titre de « régent », le 9 août 1839, le R. Père Victor de Breil, lecteur en théologie et examinateur synodal du clergé régulier, en prit la direction. Ayant été nommé provincial en juillet 1845, il se fit sup-

1. *Archives de la paroisse de Notre-Dame de Cimiez : Premier registre de baptêmes*, f. 245, v°. — Voir aux Pièces justificatives : XXXII. *Election du R. Père Léonard de Dolceacqua comme curé de Notre-Dame de Cimiez.*

2. Le dernier acte de baptême signé de lui est du 7 février 1838.

3. *Archives du couvent : Libro terzo in cui si contengono le azioni capitolari*, etc., 1793 à 1896, p. 208 à 212. — *Lettre du cardinal Patrizi* au secrétaire provincial, en date du 9 juin 1839.

pléer par le R. Père Fulgence de Saint-André, à qui sont dues l'institution de la confrérie des enfants de Marie, affiliée à la *Prima primaria* de Rome, et celle de la confrérie du Sacré-Cœur. Le Père Victor de Breil mourut le 2 décembre 1867. Quelques jours plus tard, le R. Père Vincent Oliva, ex-provincial, était nommé curé et, dès le 31 octobre 1868, pour cause de santé, remplacé par le R. Père Théophile Malacria de Breil, qui, par son zèle ardent[1], sa charité inépuisable, sut vraiment se faire tout à tous et conquérir l'affection de la population entière. Il en a été de même de son digne et vénéré successeur, le R. Père Richard Gioan de Cimiez, placé à la tête de la paroisse le 2 juin 1881 et mort tout récemment, au moment où s'imprimaient ces pages[2].

Le premier registre des baptêmes nous renseigne, en outre, sur un ou deux faits intéressants.

En tête, par exemple, et sur une feuille à part, on y lit la note suivante ; elle a trait au premier passage du Pape Pie VII à Nice :

« L'an du Seigneur 1809, le 7 août, le Souverain Pontife Pie VII, Chiaramonti, venant inopinément de France, a traversé notre ville de Nice. Il s'y est arrêté trois jours, les 7, 8 et 9 août. Le 10 au matin, il en est parti, en faisant route vers le Piémont. Le 9 août, moi soussigné, j'ai eu l'heureuse fortune, avec plusieurs autres, de lui baiser

1. C'est à lui qu'est due la magnifique décoration de chandeliers et de candélabres qui orne le maître-autel, les jours de grandes fêtes.

2. *Archives de la paroisse : Registres des délibérations de la fabrique*; *Registres des baptêmes*; Pièces diverses.

les pieds et la main. En cette circonstance, il a daigné m'accorder spécialement des pouvoirs particuliers et les indulgences que je lui demandais humblement. (*Suit le détail de ces indulgences.*)

« Signé : JEAN LOUIS GUIGLIELMO,
« *Recteur de la succursale*[1]. »

Le folio 88 renferme le procès-verbal d'une des cérémonies les plus solennelles dont le sanctuaire de Cimiez, durant le XIXe siècle, ait été le théâtre. Il s'agit de l'abjuration du colonel François d'Ernest, calviniste suisse, converti à la foi catholique. Voici cette pièce :

« L'an mil huit cent dix, le 18 septembre, en présence de Messieurs Dominique Ferrero ; Paul Ambroise Authier, chanoine de Nice ; Doneudi, chanoine-curé ; Pio, chanoine de Nice ; Eugène Cesole, sous-diacre, témoins à ce requis et soussignés : M. François Frédéric Samuel d'Ernest, colonel d'infanterie, bernois, né à Lauzane en février 1758, ayant reconnu qu'hors de la vraie Eglise il n'y a point de salut, de sa bonne volonté et sans aucune contrainte, a fait entre les mains de Nous, soussigné, vicaire général, une profession expresse et solennelle de la foi catholique, apostolique et romaine, et abjuré l'hérésie de Calvin, prononçant la formule prescrite à cet effet par la lettre pastorale de Monseigneur l'Evêque de Nice, en date du 30 novembre 1807.

« Et, en suite de cette profession, je lui ai donné publiquement l'absolution de l'hérésie, en vertu du pouvoir reçu de Monseigneur l'Evêque de Nice. En foi de quoi nous avons signé le présent acte avec ledit M. d'Ernest et les témoins.

1. Voir aux PIÈCES JUSTIFICATIVES : XXXIII. *Notes relatives au passage de Pie VII à Nice.*

« Fait en l'église paroissiale de Cimiez, à 11 heures du matin, le jour et an que dessus.

« GRIMALDI, *Vic. Gén.*

« F.-F.-S. D'ERNEST ; — DOMINIQUE FERRERO ; — PAUL AMBROISE AUTHIER ; — JEAN LOUIS GUIGLIELMO, *desservant de Cimiez* ; — MAURICE DONEUDI, *Ch.-Curé* ; — GUILLAUME PIO, *Chan.* ; — EUGÈNE CESOLE.

« Le même jour, 18 septembre 1810, après l'abjuration dudit M. François Frédéric Samuel d'Ernest, Nous, soussigné, vicaire général, lui avons suppléé les cérémonies du baptême, en présence du recteur de la paroisse de Cimiez et de M. Dominique Ferrero, faisant les fonctions de parrain, également soussigné.

« GRIMALDI, *Vic. gén.*

« JEAN LOUIS GUIGLIELMO, *Recteur de la succursale* ; — DOMINIQUE FERRERO [1]. »

A la fin du registre, nous trouvons, en italien, une dernière note se rapportant au colonel :

« L'illustrissime seigneur chevalier d'Ernest, suisse de nation, après avoir, lorsqu'il était colonel d'un régiment suisse de notre souverain, abjuré l'hérésie de Calvin, ainsi qu'il est constaté aux folios 88 et 89 du présent registre, étant devenu ensuite major général des troupes de Sa Majesté Sarde, a fait don à Notre-Dame de Cimiez, le 2 juillet 1815, de deux drapeaux lui appartenant, lesquels ont été placés au grand autel, en l'honneur de la bienheureuse Vierge Marie [2]. »

1. *Archives de la paroisse de Notre-Dame de Cimiez : Premier registre des baptêmes* ; f. 88 (v°).

2. L'Illumo Sig^{r} Cavaliere D'Ernest, di nazione Svizzero, dopo aver abiurata l'eresia Calviniana, come consta da questo medesimo

Parmi les solennités religieuses dont les documents de nos archives perpétuent le souvenir, pendant le premier quart du XIXe siècle, nous pouvons mentionner le transport solennel d'une statue de saint Antoine de Padoue effectué, le 27 juin 1824, avec le concours notamment des confrères de Sainte-Croix, au nombre de plus de cinq cents, et en présence d'une foule immense, de l'hospice Saint-Joseph de la vieille ville jusqu'au sanctuaire de Cimiez[1]. A Cimiez, le Thaumaturge franciscain a toujours été, du reste, l'objet d'une grande dévotion. Il est, depuis 1657, titulaire de l'un des autels latéraux, dont le tableau le représente en extase devant la Vierge et l'Enfant Jésus ; il figure aussi sur la bordure du magnifique retable de Bréa dans la chapelle du Crucifix[2], dans le tableau de la chapelle de Saint-François, dans la peinture du fond du réfectoire et dans un petit tableau semi-

libro pag. 88 e 89, essendo esso Colonello d'un regimento svizzero del nostro Re, ed indi Maggior Generale delle truppe di S. M. Sarda, fece un dono de' suoi due drappelli a Maria SS^ma di Cimella, li due luglio 1815, quali si sono collocati all' altare maggiore ad onore della SS^ma Vergine. — *Archives de la paroisse de Notre-Dame de Cimiez : Premier registre des baptêmes;* dernier folio.

1. *Lettera vescovile per il trasporto di S. Antonio dall' ospizio di Nizza fino a Cimella,* du 5 juin, et *Autre lettre se rapportant au même objet,* du 19 juin 1824. — Sur cette seconde lettre est apposée la mention suivante : « Oggi, li 27 giugno 1824, si è trasportata dal nostro ospizio di Nizza a Cimella la statua di S. Antonio coll' intervento della Confraternità di S. Croce che era composta di 500 circa confratelli colla società de' religiosi di Cimella. La statua è stata fatta fare da benemerito benefattore il Sig. Gio. Batt. Malaussena di Cimella, uomo proprietario e di buona religione. La processione si è fatta con tutta la devozione possibile e con gran concorso di popolo. »

2. Il y est représenté tenant un lis et un livre.

ovale de la cellule où mourut Mgr Novella[1]. Depuis 1663, sa statue est aussi l'une des deux images principales qui ornent le retable du maître-autel. Outre cette statue du « Saint aux miracles », on en conserve deux autres au couvent, l'une en bois, grossièrement sculptée et peinte, qui provient peut-être du couvent des Conventuels dont elle reproduit la forme d'habit, l'autre en bois et étoffe, qu'on porte, chaque année, en procession, au mois de juin.

Mais revenons à l'histoire du sanctuaire.

L'inscription suivante, qui se lit dans l'église, à gauche en entrant, sous la tribune des orgues, rappelle, dans le style emphatique de l'époque, une visite royale :

OB. ADVENTVM.
REGIS. CAROLI. FELICIS.
ET. MARIÆ. CHRISTINÆ. CONI. AVG.
QVI. TEMPLVM. MARIÆ. VIRGINIS.
FRATRVMQ. MIN. REF. CŒNOBIVM. ET. HORTVM.
VBI. CEMENELION. FVIT.
PRID. KAL. MART. A. MDCCCXXX. VISERVNT.
EXILIENTIB. FREQVENTISS. OMNIVM. ORD. NICIENSIB.
ET. VOTA. NVNCVPANTIB. PRO. SALVTE. ET. REDITV.
PRINCIPIS. PROVIDENTISS. ET. REGINÆ. PIISS.
FR......S. CVR. HONORIS. CAVSSA. QVOD. PERP. FEL.

« En souvenir de la venue du roi Charles-Félix et de son auguste épouse Marie-Christine. La veille des calendes de mars (28 février) 1830, au milieu de l'empressement et de l'allégresse des habitants de Nice de toute

1. Il y est représenté en extase, ayant derrière lui saint Michel qui terrasse le dragon infernal.

condition, au milieu aussi des vœux faits pour leur prospérité et leur heureux retour, ce prince très sage et cette reine très pieuse ont visité le temple de la Vierge Marie, ainsi que le cloître et le jardin des Frères Mineurs réformés, situés sur l'emplacement de l'antique *Cemenelion*. Fr...[1], curé, a fait placer ce marbre pour perpétuer un si glorieux souvenir[2]. »

En 1835, — c'est l'opinion générale de la population, — Cimiez fut délivré du choléra grâce à l'intercession de la sainte Vierge. En souvenir de ce fait et comme témoignage de la reconnaissance publique, une pieuse association de dames fit don à l'église d'une statue représentant l'Assomption et sur le socle de laquelle se lit cette inscription :

« A. M. D. G. *Une pieuse société de dames, à l'occasion du choléra-morbus, durant l'été de 1835.* D. D.[3] »

Cependant le sanctuaire allait être l'objet d'importantes et de nombreuses restaurations.

1. Le nom qui manque dans cette inscription, parce qu'il fut martelé dix ans plus tard, est celui du Père Léonard, révoqué de ses fonctions à la suite des difficultés dont nous avons parlé plus haut.

2. Plus tard, le 11 septembre 1857, les princes Humbert et Amédée de Savoie, fils du roi Victor-Emmanuel, vinrent eux aussi visiter le sanctuaire et y assistèrent à la messe.

3. « A. M. D. G. *Una pia società di Signore in occasione del cholera morbus nell' estate del 1835.* » — Tous les ans, le 15 août, au milieu d'un concours immense, cette statue est portée en procession, hors du couvent, jusqu'à la petite chapelle de Sainte-Anne, située auprès des arènes. La *Croix des Alpes-Maritimes*, dans son numéro du 15 août 1899, a consacré un article à cette procession, qui est très pittoresque. Outre cette statue de l'*Assomption* et celle de Notre-Dame « fontaine des grâces » du maître-autel, on

En 1841 et 1842, pour régulariser tout à fait le monument, on créa, du côté de l'épître, trois chapelles correspondant à celles qui existaient déjà du côté de l'évangile. Des nécessités locales[1] et aussi le goût de l'époque ayant fait adopter le style grec pour ces nouvelles constructions, les anciennes chapelles durent subir des modifications[2] qui les conformèrent à ce genre d'architecture. Ce travail, assez considérable et assez dispendieux pour un couvent de moines mendiants, fut exécuté sous le gardiennat du Père François-Antoine de la Trinité. Deux ans après, en 1844, sous le gardiennat du Père Bonaventure de Pietrabruna, la voûte et les murs du *presbyterium* étaient peints à fresque. En 1845, le comte de Pierlas, sculpteur et architecte de talent, faisait de sa propre main quelques retouches à la statue de la Madone ; il dressait aussi le plan d'une nouvelle façade pour l'église. Cette façade, commencée l'année même, sous le gardiennat du Père Bienvenu de Lévens, fut terminée l'année suivante. En 1857, le chœur, à son tour, fut restauré. En 1858, sous le gardiennat du Père Samuel d'Aspremont, le *presbyterium* était garni d'une balustrade de marbre blanc et rouge. De marbre aussi furent pavés alors le

conserve une statue de l'*Immaculée Conception* qui sert pour le mois de Marie.

1. Pour construire ces chapelles, on démolit le vieux noviciat contigu à l'église ; mais l'entrée du couvent et la citerne étant de ce côté, l'emplacement dont on put disposer, malgré cette démolition, se trouva assez restreint comme profondeur.

2. Leur profondeur notamment fut diminuée.

sanctuaire de l'église et la chapelle de Saint-Antoine[1]. La voûte enfin tout entière fut peinte à fresque par les soins du T. R. Père Victor de Breil, ex-ministre provincial et curé de la paroisse depuis près de vingt ans. Les aumônes qui permirent de mener à bonne fin tous ces travaux avaient été recueillies presque entièrement par un infatigable Frère quêteur, le Frère François d'Isolabona[2].

Ce fut à l'influence de M. François Malaussena et de M. Lubonis que fut due, en 1868 ou 1869, la restauration en marbre du vieux pavé de l'église[3], restauration exécutée à l'aide d'un don de l'empereur Napoléon III.

En 1878, le baron Charles de Wykerslooth de Weerdesteyn fit placer le magnifique vitrail qu'on admire dans le *presbyterium*, du côté de l'évangile[4]. En 1885, les autres fenêtres de l'église furent agrandies par les soins de l'habile architecte S. M. Biasini.

Les orgues du chœur datent de 1862, ainsi que l'atteste l'inscription : *Valoncini Federico fabbricatore e ristauratore d'organi da chiese in Lodi, 1862*. Les grandes orgues furent, de leur côté, complète-

1. Les autres chapelles l'étaient déjà.

2. *Archives du couvent de Cimiez*. — R. Père FRANÇOIS CASSINI DE PERINALDO, Fr. Min., *Cenni storici sull' antica città di Cimella e sull' attuale Chiesa e convento*, etc. Nice, 1858.

3. Au milieu de ce pavé se voient, exécutées en marbres de diverses couleurs, les armoiries de l'Ordre Franciscain.

4. Sur ce vitrail on lit : *In honorem SS. Trinitatis beatæque Mariæ Virginis de Cæmellis, Nobilissimus D. Carolus Liber. Baro de Wykerslooth, de Weerdesteyn, D. Schalkwyk — hoc monumentum poni curavit. MDCCCLXXVIII. F. Capronnier Bruxellensis fecit.*

ment réparées en 1891 ; elles portent, en effet, l'inscription suivante gravée sur cuivre :

Ces orgues ont été remises à neuf aux frais de M. Henri de S. Butterfield, en souvenir de sa chère épouse, Madame Marie Louise Rooseveld Butterfield. — Cimiez, ce 12 février 1891.

Plus récemment encore, grâce au zèle toujours actif du T. R. Père Athanase de Saorge, gardien actuel du couvent, si justement et si profondément sympathique à la population de Cimiez et de Nice, non seulement la toiture en tuiles de l'édifice a été entièrement refaite (1894), mais de nouveaux embellissements ont été apportés à l'intérieur du sanctuaire. Citons seulement le chemin de croix [1], l'autel de la chapelle du Crucifix et les statues du Sacré-Cœur, de saint François [2], de saint Pascal.

Les cloches que renferme la tour de l'église [3] sont au nombre de quatre; elles sont toutes modernes. La

1. C'est le vénérable Bénigne de Cunéo qui, le premier, en l'année 1725, pendant les derniers jours du carnaval et à la suite d'une mission solennelle, érigea à Cimiez le chemin de la croix. Il y eut à cette occasion, nous disent ses biographes, un concours extraordinaire de peuple, et une magnifique procession se rendit de la ville de Nice jusqu'au sanctuaire de la Vierge. — V. Paolo Gastaldi, *Il venerabile P. Benigno Dalmazzo da Cuneo*, l. I, ch. xviii, Turin, 1889.

2. Grâce au T. R. Père Athanase de Saorge, la fête de saint François a repris à Cimiez, depuis 1889, une grande solennité. Ce jour-là, les Tertiaires de Nice se rendent en procession de l'hospice de Carabacel à l'église de Cimiez.

3. Le *Livre des vêtures de 1605 à 1724* nous apprend que, le 21 septembre 1660, « à deux heures de nuit », la foudre tomba sur le clocher qu'elle ruina en partie. Ce clocher fut restauré en 1662. Il porte une girouette avec les lettres C. A. S.

Statue de l'Assomption de la très sainte Vierge, à Cimiez.

plus grosse, du poids de 700 kilogrammes, date de 1864 ; elle porte l'inscription :

— *Sit nomen Domini benedictum. Amen. — M. Antoine Raynaut, chevalier des ordres de Danebroc de Danemark, — du Lion néerlandais, de (la) Couronne de chêne des Pays-Bas et de Saint-Stanislas de Russie, — a dédié cette cloche au sanctuaire de Cimiès en honneur de la sainte Vierge et de saint — Antoine son protecteur, l'an 1864. — Parrain : M. le chevalier Antoine Raynaut ; marraine : Mme Claire Raynaut, née Girard.*

Le seconde cloche, pesant 500 kilogrammes, et offerte par M. Butterfield, fut baptisée en 1876. On y lit ces mots :

— *1874. — Reconnaissance. Souvenir du 14 novembre. Reconnaissance à Dieu et à la sainte Vierge. Henri-Isaac de — Schackleton Butterfield et en mémoire de son épouse bien-aimée Marie-Louise Rooseveld. — 20 juin Butterfield. Venite adoremus Dominum. In te Domine speravi, non confundar in æternum. — 1875. Père Théophile de Breil, curé. — Semeria Giacomo F.*

Sur la troisième cloche, qui sert surtout aux usages conventuels, sont ces paroles :

— *Beatæ Virgini immaculatæ. — Vox mea vox vitæ ; voco vos ad sacra ; venite*[1]. — *R. P. Théophile, curé. — T. Maurel, fondeur à Marseille, 1881.*

Et sur la quatrième :

— *Mater gratiarum, ora pro nobis*[2].

1. A la bienheureuse Vierge Immaculée. — Ma voix est la voix de la vie. Je vous appelle aux cérémonies saintes ; venez.

2. Mère des grâces, priez pour nous.

Il ne reste plus à Cimiez qu'une cloche quelque peu ancienne ; c'est celle, de très petite dimension, actuellement placée sous le grand cloître. On y remarque trois médaillons de saints franciscains, les initiales F G et ce demi-verset du psaume LXXXIV : — *Benedixisti, Domine, terram tuam. 1660.*

Nous ne saurions terminer ce chapitre sans parler du renouveau, vraiment merveilleux, de dévotion et de confiance envers Notre-Dame de Cimiez qui se produisit, en 1887, à la suite du tremblement de terre de Nice.

Bien qu'à vrai dire ce tremblement de terre n'ait été qu'une menace, — nul grand désastre ne survint, — cependant le peuple effrayé tourna aussitôt ses regards vers le ciel. Dès que l'émotion du premier moment fut passée, un mouvement universel de reconnaissance envers la Vierge Immaculée, patronne de la ville, souleva les masses, et ce fut vers le couvent de Cimiez, vers la citadelle de la prière toute-puissante, qu'instinctivement elles se portèrent. Ce furent tout d'abord les enfants qui, messagers des familles chrétiennes, vinrent envahir le sanctuaire. Quelques jours après, c'étaient les fidèles de la cathédrale, sous la conduite de leur curé, M. le chanoine Guidi : longue et pieuse procession où l'on vit défiler les jeunes filles, les femmes et les mères, les jeunes gens et les hommes de toute condition, revêtus du costume des confréries respectives ; la multitude enfin, avec sa foi restée vive et inébranlable quand même, au milieu d'un siècle matérialiste et sceptique.

Depuis lors, Nice n'a plus cessé de témoigner ainsi de sa piété pour la Vierge de Cimiez par de dévotes caravanes : les dimanches, de longues files de pèlerins gravissent la verdoyante colline et viennent épancher leurs âmes dans le cœur de la Reine du ciel. Le 25 mars, aussi et surtout, à l'occasion de l'Annonciation, fête patronale du sanctuaire, le concours des confréries de Nice et des paroisses voisines est considérable.

Jadis la pénitence de Ninive désarmait le bras du Seigneur irrité ; ne peut-on pas supposer que, de nos jours, cet élan spontané et persistant du bon peuple de Nice vers la Vierge de Cimiez, sa protectrice séculaire, a fait aussi triompher la miséricorde et détourné de notre cité, — qui a tant besoin parfois que Dieu ferme les yeux sur ses folles joies et ses péchés, — les plus redoutables fléaux ?

EPILOGUE

LE SANCTUAIRE ET LE COUVENT DE CIMIEZ
A L'HEURE ACTUELLE

EPILOGUE

Le sanctuaire et le couvent de Cimiez à l'heure actuelle

Les abords du sanctuaire et du couvent : les chênes et la croix. — Le portique de l'église et ses inscriptions. — L'intérieur du vaisseau. — Le PRESBYTERIUM *et le maître-autel. — Les peintures dans leur ensemble et leurs détails. — Les chapelles et deux tableaux de Louis Bréa. — Le chœur des religieux : les stalles, les livres de chant, une troisième œuvre de Bréa. — La sacristie, sa chapelle et ses peintures. — Les bâtiments et le jardin du couvent. — Deux joyaux que Nice saura conserver.*

A ceux qui n'ont pas visité Cimiez, ou qui n'en ont pas conservé un souvenir suffisamment précis, il nous reste à donner une description fidèle et quelque peu détaillée de l'église et du couvent, tels qu'ils existent à l'heure présente.

Une large place, plantée de chênes séculaires, — dont le plus vigoureux couvre de ses rameaux touffus une superficie de 400 mètres carrés, — précède les bâtiments. Elle est ornée, à l'une de ses extrémités, d'une magnifique croix de marbre blanc.

Cette croix est très ancienne. Ainsi que nous l'avons dit plus haut, elle fut érigée à Nice, dès 1477, près du couvent des Conventuels[1]. Renversée pendant la tourmente révolutionnaire, elle fut sauvée de la destruction par un habitant de la cité, nommé Sardina, qui la recueillit et parvint, pendant plusieurs années, à la tenir cachée dans une écurie. Après le Concordat, le 19 juin 1804, elle fut transportée à Cimiez et, le 13 juillet suivant, dressée à l'endroit où elle se trouve encore actuellement[2].

Élevée sur une colonne torse, elle soutient, du côté du midi, à sa partie centrale, un Séraphin crucifié, qui rappelle la stigmatisation du Patriarche d'Assise. Sur cette même face, à ses trois extrémités tréflées, sont sculptés saint François, saint Louis de Toulouse et un pélican ; sur le côté nord, au centre, la sainte Vierge ; aux extrémités latérales, saint Bernardin de Sienne et sainte Claire ; en haut, le Père éternel, ou plutôt le Sauveur, tenant le globe du monde dans sa main. Au-dessous et sur la double face du chapiteau, deux écussons armoriés, dont le

1. Voir ci-dessus, Ire par., ch. I.

2. A la dernière page du *deuxième registre des baptêmes* des archives paroissiales on lit : « *Memoria : L'anno 1804, alli 19 giugno, si è trasportata da Nizza in Cimella la Croce di Marmo che esisteva nella piazza di S. Francesco in Nizza, ed alli 13 luglio del med° anno, è stata piantata in questa piazza di Cimella in retta linea della porta del Cemetterio* (sic). — *Fr. Gio. Antonio di Pigna*, M. R. »

premier porte trois poissons posés l'un au-dessus de l'autre, le second, un arbre déraciné au chef chargé de trois étoiles. Sur trois côtés du cordon supérieur du chapiteau, dont les angles sont fort endommagés, court l'inscription suivante ; quelques lettres sont frustes ou manquantes :

Hoc OPVS. FIERI. FECIT. VENERABILIS. FRATER. LVDOVIC*us*.
TERRINI. ORDINIS. MINORVM. IIVI*us*.
*c*ONVENTUS. MCCCCLXXVII. DIE. V. IVNII.

« Ce travail a été exécuté par les ordres de Vénérable Frère Louis Terrini, de l'ordre des Mineurs, religieux de ce couvent. 5 juin 1477. »

D'après le comte Eugène de Pierlas, les armoiries susmentionnées seraient celles des familles Sardina et de May, bienfaitrices, sans doute, des Conventuels [1].

Le sanctuaire de Notre-Dame de Cimiez s'annonce par une façade de style gothique, avec clochetons élancés que surmontent les armes de l'ordre, fenêtres à meneaux et élégantes rosaces. En avant est construit un porche élevé de quatre degrés, qui règnent sur toute la largeur de l'édifice. D'après une opinion assez accréditée, ces marches proviendraient, au moins en partie, des ruines d'un temple de Diane, bâti en ce même endroit au temps de l'ancienne ville. Quoi qu'il en soit, la galerie, nous l'avons déjà signalé, ne date que de 1662.

Les ornementations en grisaille et les peintures

1. E. Cais de Pierlas, *La ville de Nice pendant le premier siècle de la domination des princes de Savoie*, p. 296.

qui en couvrent les parois sont modernes et sans la moindre valeur artistique ; elles remplacent des décorations plus anciennes et, paraît-il, moins médiocres, que le temps avait dégradées. Les courbures de la voûte et de fausses colonnes en couleur divisent le tout en neuf panneaux ; celui du milieu est occupé par la porte d'entrée[1].

A droite et à gauche de cette porte, deux grandes inscriptions en italien, simplement peintes sur la chaux, frappent les regards. Dictées, en 1858, par le littérateur Tommaseo, elles résument, en peu de mots, l'histoire du pays :

CIMELLA
GRECA COLONIA RINFUSOVI SANGUE ROMANO
CON MONUMENTI PAGANI E CRISTIANI
METROPOLI CIVILE E RELIGIOSA DELL' ALPI MARITTIME
EBBE APOSTOLO BARNABA
DIEDE ALLA SPAGNA DUE MARTIRI
CHE LE RITORNARONO PROTETTORI IMMORTALI
ALBOINO L'ARSE
CARLO MAGNO FECE DELLE RUINE CONTEA.

« Cimiez, colonie grecque mêlée de sang romain, riche en monuments païens et chrétiens, métropole civile et religieuse des Alpes-Maritimes, eut pour apôtre saint Barnabé, donna à l'Espagne deux martyrs qui devinrent ses protecteurs immortels ; Alboin la brûla, Charlemagne érigea ses ruines en comté. »

1. Au-dessus de cette porte, se trouvait autrefois une statue en marbre de la sainte Vierge. Elle est remplacée maintenant par une peinture qui représente le monogramme du nom de Marie entre deux anges et porte cette inscription : *Deiparæ in cœlum assumptæ sacrum.*

CHIESA
SORTA SULLE RUINE DEL TEMPIO DI DIANA
VERSO IL SECOLO IX
PRIMO SANTUARIO DI M. V. NELLE ALPI MARITTIME
NEL XVI DATA DAI MM. BENEDETTINI AI PP. FRANCESCANI
AMPLIATA D'ALLORA
E ABBELLITA DI FACCIATA E DIPINTI
TESTIMONIANZA DELLA PIETA DE' PASSATI
PROMESSA E ISPIRAZIONE AI VENTURI
1858

« Eglise élevée sur les ruines du temple de Diane, vers le IXe siècle, premier sanctuaire dédié à la Vierge Marie dans les Alpes-Maritimes[1], cédée par les moines de Saint-Benoît aux Pères Franciscains dans le XVIe siècle, agrandie, depuis lors, et ornée d'une façade et de peintures ; témoignage de la piété des anciens, gage de protection et d'espoir pour les générations à venir. »

Les panneaux qui, sur le mur de face, font suite, de part et d'autre, à ces inscriptions, représentent la sainte Vierge évanouie et le Sauveur inanimé entre les bras des anges, puis les armoiries, deux fois répétées, de la famille séraphique. Ces armoiries, on le sait, se composent d'un écusson à quatre compartiments, où figurent : deux bras entrecroisés sous une croix, celui de saint François et celui du Christ, dont le *Poverello* a été ici-bas la plus parfaite copie ; un séraphin à six ailes, en mémoire de la stigmatisation ; les cinq plaies du Rédempteur, symbole de la dévotion du Patriarche d'Assise et de ses ordres

1. Cette assertion, qui suppose, contre toute vraisemblance, qu'aucun sanctuaire n'aurait été consacré à la sainte Vierge dans les Alpes-Maritimes avant le IXe siècle, est manifestement erronée.

à la Passion ; enfin, la quintuple croix de la Terre-Sainte, dont les Frères Mineurs, depuis sept siècles, gardent les sanctuaires. Le Sacré-Cœur, environné de la couronne d'épines, — parce que de tout temps les Franciscains ont pratiqué et propagé son culte, — surmonte l'écusson qu'entoure, en outre, le collier de la Toison d'or, rappelant que les généraux de l'ordre sont, de droit et *ipso facto*, grands d'Espagne. Comme *supports*, d'un côté, des branches de laurier avec la tiare, le chapeau cardinalice, la mitre, la barette de docteur, emblèmes des dignités ecclésiastiques dont ces moines mendiants ont été, en foule, revêtus ; de l'autre, les mêmes rameaux avec les couronnes impériale, royale et nobiliaire, allusion aux potentats et aux seigneurs de tout rang qui ont à l'envi embrassé leur pauvreté et professé leur règle. Plus bas, l'étendard du saint Nom de Jésus, que les Frères Mineurs ont arboré jusque sur les champs de bataille, la palme du martyre et les lis de la chasteté.

Les deux derniers panneaux, ceux des murs latéraux, contiennent des scènes tirées de la légende franciscaine : le mendiant d'Assise soutenant de ses mains l'église de Latran, image de l'Église catholique, et le Christ lui dictant sa règle. Ces tableaux sont surmontés, le premier de la pierre sculptée et armoriée que firent placer, au XVIIe siècle, les comtes Caissotti de Roubion et dont nous avons ailleurs rapporté l'inscription ; le second, d'un écusson ou cartouche sur lequel est écrite l'une des promesses faites par Dieu au fondateur des Mineurs :

EGO
PARS ET HÆREDITAS
EORUM ERO
QUANDIU CURAVERINT
UT HANC REGULAM OBSERVENT
ET QUO MAJOR EORUM
NUMERUS EO MAJOR IN EOS
MEA VIDEBITUR
PROVIDENTIA

« Moi, je serai leur partage et leur héritage, tant qu'ils auront soin d'observer cette règle; et plus leur nombre augmentera, plus ma providence se manifestera à leur égard. »

Le pavé de l'atrium, en mosaïque grossière, est décoré, au centre, des armes des Caissotti de Roubion, un aigle écartelé surmonté d'une couronne de comte, avec les dates 1662, 1695.

A l'intérieur, l'ensemble du vaisseau, — ce que nous avons dit de ses constructions et de ses modifications successives suffit à le faire comprendre, — ne se rapporte ni à une seule époque ni à un seul style. Du premier coup d'œil, on saisit sans peine quel est actuellement le genre architectural de l'édifice.

L'ogive ne se montre plus que dans les arceaux de l'antique voûte et dans la façade. Tout le reste appartient au style grec. Aux autels des chapelles, notamment, on voit le chapiteau composite supporter les attiques à pans coupés et ornés de rinceaux et de statues. L'unique nef se partage géométriquement en quatre grands carrés, délimités par les colonnes sur lesquelles viennent reposer les nervures des voûtes.

Le carré supérieur, élevé de plusieurs degrés, forme le *presbyterium* ou sanctuaire. Les marches, le pavé, la balustrade, sont en marbre blanc. Au fond se dresse le maître-autel, dont le retable en bois, d'une grande hauteur, est un magnifique morceau de sculpture que nous a légué le XVIIe siècle. Malheureusement la main du temps est venue quelque peu ternir les brillantes dorures qui le recouvraient entièrement.

Ce retable, qui, dans son ensemble, affecte la forme d'un portique de style Renaissance, se compose de dix colonnes cannelées, richement revêtues d'ornementations à leur partie inférieure et supportant un entablement de même genre. Entre les deux colonnes du milieu, s'ouvre une arcature avec niche, où se trouve la statue miraculeuse de la Madone. En bois massif, fort ancienne, bien qu'elle ait été quelque peu retouchée au XIXe siècle, cette statue représente Marie revêtue du manteau royal et portant, sur le bras droit, l'Enfant Jésus, à demi nu, qui la caresse et qui bénit. Elle avait autrefois un livre dans la main gauche, maintenant elle étend vers les fidèles cette main entourée de rayons, symbole des faveurs et des grâces. Un haut-relief, qui offre l'image d'un ange entre deux fleurs, sert de base à la niche, au-dessous de laquelle, entre deux anges tenant des chandeliers, existe, en outre, une sorte d'armoire (sans doute le tabernacle de l'autel primitif), dont

Maître-autel et sanctuaire de l'église de Notre-Dame de Cimiez.

les portes sont ornées de deux figures : saint Pierre et saint Paul.

Les autres entrecolonnements, de part et d'autre, sont occupés par des hauts-reliefs représentant saint François et saint Dominique[1], par des panneaux à jour artistement et gracieusement ouvragés comme une dentelle, par deux niches avec statues presque de grandeur naturelle, saint Antoine de Padoue et saint Didace, enfin par deux autres panneaux ajourés.

Les statues de saint Antoine et de saint Didace[2], comme aussi les hauts-reliefs de saint François et de saint Dominique, sont *à divers effets* de peinture : suivant la position du spectateur, la lumière fait paraître les habits religieux dont sont revêtus les saints tantôt entièrement chamarrés de dessins d'or, tantôt avec leurs teintes naturelles.

La partie supérieure du retable est surtout d'une incomparable richesse de sculpture.

Au-dessus de la niche centrale voltigent deux anges, qui soutiennent une large couronne impériale surmontée de la croix. Des anges aussi, placés sur la corniche des colonnes, au milieu de rameaux et de capricieuses volutes, supportent une sorte de balustre, élégamment découpé, orné d'un médaillon

1. Deux petites peintures sur bois, au-dessus de ces saints, représentent la Vierge et l'archange Gabriel.

2. Au-dessous des deux niches qui renferment ces statues, sont deux peintures à demi effacées : le miracle du pied coupé guéri par saint Antoine et celui de l'enfant sauvé des flammes d'un four par saint Didace.

avec les mots *Fons gratiarum* et sur lequel vient s'appuyer un fronton semicirculaire, sculpté lui-même de têtes d'anges et de nuages environnant la mystique colombe, emblème du Sain t-Esprit. Le tout est encore surélevé et terminé par un haut-relief représentant le Père éternel.

Les niches latérales ont aussi des frontons semi-circulaires ornés de têtes de chérubins; au-dessus sont des balustres et encore des anges tenant des écussons armoriés du blason de l'ordre séraphique et des cinq plaies du Sauveur. Enfin, debout sur les deux dernières colonnes, deux autres anges, sonnant de la trompette, complètent le décor.

A la partie tout à fait inférieure, de chaque côté de l'autel proprement dit, entre des pilastres formés d'anges à demi-corps, des portes en relief ouvrent sur le chœur intérieur.

Devant la statue de la Vierge des grâces, nous l'avons dit, ont été épanchées et sont épanchées, chaque jour, bien des larmes et bien des joies de mères, d'épouses, de fiancées, d'âmes éprouvées et angoissées; aussi, en témoignage d'amour et de reconnaissance, est-elle couronnée d'un diadème en vermeil et parée de cœurs en argent. D'autres cœurs, placés dans des cadres, et attachés à l'autel, sont les *ex-voto* offerts par différentes paroisses de Nice, lors du tremblement de terre de 1887.

Toutes les voûtes et une partie des murs de l'église sont recouvertes de peintures. Les trois premières travées, notamment, sont ornées de fresques achevées en 1859 et dues au pinceau d'un artiste

Saint François recevant les stigmates,
retable en bois sculpté de la chapelle de la sacristie.

vénitien, le chevalier Giacomelli. Ces fresques, qui se distinguent, entre autres mérites, par la correction du dessin, la vivacité du ton, la sage disposition des ombres, la richesse des draperies, l'énergie et la vérité de l'expression, font l'admiration des nombreux étrangers, touristes et amateurs, qui viennent les visiter. Séparées les unes des autres par les nervures ogivales et entrecroisées de la voûte, elles forment dans leur ensemble comme un poème saisissant qui chante la gloire de l'ordre séraphique et résume son rôle et ses œuvres.

C'est d'abord dans la première travée, en entrant dans l'église : saint Bonaventure, que le Docteur Angélique trouve écrivant la vie du patriarche des pauvres ; le bienheureux Duns Scot [1] défendant victorieusement, au milieu d'une assemblée de docteurs, l'immaculée conception de Marie ; saint Antoine de Padoue évangélisant, en pleine campagne, une foule immense ; enfin saint Bernardin de Sienne apaisant, par sa parole inspirée, les discordes intestines de sa patrie.

La voûte de la travée suivante retrace quelques-uns des principaux faits de la vie de saint François : d'abord la confirmation solennelle de sa règle par le pape Innocent III et la concession de l'indulgence

1. Duns Scot est en possession du titre de Bienheureux et jouit, en certains lieux, d'un culte immémorial que l'ordre franciscain travaille, en ce moment, à faire confirmer par le Saint-Siège. — Voir R. Père Léon Patrem, Fr. Min., *Tableau syn. de l'Hist. de l'Ordre Séraph.*, p. 121. et *Acta ordinis Fratrum Minorum* ; avril, juin et septembre 1900.

de la Portioncule, — ce sont les tableaux les plus généralement admirés, — puis la stigmatisation du *Poverello* sur le mont Alverne; enfin le départ des premiers ouvriers évangéliques de l'ordre des Frères Mineurs.

A la suite de ces compositions, et pour les compléter, ce semble, l'artiste a voulu commenter, en les personnifiant, les premières paroles de la loi franciscaine : « La règle des Frères Mineurs, c'est d'observer le saint Evangile. » Il a donc peint, dans la troisième travée, les quatre évangélistes : saint Mathieu, qui répare ses usures passées en pratiquant, aux portes de Capharnaüm, le précepte de l'aumône; saint Marc apportant au peuple d'Alexandrie la bonne nouvelle; saint Luc interrompant ses autres travaux pour reproduire les traits de la Mère de Dieu, qui se présente à lui dans une vision radieuse; enfin, saint Jean à Pathmos, contemplant de son regard d'aigle les derniers jours du monde qui se déroulent devant lui.

Les peintures de la quatrième travée, c'est-à-dire de la partie qui sert de sanctuaire et au fond de laquelle s'élève l'autel, sont, à tout point de vue, de beaucoup inférieures à celles de Giacomelli que nous venons de décrire. Elles datent de 1844 et furent exécutées par M. Hercule Trachel, de Nice.

Les compartiments de la voûte représentent l'Assomption, les apothéoses de saint François et de sainte Claire, enfin un chœur d'anges jouant de la harpe et de la cithare. Quant aux deux parois des murs parallèles, elles offrent aux regards saint Louis, roi de France et Tertiaire, mourant sur les plages d'Afrique; sainte Elisabeth de Hongrie distribuant ses aumônes aux miséreux ; saint Bonaventure assistant au Concile œcuménique de Lyon ; saint Léonard de Port-Maurice prêchant aux multitudes.

Les quatre premières chapelles de l'église sont dédiées à des saints de la famille séraphique. Ce sont, du côté de l'évangile, celles de saint Antoine et de saint Pierre d'Alcantara: du côté de l'épître, celles de saint François et de saint Pascal Baylon. Leurs autels ont des colonnes de stuc, d'un assez bel effet, et des tableaux médiocres. Ces tableaux représentent : 1° le Thaumaturge de Padoue en extase devant la Vierge-Mère et l'Enfant-Dieu; 2° saint Pierre d'Alcantara contemplant également la Reine des Anges (le cadre porte la mention : *Joannes Baptista Passadescus pinxit, anno 1692*); 3° la Madone ayant à ses pieds saint François, saint Antoine, saint Louis de Toulouse, saint Jean-Baptiste[1]; 4° saint Pascal en prière devant le Saint-Sacrement[2].

1. Au fronton de l'autel de Saint-François, se voient trois écussons : celui du milieu reproduit les armes de l'Ordre Séraphique ; sur les deux autres sont inscrites ces paroles, qui forment l'une des antiennes de l'office de saint François : « *Sanctus Franciscus, prœviis orationum studiis quid faciat instructus, — non sibi soli vivere sed aliis proficere vult, zelo Dei ductus.* — Instruit à l'école de l'oraison sur ce qu'il doit accomplir ici-bas, François ne veut pas vivre uniquement pour lui-même; mais enflammé d'un zèle divin, il ambitionne d'être utile aux autres. »

2. Plusieurs autres tableaux, sans nulle valeur artistique, sont placés sous les arcades qui font communiquer les chapelles entre elles. Ce sont, à droite : *Saint Pierre Régalat ; le bienheureux Egide,* faisant sortir de terre trois lis pour attester la triple virginité de

Les deux chapelles les plus rapprochées du *presbyterium* sont maintenant consacrées, celle du côté de l'évangile au Crucifix, celle du côté de l'épître à Notre-Dame des Sept-Douleurs. Elles offrent surtout à l'attention du visiteur d'admirables peintures sur bois, formant retables, œuvres originales d'un artiste niçois de la fin du XVe et du commencement du XVIe siècle, Louis Bréa [1].

Ces tableaux, représentant, l'un le Christ crucifié, l'autre le Christ déposé de la croix, sont considérés à Cimiez comme un héritage de famille. Ils proviennent, en effet, de l'ancien couvent de Sainte-Croix [2]. Ils rappellent, de plus, dit-on, le souvenir de l'illustre Villiers de l'Isle-Adam, grand-maître de l'ordre de Saint-Jean de Jérusalem; il les aurait offerts aux religieux, en 1529, lors de son départ de Nice, où il résidait depuis la prise de Rhodes.

En tout cas, ils ne dépareraient pas les plus riches musées. A la fraîcheur du coloris, à la sûreté du pinceau, à la perfection de l'exécution technique, se joignent dans ces œuvres une science profonde de l'expression et un souffle puissant d'inspiration reli-

Marie, *Virgo ante partum, virgo in partu, virgo post partum ; Saint Bérard, martyr;* à gauche : *Saint Louis* et *Sainte Elisabeth*, Tertiaires ; dans la chapelle de Saint-Antoine : *Sainte Claire*.

1. Né à Nice, Louis Bréa étudia à Rome et à Naples. Gênes et les villes environnantes conservent plusieurs de ses tableaux.

2. Si conservano due bellissime sopra modo anchone della chiesa vecchia, una della Santa-Croce ; l'altra, la pietà ; e sono in grandissima stima, e in questi contorni non vene sono simili. — *Archives du couvent de Cimiez : Relationi fatte da Fra Filippo del Maro per ordine del Rmo Padre Fra Giovanni da Napoli, Ministro generale, 1646.*

Le Christ déposé de la croix
(Tableau de L. Bréa, commencement du XVIe siècle).

gieuse. Vraiment les personnages y vivent, y palpitent; dans leurs attitudes, dans leurs gestes, sur leurs visages, les sentiments de leurs âmes éclatent, idéals, mais réels pourtant, naturels et sublimes.

Combien on aime à contempler dans la peinture de la chapelle du Crucifix, par exemple, la divine résignation du Sauveur cloué sur le bois d'ignominie, l'amoureuse compassion de Madeleine se précipitant au pied de la croix, la muette douleur de la Vierge Mère tombant à demi inanimée entre les bras des saintes femmes et de saint Jean; enfin les regards remplis d'un feu tout céleste du Séraphin d'Assise et de saint Jérôme, qui, ainsi que le peintre lui-même, vêtu en seigneur de l'époque, viennent, par un heureux anachronisme, figurer dans ce drame! On admire, en outre, dans les deux angles supérieurs du retable, deux figures de prophètes, David et Isaïe [1]; sur les bordures latérales formant encadrement, six figures de saints : saint Bonaventure, saint Antoine, saint Honorat, saint Louis de Toulouse, sainte Catherine, sainte Hélène; et enfin, sur le soubassement, une série de délicieuses miniatures : la trahison de Judas, la flagellation, l'*Ecce homo*, le couronnement d'épines, le portement de la croix.

Dans l'autre tableau, la Vierge apparaît soutenant le corps de son Fils ensanglanté et en partie

1. Ils tiennent des banderoles sur lesquelles sont écrits ces mots : *Foderunt manus meas et pedes meos, dinumeraverunt.* — *Vere languores nostros ipse tulit et dolores nostros portavit. Isaias pro.*

étendu sur la pierre de l'onction. Au second plan, entre saint Jean et la Madeleine en larmes, se tient un groupe de saintes femmes qui personnifie et traduit d'une façon merveilleuse les diversités de la douleur. Aux extrémités, à droite et à gauche, Joseph d'Arimathie et Nicodème ; dans le fond, et formant un curieux paysage, le calvaire et la ville déicide. Sur le soubassement du retable, le peintre a représenté cinq épisodes se rattachant au miracle de la résurrection du Sauveur : la mise au tombeau, les gardes veillant, l'ange renversant la pierre, la visite des trois Marie, l'apparition de Jésus à Madeleine; en haut du tableau, comme fronton, le Christ sortant glorieux du sépulcre.

Dans l'intérieur de l'autel de la chapelle du Crucifix, derrière un panneau mobile, est couchée une antique statue du Christ au tombeau, en bois peint, d'un effet saisissant.

Une sorte de petit oratoire, ajouté vers 1857 à cette même chapelle, renferme maintenant les reliques de sainte Victoire et de saint Chrysomolus, dont nous avons déjà parlé. Le squelette de la vierge martyre est toujours à peu près intact, mais a pris une couleur noire. Revêtu d'une riche tunique de soie rose brodée d'or, il repose dans une grande châsse fort décorée et garnie d'un cristal ; aux pieds se trouvent une fiole de sang, une palme et une couronne. Les ossements de saint Chrysomolus sont conservés dans une urne superbe d'argent et de cuivre doré, portant les armes des Gubernatis.

A l'entrée de l'oratoire, est placée une madone

russe, sur fond or, don d'un riche étranger. Du côté opposé de l'église, dans la chapelle de Notre-Dame des Sept-Douleurs, au-dessus de la porte qui conduit au couvent, se voit une peinture sur bois, avec encadrement ovale sculpté : la Vierge au cœur percé d'un glaive. Elle a été offerte par M. le baron Héraud.

La chaire, placée du côté droit de la nef, est en vieux noyer, avec cul-de-lampe et supports artistement fouillés. Elle date de 1663[1]. Suivant la mode italienne, un grand crucifix en couleur est planté sur l'un de ses côtés.

Situé derrière le maître-autel, dont le retable, nous l'avons vu, est extrêmement élevé, le chœur des religieux n'a de communication avec l'église que par deux portes sculptées, s'ouvrant de chaque côté. Sa noble et sévère simplicité, si conforme à la pauvreté franciscaine, présente un contraste frappant avec le reste de l'édifice, destiné surtout au public. Il a la forme d'un carré long, surmonté d'un dôme, et son principal ornement consiste dans un double rang de stalles en noyer, portant la date de 1673, et que le temps a décorées d'un éclat comparable à celui du plus beau vernis[2]. Au centre s'élève un lutrin à trois faces, sur lequel se placent les livres d'office.

Ces in-folios, au nombre de dix, sont écrits tout entiers à la main, en caractères gothiques, sur des feuilles de parchemin ; ils sont ornés, en outre,

1. *Archives de Cimiez : Livre des Vêtures de 1605 à 1724.*

2. Cette date de 1673 se trouve au bas d'un médaillon sculpté, portant le monogramme du nom de Jésus, qui surmonte la stalle du milieu.

d'élégantes vignettes et de miniatures du meilleur goût. Ils ont été exécutés, il y a plus de deux siècles, par des religieux du couvent.

Au frontispice du premier volume, au milieu d'une page d'enluminures que certains artistes émérites ne désavoueraient pas, on lit une annotation latine, dont voici la traduction :

« Au nom de Notre-Seigneur Jésus-Christ, commence le psautier, selon le rite romain, à l'usage des Frères Mineurs de la plus étroite observance, établis au couvent de Sainte-Marie de Cimiez près Nice. — L'an du Seigneur 1668. — Un des religieux de cette communauté s'est chargé dévotement du soin d'écrire ; un autre a fait les peintures, sous l'inspiration de sa ferveur [1]. »

Le chœur possède aussi un tableau sur bois, de Bréa, des plus remarquables. Bien que renfermé en un seul cadre, il est divisé en trois panneaux différents. Celui du milieu représente Notre-Dame-des-Douleurs, tenant sur ses genoux le corps inanimé de son Fils, au pied de la croix qu'environnent les anges ; celui de droite, saint Martin de Tours, à cheval, donnant la moitié de son manteau à un pauvre ; celui de gauche, sainte Catherine avec la roue, instrument de son supplice.

Cette peinture, qui date de 1475, est loin d'être

1. *In nomine Dni Nri Jesu Christi. Amen. — Incipit psalterium secundum formam S. R. Ecclesiæ. Ad usum Fratrum Min. strict. obs. in conventu S. M. de Cimellis extra civitatem Niciensem commorantium. — Anno Dni MDCXXXXXXXVIII, Duodecimo Kalendas Januarii. — Quidam ex supradictis Fratribus ejusdemque civitatis devote scribebat, alter vero fervide pingebat.*

Les ruines des arènes de Cimiez.

aussi bien conservée que les deux autres tableaux du même artiste dont nous avons déjà parlé. Le temps et l'action de la vive lumière en ont trop terni les teintes pour qu'elle puisse être, sans un examen attentif, appréciée à sa juste valeur.

Quoi qu'il en soit, au bas du panneau du milieu on lit cette inscription latine :

« *Hoc opus fecit fieri quondam nobilis Martinus de Rala, cujus executor fuit nobilis Dominus Jacobus Galeani, 1475, die XXV junii, et Ludovicus Brea pinxit* — Noble Martin de Rala a donné jadis ordre de faire ce tableau ; noble seigneur Jacques Galéani a été l'exécuteur de ses volontés, le 25 juin 1475 ; et Louis Bréa a été le peintre[1]. »

La sacristie, sous certains rapports, offre un grand intérêt. Elle est garnie de buffets en noyer et ses murs sont revêtus, presque jusqu'à la naissance des voûtes, de boiseries qui encadrent toute une série de vieilles toiles représentant des saints et des bienheureux franciscains. Ce sont, en commençant à main droite en entrant : le bienheureux Bernardin de Feltre, le bienheureux Albert de Sarthiano, le bienheureux André Robert de Barcelonnette, martyr, le bienheureux Jérôme Garibbo de Nice, le bienheureux Christophe de Cahors, disciple de saint François, saint François Solano, le Patriarche d'Assise recevant les stigmates[2], le bienheureux Candide Ranzo de

1. Un médiocre tableau, *Saint Pierre d'Alcantara ravi en extase*, fait face à ce chef-d'œuvre.

2. Un petit tableau de *Saint Joseph* surmonte celui de *la Stigmatisation*.

Verceil, le bienheureux Ange de Chivasso, le bienheureux Georges de Vicono, le bienheureux Junipère, compagnon de saint François, le bienheureux Chérubin de Spolète, le bienheureux Amédée de Portugal.

Plusieurs de ces peintures, celles des bienheureux Albert de Sarthiano, André Robert de Barcelonnette, Jérôme Garibbo de Nice, Christophe de Cahors, Candide de Verceil, Georges de Vicono, Junipère, Chérubin de Spolète, Amédée de Portugal, ont une importance hagiographique et liturgique toute particulière ; par les inscriptions qui les accompagnent[1], elles constatent, en effet, le titre de Bienheureux accordé à ces saints personnages, et en les mettant sur le même pied que les bienheureux Bernardin de Feltre, Ange de Chivasso, etc., elles attestent le culte immémorial et permanent dont ils étaient encore l'objet au XVIIe siècle, bien que n'ayant pas été béatifiés suivant les formes modernes.

Auprès de la porte d'entrée, se trouvent, en outre, deux cadres détachés, saint Pascal ayant à ses pieds un seigneur[2], et un Bienheureux de l'Ordre en contemplation devant une croix au centre de laquelle, dans un cœur enflammé, apparaît l'Enfant Jésus.

1. B. Andreas Robertus Barcenonensis, martyr. — B. Hieronymus Garibus Niciensis. — B. Christophorus, S. Francisci socius. — B. Candidus Ranzus Vercelensis. — B. Georgius a Vicono. — B. Juniperus, S. Francisci socius. — B. Cherubinus Spoletanus. — B. Amedeus Lusitanus.

2. Ce cadre porte l'inscription : « B. Paschale Bailon Minor Oss.^e^ Rif.^o^ scritto nel numero dei B^ti^ dalla S. D. N. S. Papa Paolo V, li 29 ottobre 1618. » Il est donc antérieur à la canonisation de saint Pascal, qui eut lieu en 1689, sous Alexandre VIII.

La partie supérieure des murs et la voûte quadrangulaire de cette sacristie sont revêtues d'une ornementation des plus riches dans le goût de la Renaissance. Au-dessus d'une frise, sur les parois demi-circulaires limitées par les arcatures, sont peints, au milieu d'encadrements formés de rameaux et de fruits et que dominent des Séraphins, des *emblèmes* analogues à ceux que nous avons déjà signalés comme existant dans le couvent, mais d'une exécution plus soignée. Des *devises,* placées au-dessus, s'y rapportent et expliquent chacun d'eux.

Voici ces emblèmes avec leurs devises respectives :

Un dragon en face du soleil : « *Non inficit alta.* Il ne saurait atteindre l'astre du jour de son venin. »

Une perle dans une coquille : « *Concepta sereno.* C'est au sein du calme des flots qu'elle prend naissance. »

Un lis et des fleurs sur une couche de fumier : « *Ex fœtido purus.* Il s'élève pur du milieu de la corruption. »

Une porte fermée : « *Non aperietur.* Elle ne sera pas ouverte. »

Le croissant de la lune au-dessus d'une tour : « *Tamen nitet luna.* La lune n'en resplendit pas moins. »

Le soleil au-dessus d'un village : « *Solus non soli.* Bien qu'il soit seul, il ne brille pas pour un seul. »

Un miroir : « *Flatus irritus odit.* Un simple souffle le ternit. »

Une rose : « *Sic innoxia floret.* Elle fleurit ainsi sans nuire.

Des arbres en fleurs et une main tenant un anneau orné d'une pierre précieuse : « *Omni macula carens*. Il n'y a pas de tache en elle. »

Le soleil levant : « *Hinc procul umbræ*. Loin d'ici les ténèbres. »

Les voussures et les arêtes de la voûte sont décorées d'arabesques. Les sommets de ces voussures et les espaces compris entre elles sont occupés par des vases de fleurs, surmontés d'oiseaux et dont les deux principaux reposent sur des cartouches portant les mots : *Modestia, Silentium*. Au centre, dans un large médaillon octogonal avec guirlandes, est une Immaculée Conception.

A la sacristie est annexée une chapelle. On y voit, au-dessus de l'autel, une vieille et fort curieuse sculpture en bois. Elle représente, avec une incomparable naïveté de détails, la stigmatisation. Au premier plan, saint François est agenouillé, les mains étendues, les yeux levés vers le ciel, d'où descend le Séraphin[1]. En face de lui, Frère Léon, dans l'attitude de l'étonnement, tient un chapelet[2]. Au second plan, les rochers, étrangement escarpés, de l'Alverne,

1. Les rayons de lumière dont le Séraphin, — suspendu en dehors du tableau, — perce le corps de saint François sont pittoresquement figurés par des ficelles,

2. L'origine du chapelet proprement dit, consistant en une série de grains enfilés, sur lesquels on récite un nombre déterminé de prières, remonte, tout au moins, aux premiers solitaires d'Egypte, au IVe siècle. C'est surtout à l'époque des premières Croisades, semble-t-il, que l'usage s'en propagea en Occident, où il était quasi général au XIIe siècle, bien avant saint François, saint Antoine et saint Dominique.

entre lesquels s'élève une petite chapelle avec son clocheton et sa cloche. Un cerf, un loup et un faucon prennent leurs ébats sur ces cimes abruptes ; un chien et un troupeau de moutons y gravissent, ainsi qu'un mulet chargé de paquets et que suit le muletier. Ce dernier, de même qu'un paysan qui, tout en bas, sort d'une cahute de paille, semble n'en pas croire ses yeux ; car il a pris la lumière merveilleuse dont le Séraphin a embrasé la montagne pour le lever du jour.

La voûte de la chapelle où nous sommes est, elle aussi, entièrement couverte de peintures, simulant des voussures et autres motifs d'architecture entremêlés d'anges, de médaillons, de guirlandes de fleurs et de fruits. Aux quatre angles, les anges tiennent des banderoles où se lisent :

Jesus flos Matris Virginis, — Amor nostræ dulcedinis, — Tibi, laus, honor nominis, — Regnum beatitudinis.

Jesum omnes agnoscite ; — Amorem ejus poscite ; — Jesum ardenter quærite, — Quærendo inardescite[1].

« Jésus, fleur d'une mère vierge, objet de notre amour le plus doux, à vous la louange, la gloire d'un nom immortel, le royaume de la béatitude.

« Apprenez tous à connaître Jésus ; demandez son amour ; cherchez-le de toute l'ardeur de votre âme et, en le cherchant, embrasez-vous d'un feu divin. »

1. Ce sont deux strophes des hymnes de la fête du saint Nom de Jésus, au Bréviaire romano-séraphique.

Dans les voussures que figure l'ornementation, se retrouvent, encore et toujours, des *emblèmes* avec *devises* :

Au-dessus de l'autel, une touffe de fleurs : « *Fert gaudia cordi.* Elle donne la joie au cœur. »

En continuant à droite, un animal ressemblant à une belette, au poil moitié blanc moitié roux, et regardant la campagne éclairée par la lune : « *Altra vista non fia che mi consoli.* Il n'y a pas d'autre vue qui me console. »

Un papillon qui se brûle à la flamme d'un cierge : « *M'è più caro il morir che il viver senza.* J'aime mieux mourir que d'en vivre privé. » Sur le piédestal du chandelier qui supporte le cierge où se brûle le papillon, est inscrite la date *1686*, celle évidemment de ces peintures.

Sur le mur du fond, une main tenant une lance. Devise dégradée et illisible.

A gauche, un serpent qui fait le cercle et se gratte la tête avec sa queue : « *Altro schermo non trovo che mi scampi.* Je ne trouve pas d'autre moyen pour me sauver. »

Une bague avec une émeraude : « *Nè la terra nè il cielo vist ha piu bella.* Ni la terre ni le ciel n'en ont vu de plus belle. »

Le centre de la voûte enfin est occupé par un médaillon entouré, comme bordure, d'une couronne de roses et portant le monogramme du nom de Jésus.

Dans cet oratoire intérieur, on conserve un crucifix en bois des îles, dont le pied est magnifiquement incrusté d'incrustations de cuivre.

On y admire aussi une reproduction, en galvanoplastique, de la magnifique et célèbre statue du *Poverello* due au ciseau d'Alonzo Cano et copiée, de nos jours, à Tolède, par M. Zacharie Astruc[1]. C'est un don du baron de Wykerslooth.

Dans le vestibule qui précède le réfectoire, est une gracieuse statue de la Vierge en marbre blanc, dans le style quelque peu maniéré de l'école de Puget. Elle se trouvait, autrefois, au-dessus de la grande porte de l'église.

L'église et les constructions qui en dépendent, unies aux bâtiments réguliers à l'usage des Pères, donnent à l'ensemble du monastère l'aspect d'un carré long, subdivisé lui-même en deux carrés. Il y a, de la sorte, deux cours inégales, entourées d'une ceinture de galeries sous lesquelles s'ouvrent les différentes portes de service. La première cour, à l'extrémité de laquelle se trouve la grande porte de la maison[2], n'est pas soumise à la clôture ; à son centre est la grande citerne qui fournit de l'eau non seulement aux besoins des religieux, mais encore aux habitants du voisinage et aux passants.

Le couvent a, extérieurement, un aspect simple et

1. Voir *Opinion de la presse sur la célèbre statue de saint François d'Assise copiée par M. Zacharie Astruc* ; Paris, J. Claise, 1875.

2. C'est à la porte d'entrée du couvent que, suivant la vieille coutume franciscaine, se distribue, après-midi, la soupe aux miséreux, qui y forment parfois un groupe des plus lamentablement pittoresques. Leur nombre s'élève, en moyenne, à une cinquantaine par jour, sans compter les mendiants de passage qui se présentent, isolément et incessamment, du matin au soir.

sévère, conformément à sa destination et surtout à la sainte pauvreté que professent ses habitants. Signalons, toutefois, une particularité digne d'attention. Sur la façade méridionale on remarque une grande plaque de marbre blanc portant la date 1876. C'est un cadran solaire très compliqué de curieux détails, œuvre de calcul et de science due, ainsi que nous l'avons dit plus haut, à un Père de Cimiez, le R. Père Ildefonse.

A l'intérieur, le visiteur ami des charmes de la solitude se plaît à contempler les escaliers de pierre aux murs desquels sont accrochées des croix de bois noir que les religieux baisent en passant, les longs corridors sombres sur lesquels s'ouvrent, en files symétriques, les portes grisâtres des cellules, les cellules elles-mêmes voûtées en coupoles et garnies seulement de quelques meubles vermoulus, le réfectoire aux boiseries noircies et aux tables massives[1], la bibliothèque où les in-folios théologiques et canoniques d'autrefois dorment dans la poussière[2], toute cette demeure enfin où les siècles passés ont laissé quelque chose de leur âme et où tout parle de l'éternité.

1. Elles datent de 1663. — *Archives du couvent de Cimiez : Livre des Vêtures de 1605 à 1724.*

2. Outre divers ouvrages curieux, on y voit une mappemonde en carton, dressée par un religieux du couvent, dans la première moitié du XVIIIe siècle, avec indication des voyages maritimes les plus récents faits avant cette époque, et aussi avec des annotations telles que celle-ci : « *Dice : Apri l'occhio, o pilota, perche i scogli sono formidabili cosi intorno l'isola di Capo Verde e alla costa del Brasile :* Ouvre l'œil, ô pilote : les écueils sont formidables aux alentours du Cap Vert et près la côte du Brésil. »

La vallée du Paillon
(Vue prise du couvent des Frères Mineurs de Cimiez).

Çà et là, le long des galeries, aux coins des murs, au-dessus des portes, sont placées des inscriptions et des sentences propres à rappeler aux Frères les vertus et les devoirs de leur état, le sens et le but vrai de la vie.

Sous le cloître de la citerne :

« *Deus meus et omnia.* Mon Dieu et mon tout »

« *Tanto il bene che io aspetto ch'ogni pena m'è diletto.* Si grand est le bien auquel j'aspire que toute peine m'est plaisir. » (Saint François d'Assise.)

« *Le plaisir de mourir sans peine vaut bien la peine de vivre sans plaisir.* » (Saint François de Sales.)

Dans le grand cloître, au bas de deux vieux cadrans solaires :

1721. « *Vides horam. Nescis horam.* Tu vois l'heure et tu ne sais pas l'heure[1]. »

« *Tua hora res mea.* Ton heure m'appartient[2]. »

Vis-à-vis l'entrée du réfectoire :

« *Si tibi non est satis, memento paupertatis.* Si tu manques du nécessaire, souviens-toi de la pauvreté. »

Dans une chambre du premier étage :

« *Fede. Hac pereunte, peris.* Foi ! Lorsqu'elle périt, tu péris. »

« *Spe*(ranza). *Manet ultima.* Espérance ! Elle demeure la dernière. »

Au noviciat, sur la porte :

« *Nisi efficiamini sicut parvuli.* Devenez semblables à de petits enfants. »

1. C'est-à-dire : Tu ne sais pas l'heure de ta mort.
2. C'est Dieu qui est censé parler.

Plus loin :

« *Deus te videt.* Dieu te voit. »

« *Si singillatim cunctis reserare licebit, sin minus haudquaquam tunc prohibere nefas.* S'il est permis d'ouvrir la porte à tous ceux qui se présentent tour à tour ici, il est bien moins défendu encore de la tenir fermée. »

« *Et procul hinc nugæ sint, hinc et inania longe; Virginis obsequiis panditur iste locus.* Loin d'ici les frivolités ; loin d'ici les imaginations vaines : au service de la Vierge sans tache ce lieu doit être consacré. »

A chaque cellule, le nom d'une vertu recommandée à la pratique de celui qui l'habite : *Humilitas, modestia, bonitas, mortificatio, vigilantia, patientia, pietas, charitas, obedientia.*

Au-dessus de l'entrée de la bibliothèque :

« *Intus procul a curis.* En entrant, laisse les soucis dehors. »

Non loin de là :

« *Pax est in cella, foris autem plurima bella.* Dehors règnent des guerres de toute sorte ; dans la cellule habite la paix [1]. »

1. Çà et là, à l'intérieur du couvent, se trouvent quelques vieux tableaux, que nous citons simplement pour mémoire. Dans le cloître de la citerne, une série de cadres, plus ou moins grossiers, retraçant toute *la vie de la sainte Vierge* ; dans la chambre des évêques, *Sainte Thérèse* et une tête de *Bienheureux* assez remarquable ; dans une salle du premier étage, le tableau des trois *Rois Mages* dont il a été question ailleurs, un *Saint Benoît, le Sauveur du monde,* etc. ; dans la cellule où mourut Mgr Novella, quatre toiles semi-circulaires : *la sainte Trinité, l'Immaculée Conception, la Stigmatisation, Saint Antoine avec saint Michel terrassant le démon,* etc. ; au noviciat, *Saint Pascal, Saint Bernardin, Saint*

De fait, aucun bruit ne vient troubler le recueillement ; autour de l'habitation, la solitude est complète ; au pied de la colline viennent, en quelque sorte, expirer le tumulte et le fracas de la ville.

Le jardin, assez vaste, planté de palmiers, de vignes, d'arbres fruitiers, descend en étages inégaux et surplombe la campagne. A l'une de ses extrémités, sur d'énormes pans de murs, débris de constructions romaines, s'élève un bosquet touffu, formé de chênes et bordé de cyprès. De l'autre côté, à pic au-dessus du vallon, s'avance une étroite terrasse. C'est de là, dit-on, qu'en 1691 Catinat combina son plan d'attaque et de bombardement contre le château et la cité[1]. C'est là, — souvenir plus pacifique, — qu'en 1830, les moines offrirent une collation au roi de Piémont, Charles-Félix.

De ce point, comme des fenêtres du couvent, du

Pierre d'Alcantara, Sainte Marguerite de Cortone. deux Martyrs franciscains, Saint Jacques de la Marche, le prophète Daniel, Sainte Anne; le reste ne mérite pas même qu'on y jette un coup d'œil.

Çà et là aussi, sont appendues quelques gravures curieuses : dans le corridor d'entrée et sous le cloître de la citerne, notamment, une longue série de compositions représentant les Bienheureux et Vénérables de l'Ordre et éditées en 1684 par les Frères Mineurs de Vénétie ; au bas de l'escalier descendant au chœur, un *Arbre séraphique* du commencement du XVIIIe siècle ; dans les corridors du premier étage, les trois séries des Saints, des Cardinaux, des Généraux de l'Ordre, gravées à la fin du XVIIIe siècle.

1. Durante rapporte, d'après les Mémoires du temps, que le 13 mars 1691, le maréchal de Catinat prit possession de la colline de Cimiez, établit son quartier général au couvent des Franciscains et se fixa lui-même avec son état-major dans la maison de campagne du comte de Gubernatis. — DURANTE, *Hist. de Nice*, l. VI, ch. III, t. II, p. 518. Turin, 1823.

reste, l'on jouit d'une vue délicieuse, l'on découvre une perspective vraiment enchanteresse.

Du côté du midi, c'est le faubourg de Nice qui s'étend autour du port, au pied du monticule, maintenant boisé, où fut autrefois le château rasé par Louis XIV ; c'est la vieille ville, avec son fouillis de maisons aux toitures rougeâtres, que dominent les tours de Saint-François, de Saint-Dominique et le dôme de Sainte-Réparate ; puis, au delà, c'est la mer, la mer immense, tantôt tout azurée d'un azur intense et profond, tantôt, sous le grand soleil, éblouissante et semblable à une nappe d'argent fondu.

A l'est, c'est une vallée riante et fertile, des jardins d'orangers et de citronniers, au milieu desquels serpente le lit pierreux du Paillon et que dominent fièrement les hauteurs de Montgros et de Montalban, avec leurs flancs couverts de sapins, d'oliviers et de villas éparses, avec leur fort et leur observatoire campés aux deux cimes extrêmes.

Au nord-est, en bas, au premier plan, apparaît l'antique abbaye bénédictine de Saint-Pons[1], avec ses longs bâtiments, son église à façade italienne et son campanile élancé. Derrière, au pied d'énormes mamelons aux versants tapissés de verdure sombre, une gorge sauvage et, en haut, tout en haut, d'un côté, dans une échancrure, un entassement lointain de sommets bleuâtres.

Du bosquet dont nous avons parlé et qui fut, dit-

1. Voir aux PIÈCES JUSTIFICATIVES : XXXIV. *L'abbaye de Saint-Pons.*

on, l'acropole de la ville romaine[1], vers le nord-ouest et l'ouest, le paysage que le regard découvre n'est pas moins magnifique.

Au nord-ouest, la campagne, toute plantée d'oliviers, est comme submergée sous des flots de feuillage. D'une forêt d'oliviers aussi semblent revêtues les hauteurs où est assis Falicon, tandis que, au-dessus encore, s'élèvent les croupes dénudées que commande le mont Chauve.

A l'ouest enfin, par delà les blanches constructions des villas somptueuses et la gigantesque silhouette de l'hôtel Regina[2], par delà aussi une première crête de verdoyantes et ondulantes collines, se dresse, imposante et altière, la chaîne des montagnes de Provence.

Tel est le couvent de Cimiez, habité, depuis trois siècles et demi, par les Frères Mineurs, qui y vivent dans l'austérité et la prière, occupés à chanter les louanges de Dieu, à étudier la science sacrée, à travailler au soin spirituel des âmes, à se préparer au

1. Sur les inscriptions antiques qui s'y rapportent, voir, outre GIOFFREDO, que nous avons déjà cité, EDMOND BLANC, *Epigraphie antique du département des Alpes-Maritimes*, IIe part., inscr. de Nice et de Cimiez, p. 64 à 175. Nice, 1870. — Près de là, dans la propriété Garin, sont les restes de ce que l'on prétend avoir été la maison du gouverneur, des thermes et les ruines d'une construction carrée, dite *temple d'Apollon*. A quelque distance, comme pour marquer le tombeau de cette cité morte, une croix de pierre grise a été élevée. Elle porte ces mots : *Anno a Christo nato 1883 sumptibus Edwini Garin Comitis de Cocconato proprietarii.*

2. C'est un des pavillons de cet hôtel, surmonté maintenant d'une couronne, qu'a habité la reine d'Angleterre durant son séjour à Nice, en 1897 et 1898.

ministère de la prédication et de l'évangélisation du peuple ; tel est le sanctuaire de Notre-Dame « fontaine des grâces », que la piété des générations chrétiennes s'est plu à bâtir, à restaurer, à embellir, vers lequel montent incessamment les supplications des affligés, les vœux des souffrants, les appels multiformes de la détresse humaine, d'où descendent, non moins incessamment, la grâce et la miséricorde, le pardon et la paix. Sanctuaire et couvent[1] forment vraiment l'un des joyaux de la cité qui les possède à ses portes ; sanctuaire et couvent constituent vraiment l'un des témoignages les plus éloquents de l'amour qu'a toujours professé et que professera toujours la population des Alpes-Maritimes pour la religion et pour l'art ; sanctuaire et couvent sont pour la contrée tout entière comme un palladium d'espérance et de pros-

1. Après avoir parlé du couvent et du sanctuaire, il convient de mentionner ici, au moins en note, le *cimetière* de Cimiez. Ce cimetière existait déjà en 1803, comme il résulte du *Liber primus defunctorum qui sepulti sunt in hoc cæmeterio cæmellensi, a die 13 maii an. 1803 ad 31 Xbris 1835*, et du registre intitulé : *Nota aliquorum qui in hac ecclesia cæmellensi et alibi baptisati, mortui et conjugati sunt, ab anno 1793 usque ad annum 1805. (Archives de la paroisse.)* On enterra, toutefois, encore dans l'église jusque vers le milieu du XIXe siècle. Nous y voyons, en effet, cette inscription sépulcrale : *Jeannette Cumming, morte à Nice, le 9 janvier 1845.*

Pendant assez longtemps, durant le premier quart du XIXe siècle notamment, le cimetière consista surtout en une vaste et très profonde fosse commune, en forme de citerne ou de puits, *où l'on jetait pêle-mêle, sans cercueils et souvent à demi-nus, les cadavres que l'on apportait, à découvert, sur une simple civière.* Cet usage, quelque peu sauvage, existe encore dans plusieurs localités de la frontière. Actuellement le cimetière de Cimiez renferme un assez grand nombre de monuments somptueux.

périté. Viennent des jours mauvais, des circonstances difficiles ; Nice, au besoin, nous en sommes persuadés, saura veiller sur le couvent et le sanctuaire, pourvoir à leur conservation, au prix même d'efforts persévérants et de généreux sacrifices. Et, en agissant de la sorte, Nice se montrera, plus que jamais, constante dans ses nobles traditions d'honneur et de foi, de civilisation et de progrès, de justice et de liberté.

PIÈCES JUSTIFICATIVES

PIÈCES JUSTIFICATIVES[1]

I

Acte de donation par Augier Badat d'un terrain pour la construction du couvent et de l'église des Frères Mineurs, à Nice (1250).

In nomine Domini. Amen.

Notum sit omnibus hominibus, tam præsentibus quam futuris, hanc cartam audientibus quod Augerius Badatus dedit et tradidit, intuitu Dei et pietatis amore, Raimundo Ricardi, recipienti nomine Fratrum Minorum, quantitatem infrascriptam terræ suæ sitæ ad molendinum suum de ponte, iuxta bedale molendinorum dicti Augerii, et iuxta terram suam ex duabus partibus, et taliter terminatam, videlicet a mari cannas XXXV, a septentrione cannas

1. Nous avons conservé, dans la reproduction de ces pièces, l'orthographe, assez souvent défectueuse, des originaux ; nous contentant, pour en rendre l'intelligence plus facile, de les diviser parfois en paragraphes et d'y introduire quelques signes de ponctuation.

XLVI, ab Occidente cannas XXX, ab Oriente cannas XXX; ut dictum est, dedit et tradidit præfatus Augerius dicto Raimundo Ricardi, nomine supradicto recipienti, in perpetuum, ad ædificandum in dicta terra domum et Ecclesiam ad opus dictorum Fratrum, cum conductu aquæ a bedali dicti Augerii Badati. Unde et Frater Guiglielmus nomine Fratrum Minorum recepit dictum Augerium et Uxorem suam et Filios ut sint participes omnium orationum et benefactorum dictorum Fratrum; et dictam donationem præfatus A. Badati fecit pro redemptione animæ suæ et omnium prædecessorum suorum.

Actum fuit in dicta terra, anno a Nativitate Domini millesimo CCL, Indict. IX, Novembris die XVII. Testes rogati fuerunt Petrus Pauli, Ugo Rocha et Raimundus de Marsilia.

Ego Petrus de Arexano, Not. publicus, authoritate Domini Ottonis imperatoris, interfui et rogatus scripsi[1].

1. Gioffredo, *Nicæa civitas sacris mon. illust.*, part. II, de Episc., n. XXXIII; (Ex Archiv. FF. Min. Convent. Nicien.)

II

Bulle par laquelle le pape Alexandre IV prend la défense des Frères Mineurs de Nice persécutés (1256).

ALEXANDER EPISCOPUS,

Servus servorum Dei, venerabili fratri Nostro Episcopo Senecensi salutem et apostolicam benedictionem.

Signum est crudelitatis nimiæ, vel nequitiæ manifestæ, si humiles et innocentes Christi nuncios ac præcones, scilicet dilectos filios Fratres de ordine Minorum, quis indebite persequatur; præsertim cum ipsi, paupertatem extremam et afflictionem multiplicem perennis obtentu gloriæ patientes, ad hoc ferventer invigilent ut ubique per orbem terræ vigeat cultus divini nominis et animarum salus fidelibus proveniat universis. Propter hæc siquidem præclara merita venerabilis Frater Noster Episcopus Niciensis ipsos et benevolentia gratiisque prosequi et charitatis affluentia deberet assidue consolari.

Sed contrario omnino percepimus, licet illud vix credere valeamus. Sane a quibusdam fidei dignis asseritur quod ipse in dilectum filium quondam guardianum Fratrum ipsorum Niciensium excommunicationis sententiam illa de causa potissime fulminavit quia, cum quemdam locum in quo dicti Fratres olim ad divinæ laudis obsequium resederunt impetuose invaderet, ut ipsum per violentiam occuparet, non fuit permissus illum ingredi, eo quod dictis Fratribus imminebat exinde materia non modici detrimenti; ipso propter hoc prorumpente ad illius commotionis excessum quod Fratres eosdem, nisi sibi iuxta velle suum obediant et intendant, anathematis mucrone percutiet, sicut quoscumque alios de sua diocesi non exemptet. Nec his contentus, Fratres ipsos, non absque Apostolicæ Sedis offensa et animarum discrimine manifesto, impedire præsumit quod iuxta morem non prædicent nec recurrentium ad ipsos confessiones audiant, licet ab aliis ecclesiarum Prælatis hoc fieri affectu benevolo permittatur. Quid plura ? In dilectas in Christo Filias, Abatissam, et moniales Cisterciensis ordinis, in prædicto Fratrum ipsorum loco manentes, quæ Sedi Apostolicæ, prout dicitur, immediate sunt subiectæ, ac in omnes qui locum ipsum visitant aut eisdem monialibus favorem vel auxilium largiuntur, licet sint conversationis et vitæ laudabilis ac premantur onere paupertatis, ipse frequenter excommunicationis sententiam protulit, non absque Fratrum ipsorum gravi contumelia et scandalo plurimorum.

Quia vero sui dignitas deposcit officii ut a suis subditis, seu a quibuscumque personis humilibus et devotis, discat plus diligi quam timeri ; et, si quando apud eum severitate opus est, non sit tyranica, sed paterna ; quin immo, quod circa commissam sibi Dei familiam pectus suum lacte pinguescat, non typho tumescat, fraternitatem suam attente rogandam duximus et monendam Nobis, sibi dantes litteris districtius in præceptum ut prædictas excommunicationum sententias in personas huiusmodi taliter promulgatas, infra decem dies post susceptionem earum, sine aliqua difficultate relaxet, ac sæpe dictos Fratres et moniales easdem, seu benefactores earum, molestiis huiusmodi vel quibuscumque aliis de cetero non perturbet ; sed ipsos potius commendatos habeat et gravari ab aliis, quantum in ipsum fuerit, non permittat ; ita quod exinde sibi gratiæ divinæ præmium et Nostri favoris proveniat incrementum.

Quocirca Fraternitati tuæ per Apostolica scripta mandamus quatenus, si dictus Episcopus præceptum Nostrum, infra prædictum tempus, neglexerit adimplere, tu extunc prædictas sententias iuxta formam Ecclesiæ, auctoritate Nostra, relaxes.

Datum Anagniæ, III idus iunii, pontificatus Nostri anno secundo[1].

1. GIOFFREDO, *Storia delle Alpi marittime* (an. 1256), dans les *Monumenta historiæ patriæ*, edita jussu regis Caroli Alberti. Turin, imprimerie royale, 1839.

III

Décret d'Anne de Lusignan, duchesse de Savoie, accordant à la ville de Nice la fondation d'un couvent de Frères Mineurs de l'Observance (1460).

ANNA EX REGALIBUS CYPRI, DUCISSA SABAUDIÆ, etc.

Universis serie præsentium facimus manifestum quod, cum Sanctissimus Dominus Noster Pius Papa secundus Nobis licentiam contulerit duos Ordinis S. Francisci de Observantia erigendi, fundandi et stabiliendi, ubicumque voluerimus in ditione Ducali, conventus, constantibus de præmissis gratiis litteris apostolicis, debite, ut convenit, cordono serico impendenti plumbatis et signatis ac munitis solemnitatibus in talibus fieri consuetis; quarum tenor sequitur et est talis :

« Pius, Episcopus, servus servorum Dei, Dilectæ in Christo Filiæ nobili mulieri Annæ de Cypro, Ducissæ Sabaudiæ, Salutem et Apostolicam benedictionem.

« Inter cætera desiderabilia cordis Nostri, etc. Datum Bononiæ, anno Incarnationis Dominicæ 1459, septimo Id. maii, Pontificatus Nostri anno primo.

« Ioannes Baptista. A. de Quespeto. »

Hinc est quod Nos, supplicationi benedilectorum Nostrorum, Hominum, Consulum et Communitatis civitatis Niciæ, super iis Nobis factæ, signate contemplatione Venerabilis Fratis Georgii de Piossasco, Præceptoris Vercellarum, Gubernatorisque dictæ Civitatis Niciæ, nec non Caroli ex Comitibus Vintimilii et ex Dominis Brigæ, qui præmissis erga Nos sedule intercesserunt, benigniter inclinata, præfatis Hominibus et Communitati dictæ Civitatis Niciæ, authoritate, ut præfertur, super hoc concessa, licentiam et facultatem concedimus per præsentes unum Conventum dicti Ordinis, infra vel extra mœnia dictæ Civitatis, loco congruenti et honesto, erigendi, creandi, fundandi, sub et cum honoribus, privilegiis et indultis in dictis litteris apostolicis latius descriptis; ita quod [fundationem huius Ordinis incipere debeant hinc ad unum annum ad tardius et inde ad illam complendam diligenter et sollicite intendere, quantum fuerit possibile; has litteras Nostras eisdem in testimonium concedentes, datas in Monte Calerio, die XVII Aprilis, anni Domini MCCCCLX.

Per Dominam, præsentibus Dominis A. ex Marchionibus Romagnani, Cancellario; De Duyno, Domino Vallesiæ. — Bollomer[1].

1. GIOFFREDO, *Nicæa civitas sacris mon. illustr.*, part. II, de Epis., n. LVI, p. 195. (*Ex Archiv. publ. civit.*)

IV

Acte ordonnant une enquête relativement à l'échange de l'emplacement de l'ancien couvent franciscain de Sainte-Croix contre l'église bénédictine de Notre-Dame de Cimiez et ses dépendances (1546).

IN NOMINE DNI. NRI. IESU CHRISTI. AMEN.

Anno a Nativitate eiusdem Millesimo quingentesimo quadragesimo sexto, Indictione quarta cum eodem Anno sumpta, et die decima mensis novembris, Pontificatus Sanctiss. in Xpto Pris. et Dni. nri. Pauli Divina Providentia Papæ tertii Anno decimo tertio.

Ex huiusmodi Instrumenti tenore cunctis sit notum quod Niciæ, in Introitu domus habitationis Nob. Thomasi Iustiniani, coram Revdmo. Dno. Dno. Ioanne Baptista Provana, Dei et Apostolicæ Sedis gratia Episcopo Niciensi et Comite, comparuerunt venerabiles Fratres Franciscus Gasani et Ludovicus Larde, Ordinis Sancti Francisci de Observantia, nec non Spectabilis Dnus. Petrus Gralherii utriusque Iuris Doctor et Eg. Isoardus Baudoini, Sindici et Procuratores Conventus de Observantia dictæ Civitatis per Capitulum Provinciale eiusdem Religionis deputati et constituti, constante de eorum procuratoria Potestate, ut dixerunt, Instrumento, manu publico sumpto, dolenter exponentes eorum Ecclesiam et Conventum prope et extra dictam Civitatem Niciæ situm, tempore obsidii et invasionis eiusdem Civitatis his annis elapsis fuisse positam et positum in totalem ruinam et devastationem ; et cum non habeant ecclesiam in qua

Divinus Cultus celebrari possit, minusque Conventum sive domum habitationis; et nonullorum proborum et ipsius Religionis et ordinis devotorum contemplatione tractatum fuerit cum Revdo. D. Abbate sive Commendatario Sacri Monasterii Sancti Pontii extra muros Niciæ, seu cum venerabilibus Dnis. Monacis et Monasterio prædicto, sive Capitulo eiusdem, pro evidenti commodo et utilitate utriusque partis, cambiare et permutare locum, sive territorium in quo ipsa Ecclesia et Conventus Observantium fundati et ædificati erant cum toto contiguo terræ ubi erant horti cum pertinentibus eorumdem, titulo excambii seu permutationis, pro ecclesia vocata Nostra Dna. de Cimellis prope ipsum Monasterium equidem extra muros Niciæ, dependente de dicto monasterio et per Monacos eiusdem monasterii deserviri solita, cum iuribus et pertinentiis eiusdem Ecclesiæ de Cimellis.

Cupientes ideo ipsum tractatum et excambium suum sortiri effectum, propterea, præsente Redmo. Dno. Domino Columbi, Monaco et Vicario eiusdem Monasterii, petierunt per præfatum Revdm. Dnum. Dnum. Episcopum locum ipsum et terras, ubi dicta Ecclesia de Observantia et Conventus sita et situs erant, ac ipsam Ecclesiam de Cimelis visitari, pro oculari aspectione, pro indemnitate utriusque partis, vel statim deputari et eligi idoneos ad hoc faciendum, et inde super eisdem referri, eorum mediis iuramentis et servatis servandis procedi, et si in evidenti utilitate utriusque partis præmissa fieri possint et debeant, dictum excambium, sive permutationem, ad totalem perfectionem et effectum sortiri. Et ibidem præsens præfatus Dnus. Henricus Columbi, Monacus Vicarius et Procurator præfati Monasterii, constante, ut dixit, de eius procuratoria Potestate Instrumento manu publica sumpto, et pro quo etiam promisit de rato in eventum ipsius permutationis fiendæ et tunc factæ, petiit equidem ad præmissa procedi. Et præfatus Reverend[mus] Dnus. Episcopus, visis et intellectis præmissis, rationibus, consonantiis, præcipue cum ipsi Fratres de Observantia non habeant locum manentem, in quo sit Ecclesia in qua possint divina celebrare officia, nec Conventus residentiæ, et in eadem ecclesia de Cimelis non celebrentur divina officia, sed dumtaxat aliquibus diebus Missæ Votivæ per Monacos eiusdem Monasterii dicantur et celebrentur, et domus eiusdem ecclesiæ adiacens sit inhabitabilis, et consequenter, ubi sortiantur effectum exposita, divinus cultus augmentabitur et augebitur, visitationes requisitas loci et territorii ubi erant Ecclesia et Conventus in ruinam positi, ac Ecclesiæ prædictæ de Cimelis, cum eorum iuribus et pertinentiis commisit, vocatis partibus ipsis, Nobilibus Ludovico de Puteo et Antonio Lamberti Consindicis dictæ Civitatis Niciæ et Nobilibus Thomæ Iustiniani et Antonio Gralherii, communiter electis per dictas partes, quibus et eorum cuilibet detulit iuramentum de bene et fideliter visitando et referendo iuxta Dnum. et eorum conscientias, pro iuribus et interesse utriusque partis, supra commodo et incommodo utriusque Ecclesiæ, quo facto possint partes ipsæ ad ulteriora et permutationes prædictas procedere, servatis servandis. De quibus omnibus præmissis, partes ipsæ et quilibet ipsarum petierunt sibi fieri Instrumentum sive mandamentum.

Datum et actum Niciæ ubi supra, præsentibus ibidem Rev° Dno. Dominico de Albertis de Sospitellis, Nob. Dno. Marinelo Borilhoni Dno. Aspermontis, et Nob. Francisco de Vicomercato Taurinensis Diœcesis, testibus ad præmissa vocatis et rogatis, et me Ioanne Barrelli Notario et Curiæ Episcopalis Niciensis Secretario[1].

1. *Archives du couvent de Cimiez.* — L'église du couvent des Frères Mineurs de Sainte-Croix, dont il est question dans cette pièce, avait été consacrée, en 1474, par Barthelémy Chuetti, évêque de Nice. (GIOFFREDO, *Nicæa civitas sacris mon. illust.* part. II, de Episc., n° LVII.)

V

Acte constatant le résultat de l'enquête précédemment prescrite et ordonnant définitivement l'échange de l'emplacement du couvent de Sainte-Croix contre l'église de Cimiez et ses dépendances (1546).

In Nomine Domini nostri Iesu Christi. Amen.

Anno a Nativitate eiusdem millesimo quingentesimo quadragesimo sexto, Indictione quarta cum eodem anno sumpta, et die decima quinta mensis novembris, Pontificatus Sanctiss. in Christo Pris. et Dni. nri. Dni. Pauli Papæ tertii Anno decimo tertio.

Ex huiusmodi Instrumenti tenore cunctis sit notum quod Niciæ, apud Ecclesiam Sancti Dominici et in platea Ecclesiæ, coram Reverᵐᵒ Dno. Ioanne Baptista Provana, Dei et Apostolicæ Sedis gratia Episcopo Niciensi et Comite, comparuit Egregius Isoardus Baudoini, Œconomus et Procurator Venerabilis Conventus Fratrum Minorum Observant., instans et petens per Nob. Dnos. Deputatos ad causam permutationis fiendæ inter ipsum Conventum, sive ejus Procuratorem, et Monasterium, sive monacos Monasterii Sancti Pontii, per præfatum Reverendᵘᵐ Dnum. Episcopum, et de consensu ipsarum partium, sub eisdem commissis et causis de quibus in Instrumento suprascripto fit mentio, et de relatione ipsorum, Instrumentum sibi fieri. Quibus auditis, præfatus Reverendissimus Dnus. Episcopus ordinavit referri per eosdem deputatos super requisitis et eisdem commissis ; et incontinenti ibidem præsentes dicti nob. Ludovicus de Puteo et Antonius Lamberti, Consindici Niciæ, et Thomas Iustiniani et Antonius Gralherii se obtulerunt paratos referre super eisdem commissis per præfatum Reverend^{um} Dnum. Episcopum ad requisitionem partium ; et dixerunt et retulerunt, prout in quadam papiri cedula tenoris subsequentis : Nos suprascripti, deputati per Reverend^{um} Dnum. Episcopum Niciæ ad visitandum locum, in quo erat fundatus Conventus Frum. Minorum de Observan. cum terris adiacentibus ac Oratorium de Cimelis. et inde ad referendum supra commodo et incommodo utriusque ecclesiæ, diximus et referimus, mediante iuramento præstito, locum ipsum in quo erat fundatus Conventus Fratrum Minorum cum prædiis adiacentibus esse valoris et existimationis maioris ; sed quia ex piis et Christi fidelium elemosinis fuit constructum, ad aliam estimationem non processimus, excepto quod Monaci Sacerdotes ex missis votivis Populi solent et soliti sunt recipere annuatim scutos vigenti ; unde, habita consideratione ad augmentum cultus divini et ad detrimentum Monacorum Sacerdotum dicti Monasterii, quod, si sortiatur effectum permutatio et locus cum hortis in quo erat constructus conventus remittatur eisdem Monacis celebrantibus et oratorium remittatur Congregationi Frum. Minorum de Observantia, talis permutatio cedet ad augmentum Divini Cultus et ad utilitatem Monacorum et dictæ Congregationis. Sic eorum faciente relatione ; de qua quidem relatione præfatus Egregius Baudoini, quo supra nomine illam acceptando, petit Episcopum quatenus in præmissis dignetur suam auctoritatem interponere, tanquam legitime gestis, et ad ulteriora procedere ad causam ipsius permutationis.

Quibus auditis, præfatus Reverend^{us} Dnus. Episcopus Niciensis, dictam relationem ratam habens, in eadem relatione suam auctoritatem interposuit pariter et decretum, ordinando dictam permutationem, de qua in actis iam factis[1], suum sortiri effectum ex causis in ipsa relatione et actis resultantibus.

Datum Niciæ, ubi supra, anno et die præmissis, præsentibus ibidem Nobili Francisco de Vicomercato Taurinensis diœcesis, Philiberto de Galtateriis eiusdem diœcesis, et Egregio Honorato Ruffi Mercatore Niciæ, testibus ad præmissa vocatis et rogatis[2].

1. Voir l'acte précédent.
2. *Archives du couvent de Cimiez.*

VI

Acte de prise de possession de l'église et du terrain de Cimiez par les Frères Mineurs (1546).

IN NOMINE DNI. NRI. IESU CHRISTI. AMEN.

Anno a Nativitate eiusdem Millesimo quingentesimo Quadragesimo sexto, Indictione quarta cum ipso anno sumpta, et die vigesima quinta mensis Novembris, Pontificatus Sanctissimi Dni. Dni. nri. Pauli Divina Providentia Papæ tertii anno decimo tertio.

Ex huiusmodi Instrumenti tenore cunctis sit notum quod, apud territorium Niciæ et infra Ecclesiam sive Oratorium Nræ. Dnæ. de Cimellis, post missam celebratam in dicta Ecclesia coram Revd^{mo} Dno. Domino Ioanne Baptista Provana, Dei et Apostolicæ Sedis gratia Episcopo Niciensi et Comite Drapi, comparuerunt RR. Fratres Franciscus Gasani, Guardianus Conventus Fratrum Minorum de Observantia dictæ Civitatis Niciæ, Dionisius Scalerii et Ludovicus Larde equidem dicti Conventus, nec non Spectabilis Dnus. Petrus Gralherii utriusque iuris Doctor, Egregius Isoardus Baudoini Notarius, Procuratores et Sindici totius Religionis de Observantia Provinciæ Sancti Ludovici, constante de eorum potestate instrumento, ut dixerunt, manu publica sumpto; et vigore permutationis, sive excambii his diebus facti, cum Rev. Dno. Abbate sive Commendatario Sacri Monasterii Sancti Pontii extra muros Niciæ et Monacis, de huiusmodi præsentibus Ecclesia, Oratorio et de omnibus contiguis pro loco et territorio ubi erant Ecclesia et Conventus Observantiæ cum hortis et sitis prope et extra muros Niciæ, de quibus constat instrumento publico sumpto per Ioannem Petrum Barrelli scribam Curiæ Episcopalis, petentes se in possessionem dictæ Ecclesiæ, sive Oratorii, et domorum contiguarum et pertinentium earumdem [1] ; quibus auditis, præfatus Revdimus Dnus. Dominus Episcopus informatus, ut dixit, de præmissis permutatione et excambio per eum authorizatis, reservato semper beneplacito præfati Sanctiss. Dni. nri. Papæ, eosdem Fratres de Observantia et Procuratores præfatos sic petentes et requirentes, acceptantes et stipulantes, una mecum Notario subscripto, vice et nomine et ad opus totius præfatæ Religionis, ut supra, in possessionem realem, actualem et corporalem earumdem Ecclesiæ sive Oratorii et domorum, iurium et pertinentium eorumdem, posuit et immisit per introitum dictæ Ecclesiæ et alios actus possessorios faciendo, prout in similibus fieri solent ; mandans et iubens sic eosdem in dicta possessione manuteneri et de fructibus et obventionibus responderi et quibus expedierit de non turbando inhiberi sub censuris ecclesiasticis, appellatione postposita ; præsentibus ibidem Dno. Ludovico Iancelleti, Monaco eiusdem Monasterii Sti. Pontii, nomine suo et aliorum Dominorum Monacorum, ut dixit, intervenientium et ad præmissa consentientium, et Nobilibus Antonio Lamberti et Bartholomeo Bensis, Consindicis et Procuratoribus dictæ Civitatis Niciœ, sic etiam præmissa fieri consentientibus et requirentibus. De quibus præmissis omnibus dicti Revedi. Fratres de Observantia, nec non præfati Dnus. Spectabilis Petrus Gralherii et Egregius Baudoini petierunt ad opus dictæ Religionis publicum eis fieri instrumentum.

Datum et actum, ubi supra, in præsentia Egregii Dni.

1. Le texte est manifestement incomplet : il manque *poni* ou *immitti*.

Ioannis Ludovici Rogerii, Egregii Honorati Olivarii, civium dictæ Civitatis, et Francisci de Vicomercato diœcesis Taurinensis, testium ad præmissa vocatorum et rogatorum [1].

1. *Archives du couvent de Cimiez.*

VII

Acte de prise de possession par les Bénédictins de l'emplacement du couvent de Sainte-Croix (1546).

Successive vero, anno, indictione, die et Pontificatu quibus supra, præfatus Reverend^{mus} Dnus. Dnus. Episcopus Niciensis et Comes, progrediens a dicta Ecclesia et Oratorio de Cimelis versus locum et territorium ubi erat fundatus Conventus et Ecclesia Observantiæ, de quibus in permutatione et excambio prædictis fit mentio, prope et extra muros Niciæ, et ibidem applicatis coram sua Revd^{ma} Paternitate comparentes Rev. Dnus. Henricus Columbi, Monacus Vicarius et Sacrista dicti Monasterii, Dnus. Guillhermus Lamberti, Petrus Moreti et Ludovicus Iancelleti, monaci eiusdem Monasterii, petentes equidem vigore dictæ permutationis et excambii, sese immitti in possessionem dicti loci et territorii et hortorum, ubi erant dicta Ecclesia et Conventus, ad mentem et formam eiusdem permutationis; et præfatus Rmus. Dnus. Episcopus et Comes eosdem Dnos. Monacos præsentes, stipulantes et acceptantes nominibus eorum et Dominorum Monacorum, suorum successorum dicti Monasterii canonice intrantium et actus celebrantium in eodem, Me equidem Notario subscripto pro eisdem stipulante et acceptante, in possessionem realem et actualem et corporalem eiusdem loci et territorii et hortorum ac iurium et pertinentium eorumdem, de quibus in dicta permutatione, posuit et immisit per introitum et exitum dicti territorii, in præsentia præfatorum Nobilium Antonii Lamberti et Bartholomæi Bensis, Consindicorum dictæ Civitatis Niciæ, ad præmissa etiam consentientium nominibus quibus supra ; Mandans et iubens eosdem sic in eisdem manuteri, de fructibus gaudere et frui, ac inhiberi quibus expedierit de non turbando sub censuris et pœnis ecclesiasticis, appellatione postposita. De quibus omnibus Præfati Dni. Monaci petierunt eisdem fieri publicum instrumentum per Notarium subscriptum.

Actum ubi supra, apud ipsum locum et territorium, præsentibus ibidem Rev. Dno. Francisco Galleani, Canonico et Præceptore Ecclesiæ Niciensis, Nobilibus Thomasino Iustiniani, Cive Niciæ, et Francisco de Vicomercato diœcesis Taurinensis, testibus ad præmissa vocatis et rogatis [1].

L'expédition des quatre actes précités, conservée dans les archives du couvent de Cimiez, se termine par la mention suivante :

Ego enim Ioannes Barrelli, Clericus Niciensis Diœcesis, sacra Apostolica, Imperiali et Ducali Sabaudiæ auctoritatibus Notarius constitutus, ac Curiæ Episcopalis præfati Dni. Episcopi Niciensis Secretarius, primum Instrumentum expositionis coram præfato Rever. factæ super excambio terræ fiendo ac etiam Instrumentum immissionis in possessionem in notis sumpsi et aliam relationem excambii mihi fidam sumi feci, et in Registros et scripturas dictæ Curiæ fideliter redegi et scripsi ; ex quibus dicta Instrumenta in præsenti Membrana extrahi feci, et quia cum originalibus concordare inveni, Me hic idcirco subsignavi ; in fidem præmissorum requisitus per Rdos. Dnos. Monacos Monasterii Sancti Pontii.

IOANNES BARRELLI, NOTARIUS.

1. *Archives du couvent de Cimiez.*

VIII

Ordre de bâtir de nouvelles cellules au couvent de Cimiez (1644).

Stante ch'il nostro Convento di Cimella di Nizza tiene gran bisogno di stanze per li Religiosi ed altre officine, rispetto al numero de' Frati soliti a dimorarvi, determiniamo ed ordiniamo al P. Fr. Bernardino di Nizza, Guard° del d^{to} Convento (qual ordine servirà anco ad ogni altro che pro tempore sarà ivi superiore), di fabricare un Dormitorio proportionato, da quella parte e sito che dalli fabricieri di là sarà giudicato, con intervento e parere di esperto Architetto, dal quale si farà far la piantà, ordinando che quella debba osservarsi et non alterarsi punto.

Dato nel nro. Convento della Mad^{na} dell' Angioli di Torino. Li 29 maggio 1644.

Fra Archangelo d'Alba, *Diff^{re}*.
Fra Bonaventura da S. Martino, *Diff^{re}*.
Fra Michel Ang° di Vald^{ri} *Diff^{re}*.
Fra Ludovico di Sospello, *Custode*.
Fra Bonaventura di S. Maur°, *Min^{ro} Prov^{le}* [1].

1. *Archives du couvent de Cimiez.*

IX

Rescrit de la Sacrée-Congrégation des Réguliers érigeant le couvent de Cimiez en maison de noviciat (1696).

ECCMI. E REVDMI. SIGNORI.

Il Ministro Provinciale della Riformata Provincia di S. Tommaso in Piemonte, Umilmo. Ore. dell' EE. VV, vedendo la miseria nella quale si trova quella povera Provincia a causa delle guerre e singolarmente li due Conventi di Noviziato d'Ivrea e di Cuneo, supplicò, nel mese passato di maggio, questa Sacra Congregazione per la facoltà che, conoscendone il bisogno, puotesse vestire novizii anche nel Convento di S. Maria di Nizza, già da Clemente VIII di S. M. e più volte da questa Sacra Congregazne stato assegnato per luogo di noviziato, e dalla medesma, sotto li 24 maggio di questo presente anno 1696, n'ottene il benigno rescritto *Pro gratia ad mentem* : e la mente fu di sentire se vi fosse difficoltà ; essendo ora cessata, supplica di nuovo l'Ore. l'EE. VV, per la suddetta grazia, Et della quale ecc.

Quam Deus etc.

— Sacra Congregatio super Statu Regularium, attentis narratis, P. Provincialis Oratoris petitioni benigne annuit, contrariis non obstantibus.

Datum Romae, die 20 Xbris 1696.

H. Card. CASANATA.

Fr. CARRACCIOLUS, *Secret.*

Sumptum ab originali.

B. FARANDUS, *Notarius et Curiæ Epislis Niciæ Secrius* [1].

1. *Archives du couv. de Cimiez.*

X

Approbation du plan du nouveau noviciat, construit en 1758.

Ce plan fut dressé par Charles Maurice Pixano, maître maçon et dessinateur. Au verso on lit la mention suivante :

Viso et examinato retro delineato typo, ipsum in omni sua parte approbamus, et facultatem facimus, juxta petita, Novitiatum construendi, dummodo omnino serventur quæ Clemens VIII in bulla sua de receptione et educatione Novitiorum servanda præscribit. Ita et non aliter, de communi RR. nostri Definitorii consensu et voto, approbamus.

Acta sunt hæc in nostro Conventu S. Mariæ Angelorum, die 7ª 9bris 1758.

Fr. Silvester a Taurino, Defr.
Fr. Felix Mª a Trinitate, Defr.

De mandato P. S. A. R.,

Fr. Michaelangelus a Canali, Provs Secs [1].

1. *Archives du couvent de Cimiez.*

XI

Décret de Victor-Emmanuel Ier, roi de Sardaigne, pour le rétablissement des maisons religieuses supprimées par la Révolution (1816).

Al magnifico, fedele ed amato Nostro, il Primo Presidente, Conte Serra di Albugnano, Consigliere e Generale di Finanze.

Fra gli oggetti di cui abbiamo voluto che si occupasse la Commissione Ecclesiastica, eretta da Noi con Biglietto dei 16 novembre 1814, vi abbiamo compreso il ristabilimento delle Case Religiose dell' uno e dell' altro sesso, come quello che riconobbimo importantissimo per bene della Religione e dello Stato. Dietro gli ordini Nostri essendosi la detta Commissione occupata di un tale oggetto, ci ha rassegnato il piano che ha creduto di dover adottare, non solo quanto agli ordini regolari da richiamarsi ed ai Conventi e Monasteri in cui dovranno essere ristabiliti, ma eziandio quanto al modo di assicurare a ciaschedun Convento e Monastero una conveniente dotazione in boni stabili ed altre rendite, preso anche su di ciò il sentimento de' Prelati da Noi nominati per la scelta dei beni Ecclesiastici di cui fu permessa la vendita, ed avendo un tal piano incontrato il Nostro pieno gradimento abbiamo, in conformità del medesimo, approvato lo Stato de' Conventi e Monasteri da ristabilirsi, e determinato insieme di assegnare per dotazione dei medesimi gl' infra designati beni e redditi, volendo che vengano i medesimi sin d' ora rimessi all' ufficio dell' Economato Generale, che incarichiamo dell' Amministrazione di essi, e che dovrà convertir intanto i proventi in quelle cause che gli veranno da Noi ordinate.

Mentre pertanto facciamo pervenire a parte i Nostri ordini al predetto Economato Generale per quelle disposizioni che da esso dipendono, vi diciamo essere mente Nostra che diate gli ordini opportuni acciò vengano rimessi allo stesso Economato Generale :

1° Le Chiese, Conventi, Giardini, e Siti annessi destinat- per Case Religiose dell' uno et dell' altro sesso e designati nello stato che vi trasmettiamo ;

2° Li beni e Case già appartenenti a Corporazioni Religiose, e descritti nell' unito Stato A, il di cui annuo redi dito rileva a franchi Duecento quindici mila ottocento ottanta quattro ;

3° I Censi, Livelli ed altre rendite già pure appartenenti a corporazioni religiose, rilevanti a franchi Quattro cento un mila ottantasei, descritti nell' unito Stato C visato dal Nostro Reggente lo R° Segretario di Stato per gli affari interni ; e vengano pure dalle Nostre finanze corrisposte al predetto Regio Economato ;

Le annualità già da essse dovute a corporazioni soppresse, rilevanti a franchi Trent' un mila due cento e descritte nello Stato B, visato pure dal sudd° Nostro Reggente lo Segreterio di stato per gli affari interni ; ed inoltre l'annualità di franchi Dueceento ventitre mila cinque cento a semestri maturati principiando dal 1° dello scorso gennaio e continuando in avenire sinchè venga altrimenti da Noi ordinato.

Comunicherete il presente al Controllo Generale ; e preghiamo il Signore che vi conservi.

Torino, li 20 febbraio 1816.

Firmato, V.-EMMANUELE.

Controsegnato, Borgarelli. — Registrat. al Controllo Generale, li 4 aprile 1816, Registro 2°, Biglietti A. S.

Sottoscritto : Canale Segr°.

A la suite de la copie de ce décret, nous trouvons la note suivante :

Stato dei Conventi e Monasteri ristabiliti dietro le disposizioni del succennato Regio Biglietto :

Contado di Nizza.

... Minori Riformati nel Convento di Cimella.

Per copia conforme ad altra esistente nei Registri dell' Azienda Gen^{le} di Finanze e spedita per uso dei Revdi. Padri Minori Riformati nel Convento di Cimella (Contado di Nizza).

Torino, li 17 9mbre 1835.

GIORDANO, Capo Sessione [1].

1. *Archives du couvent de Cimiez.*

XII

Liste des Gardiens du couvent de Cimiez de 1626 à 1900

De 1546 à 1622, le couvent de Cimiez fit partie de la province de Saint-Louis de Provence. En 1622, il fut réuni à la province de Saint-Thomas de Piémont et passa aux Frères Mineurs de l'Etroite Observance, qui, tout d'abord, ne s'y maintinrent pas sans difficultés. Ce n'est qu'à partir de 1626 qu'il nous a été possible de retrouver, dans nos archives, les noms des Gardiens. — D'après les statuts des Frères Mineurs « Réformés », ou de la « Stricte Observance », les Gardiens devaient être élus chaque année.

1626	R. P. Séraphin d'Oneglia.
1627-1632	R. P. Ludovic-Marie de Chieri.
1632-1634	R. P. Ange d'Entraigues.
1634-1637	R. P. Ludovic de Sospel.
1637	R. P. Antoine de Nice.
1638-1640	R. P. Philippe de Maro.
1640	R. P. Antoine de Menton.
1641-1645	R. P. Bonaventure de Nice.
1645	R. P. Ange-Marie de Nice.
1646-1648	R. P. Philippe de Maro.
1648	R. P. Michel-Ange de Nice.
1649	R. P. Pierre de Saint-Martin.

1650 R. P. Bernardin de Nice.
1651 R. P. Bernardin de Carmagnola.
1652 R. P. Bernardin de Nice.
1653 R. P. Ange de Coni.
1654 R. P. Félix de Nice
1656-1659 R. P. Archange de Nice.
1659 R. P. Félix-Marie de Nice.
1660 R. P. Pacifique de Turin.
1661-1663 R. P. Félix-Marie de Nice.
1663 R. P. Joseph de Nice.
1664-1666 R. P. Jules-Marie de Nice.
1666 R. P. Salvator de Nice.
1667-1669 R. P. Archange de Nice.
1669 R. P. Grégoire de Turin.
1670 R. P. Pascal de Nice.
1671 R. P. Alexandre de Sospel.
1672 R. P. Jean-Baptiste de Nice.
1673-1675 R. P. Charles de Nice.
1675-1677 R. P. Jules-Marie de Nice.
1677-1679 R. P. Pascal de Nice.
1679 R. P. Adrien de Turin.
1680 R. P. Barthélemy de Nice.
1681 R. P. Félix-Marie de Nice.
1682 R. P. Charles de Nice.
1683 R. P. Jean-Baptiste de Nice.
1684 R. P. Accursino de Coni.
1685 R. P. Salvator de Nice.
1686 R. P. Augustin de Nice.
1687 R. P. Jean-Baptiste de Nice.
1688-1690 R. P. Salvator de Nice,
1690-1692 R. P. Augustin de Nice.
1692-1694 R. P. Salvator de Nice.
1694 R. P. François de Nice.
1695-1699 R. P. Augustin de Nice.
1699-1701 R. P. François de Nice.
1701-1704 R. P. Augustin de Nice.

1704 R. P. François-Antoine de Nice.
1705 R. P. Hilarion des Cluses.
1706-1709 R. P. Gentil de Nice.
1709 R. P. Pierre de Nice.
1710-1712 R. P. Gentil de Nice.
1712 R. P. Paul-Ludovic de Nice.
1713-1715 R. P. Joseph-François de Nice.
1715 R. P. Gentil de Nice.
1716 R. P. Pierre de Nice.
1717-1720 R. P. Paul-Ludovic de Nice.
1720-1723 R. P. Bonaventure de Nice.
1723 R. P. Pacifique de Nice.
1724 R. P. Bonaventure de Nice.
1725 R. P. Éléazar-Augustin de Nice.
1726 R. P. Pierre de Nice.
1727 R. P. Jean-Marie de Nice.
1728 R. P. Joseph de la Turbie.
1729 R. P. Éléazar-Augustin de Nice.
1730-1732 R. P. Bernardin de Nice.
1732 R. P. Éléazar-Augustin de Nice.
1733-1735 R. P. Joseph-Antoine de Nice.
1735 R. P. Jean-Marie de Nice.
1736-1738 R. P. Charles-Antoine de Nice.
1738-1740 R. P. François-Antoine de Breil.
1740 R. P. Michel-Antoine de Villefranche.
1741 R. P. Charles-Antoine de Nice.
1742 R. P. Félix de la Trinité.
1743-1745 R. P. Charles-Antoine de Nice.
1745 R. P. Eléazar-Augustin de Nice.
1746 R. P. Joseph-Marie de Nice.
1747 R. P. Bernardin de Nice.
1748-1750 R. P. Michel-Antoine de Villefranche.
1750 R. P. Joseph-Marie de Nice.
1751 R. P. François-Dominique de Turin.
1752 R. P. Salvator de Nice.
1753 R. P. Ange-Marie de Nice.

1754-1757 R. P. Charles-Antoine de Nice.
1757-1759 R. P. Michel-Antoine de Villefranche.
1759 R. P. Félix-Marie de la Trinité.
1760 R. P. Frédéric de Turin.
1761 R. P. Honoré-Marie de Sospel.
1762 R. P. Joseph de Nice.
1763-1765 R. P. Ange-Marie de Nice.
1765 R. P. Félix-Marie de la Trinité.
1766 R. P. Philippe de Nice.
1767 R. P. Salvator de Nice.
1768 R. P. Clet de Villefranche.
1769 R. P. Salvator de Nice.
1770 R. P. Clet de Villefranche.
1771 R. P. Charles-Antoine de Nice.
1772 R. P. Antoine-Marie de la Trinité.
1773 R. P. Joseph-Marie de Nice.
1774-1777 R. P. Salvator de Nice.
1777 R. P. Clet de Villefranche.
1778 R. P. Jean-Dominique de Turin.
1779 R. P. Ange-Marie de Nice.
1780 R. P. Salvator de Nice.
1781 R. P. Antoine-Marie de la Trinité.
1782 R. P. Hyacinthe de Villefranche.
1783-1785 R. P. Laurent de Nice.
1785 R. P. Mariano de Villefranche.
1786 R. P. Célestin de Nice.
1787 Par suite d'un décret du roi de Sardaigne, à partir de cette année la Congrégation intermédiaire n'eut plus lieu que tous les deux ans.
1788 R. P. Gentil de Nice.
1789 R. P. François-Marie de Contes.
1791 R. P. François d'Orméa.
1793-1795 R. P. Mariano de Villefranche.
1795-1798 R. P. Laurent de Nice.
1798-1799 R. P. Mariano de Villefranche.

Dispersion des religieux jusqu'en 1817 ; pendant cet intervalle le Père Laurent de Nice continue à garder le couvent, en qualité de délégué général et de curé de la paroisse.

1816 3 octobre, réouverture du couvent.
1817-1830 R. P. Pierre de Contes.
1830 R. P. Salvator de l'Escarène.
1831-1833 R. P. Pierre de Contes.
1833-1835 R. P. Archange de Borgo-Maro.
1835 R. P. Victor de Breil.
1836 R. P. Archange de Borgo-Maro.
1837 R. P. Salvator d'Escarène.
1838 R. P. Louis d'Apricoli.
1839 R. P. Bienvenu de Lévens.
1840 R. P. Séraphin de Gazzo.
1841-1843 R. P. François-Antoine de la Trinité.
1843 R. P. Bonaventure de Pietra-Bruna.
1844-1846 R. P. Bienvenu de Lévens.
1846-1849 R. P. Bérard de Lévens.
1849-1851 R. P. Vincent de Badalucco.
1851 R. P. Séraphin de Gazzo.
1852-1855 R. P. Pie de Bordighera.
1855-1857 R. P. Vincent de Badalucco.
1857-1860 R. P. Samuel d'Aspremont.
1860-1862 R. P. Théophile de Breil.
1862 R. P. François de Perinaldo.
1863-1866 R. P. Théophile de Breil.
1866 R. P. Pascal de la Trinité.
1867 R. P. Vincent de Badalucco.
1868-1872 R. P. Richard de Nice.
1872-1878 R. P. Fulgence de Saint-André.
1878-1885 R. P. Séraphin de Gazzo.
1885-1889 R. P. Illuminé de Pietra-Bruna.
1889-1895 R. P. Athanase de Saorge.
1895-1898 R. P. Hyacinthe de Saorge.
1898-1900 R. P. Athanase de Saorge [1].

1. *Archives du couvent de Cimiez.*

XIII

Liste des Ministres Provinciaux sous l'autorité desquels s'est trouvé le couvent de Cimiez de 1622 à 1900.

1° PROVINCE DE SAINT-THOMAS, APOTRE, EN PIÉMONT

1622-1625 T. R. P. *François de Savigliano.*
1625-1628 T. R. P. *Ange d'Entraigues.*
1628-1631 T. R. P. *Louis de Chieri*, Custode de la Custodie dite des Frères Mineurs réformés.
1631-1634 T. R. P. *Hyacinthe de Sospel*, Custode de la Custodie dite des Frères Mineurs réformés.
1634-1638 T. R. P. *Jean de Pignerol*, Custode de la Custodie dite des Frères Mineurs réformés.
1638-1641 T. R. P. *Daniel de Dogliano*, Custode de la Custodie dite des Frères Mineurs réformés.
1641-1644 T. R. P. *Louis de Sospel.*
1644-1647 T. R. P. *Bonaventure de Saint-Maurice.*
1647-1649 T. R. P. *Archange d'Albiano.*
1649-1652 T. R. P. *Antoine de Lantosque.*
1652-1656 T. R. P. *Félix de Turin.*
1656-1659 T. R. P. *Jean-Baptiste de Strambino.*
1659-1662 T. R. P. *Archange de Nice.*
1662-1665 T. R. P. *Félix de Turin.*
1665-1668 T. R. P. *Antoine de Cuneo.*
1668-1671 T. R. P. *Salvator de Nice.*
1671-1674 T. R. P. *Antoine de Livourne.*
1674-1677 T. R. P. *Illuminé de Turin.*

1677-1680 T. R. P. *Salvator de Nice.*
1680-1683 T. R. P. *Dominique de Groscavallo.*
1683-1686 T. R. P. *Jean-Baptiste de Piperanio.*
1686-1689 T. R. P. *Michel-Ange de Breil.*
1689-1692 T. R. P. *Bonaventure de Livourne.*
1692-1695 T. R. P. *Giocondo de Bricherasio.*
1695-1699 T. R. P. *Antoine de Maro.*
1699-1701 T. R. P. *Antoine-Marie d'Aoste.*
1701-1704 T. R. P. *Mansuet de Turin.*
1704-1708 T. R. P. *Augustin de Nice.*
1708-1709 T. R. P. *Michel-Ange de Livourne.*
1709-1712 T. R. P. *Junipère de Borgo.*
1712-1715 T. R. P. *Jean-Baptiste de Carmagnola.*
1715-1717 T. R. P. *Honoré-Marie de Saorge.*
1717-1720 T. R. P. *Michel-Ange de Livourne.*
1720-1723 T. R. P. *Jean-Jérôme de Turin*, nommé par Rome.
1723-1726 T. R. P. *Gentil de Nice.*
1726-1729 T. R. P. *Christophe de Saint-Maurice.*
1729-1732 T. R. P. *Jean-Baptiste de Pietraportio.*
1732-1735 T. R. P. *Jean-Antoine de Pigna.*
1735-1738 T. R. P. *Christophe de Saint-Maurice.*
1738-1741 T. R. P. *François-Antoine de Turin.*
1741-1744 T. R. P. *Giocondo de Sospel.*
1744-1747 T. R. P. *André de Trino.*
1747-1750 T. R. P. *François-Antoine de Cumiana.*
1750-1753 T. R. P. *Michel-Antoine de Villefranche.*
1753-1756 T. R. P. *Bonaventure de Casurtio.*
1756-1759 T. R. P. *Déodat de Canale.*
1759-1762 T. R. P. *Laurent de Sospel.*
1762-1765 T. R. P. *Hyacinthe de Mercenasco.*
1765-1768 T. R. P. *Michel-Ange de Canale.*
1768-1771 T. R. P. *Archange de Maro.*
1771-1774 T. R. P. *Michel-Ange de Trino.*
1774-1777 T. R. P. *Raphaël de Monticello.*
1777-1780 T. R. P. *François d'Ormea.*

1780-1783 T. R. P. *Théodore de Tronzano.*
1783-1786 T. R. P. *Isidore de Carignan.*
1786-1789 T. R. P. *Laurent de Nice.*
1789-1792 T. R. P. *Joseph de Strambino.*
1792-1795 T. R. P. *Jean-Thomas de Carmagnola.*
1795-1798 T. R. P. *Benoît de Pantasino.*
1798-1802 T. R. P. *Joseph de Strambino.*

. . . .

1814-1817 T. R. P. *Laurent de Nice*, Délégué général pour la Custodie maritime, nommé par le Général.

1817-1821 T. R. P. *Pierre de Contes*, Custode de gouvernement pour la Custodie maritime; nommé par le Général.

1821-1824 *Le même*, pour la Custodie maritime, et pour la Custodie de Piémont, comme Délégué général, le T. R. P. *Denis de Centallo*, nommé par le Général.

1824-1827 T. R. P. *Denis de Centallo*, Commissaire provincial, nommé par le Général.

1827-1830 T. R. P. *François-Marie de Contes*, Commissaire Provincial, nommé par le Général.

1830-1833 T. R. P. *Hyacinthe d'Eporédia*, Provincial, nommé par le Chapitre.

1833-1836 T. R. P. *Dominique de Caranovica*, Provincial, nommé par le Chapitre.

1836-1839 T. R. P. *Innocent de Vinovo*, Provincial, nommé par le Chapitre.

1839-1842 T. R. P. *Archange de Borgo-Maro*, Provincial, nommé par le Chapitre.

1842-1845 T. R. P. *Giocondo de San-Stefano*, Provincial, nommé par le Chapitre.

1845-1849 T. R. P. *Victor de Breil*, Provincial, nommé par le Général.

1849-1852 T. R. P. *Joachim de Badalucco*, Custode de gouvernement, nommé par le Général.

1852-1855 T. R. P. *Séraphin de Gazzo*, Custode de gouvernement, nommé par le Chapitre.

1855-1858 T. R. P. *Victor de Breil*, Gustode de gouvernement, nommé par le Chapitre.

1858-1861 T. R. P. *Vincent de Badalucco*, Custode de gouvernement, nommé par le Chapitre.

A la suite de l'annexion du comté de Nice à la France, le couvent de Cimiez, nous l'avons dit, passa, en 1862, à la province française de Saint-Bernardin.

2° PROVINCE DE SAINT-BERNARDIN DE SIENNE, EN FRANCE

1852-1861 T. R. P. *Bénigne de Valbonne*, Commissaire général pour la France, nommé par le Général.

1861-1864 T. R. P. *Séraphin de Gazzo*, Ministre Provincial, nommé par le Général.

1864-1867 T. R. P. *Fulgence de Saint-André*, Provincial, nommé par le Chapitre.

1867-1872 T. R. P. *Denis de Nice*, Provincial, nommé par le Chapitre.

1872-1875 T. R. P. *Bénigne de Janville*, Provincial, nommé par le Général.

1875-1878 *Le même*, nommé par le Chapitre.

1878-1885 T. R. P. *Vincent de Badalucco*, nommé par le Chapitre.

1885-1889 T. R. P. *Bénigne de Janville*, nommé par le Général.

1889-1892 T. R. P. *Ferdinand de Saint-Romain*, nommé par le Général.

1892-1895 *Le même*, nommé par le Chapitre.

1895-1898 *Le même*, nommé par le Chapitre.

1898-1900 T. R. P. *Léon de Malay*, nommé par le Chapitre[1].

1. *Archives du couvent de Cimiez : Registres des actes capitulaires de la province*, t. I, II et III.

XIV

Transaction entre le Chapitre de la Cathédrale de Nice et les Frère Mineurs relativement à leur hospice de la cité (1558).

In Nomine Dni. Nri. Iesu Christi. Amen.

Anno Nativitatis eiusdem Millesimo quingentesimo quinquagesimo octavo, Indictione p^{ma} cum eodem anno sumpta, die vero ultima mensis Decembris.

Ex eiusdem veri et publici instrumenti tenore Universis presentibus et futuris pateat et sit notum quod, cum Monasterium et Conventus Ecclesiæ S. Crucis Fratrum Regularium ordinis S^{ti} Francisci de Observantia alias constructus prope et extra Civitatem Niciæ, tempore obsidionis pntis Civitatis, pro fortificatione dictæ Civitatis, dirruptus fuerit, ob quam dirruptionem Fratres conventuales dicti ordinis et Conventus inde infra presentem Civitatem et in quadam domo, ubi dicitur *Lo Trincot*, se reduxissent ad divina officia ibidem celebranda, et expost obtinuerint Ecclesiam Nostræ Dominæ de Cimellis, in quo loco Monasterium construxerunt, et in eadem Ecclesia divina celebraverint et celebrent, et ex quo locus ipse sit distans a pnti Civitate per longum iter, ppter (propter) ipsam distantiam potissime tempore inundationis aquarum ac fluminis Pallionis, non valeant se conferre quotidie ad pntem Civitatem Niciæ causa confessiones audiendi, quistas (*sic*) eorum faciendi, ob quod inceperint construere unam capellam infra pntem Civitatem, sub licentia et facultate illam construendi a Rd^{mo} Domino Episcopo Niciensi, in qua vellent divina officia celebrare; ex quibus suborta esset lis et controversia inter prenominatos Fres conventuales de observantia et R. Dnos de Capitulo Ecclesiæ Cathedralis Niciensis, prout et omnia partes infrascriptæ vera fore asseveraverunt. Et volentibus partibus ipsis infrascriptis viam pacis insequi et controversiam amicabili compositione sedare, hinc enim fuit et est quod, capitulariter congregati ad sonum campanæ, ut mos est, coram R^{mo} Dno Francisco, Dei et Aplicæ Sedis gratia Episcopo Niciensi, in loco infrascripto, admodum R. D. D. Ioannes Provana Prepositus, Joannes Barralis Archidiaconus, Franciscus Galleanus Canonicus et presentes Ludovicus Arnulfi et Ioannes Rocue alias Rotand, Canonici Ecclesiæ Niciensis, ex una, venerabiles Fres Petrus Revelli Guardianus, Paulus Asterii Vic^{us}, Paulus de Solis, commissarius in omnibus Curiis, presertim Provinciæ S^{ti} Ludovici, Spiritus Ciaudoli de Bossono, Fres S^{tæ} Crucis de Observantia, nomine totius Conventus, facientes maiorem et saniorem partem Frum conventualium, in executionem voti et consensus ab aliis fratribus prestiti, et asseruerunt in Conventu, causante eorum impotentia huc se transferendi, et ipsi D. D. Canonici cum decreto et auctoritate R^{mi} Dni Episcopi prefati, nomine totius capituli, representantes maiorem et saniorem partem Capituli eorum, bona fide, gratis et sponte, per se et eorum posteros et successores in dictis Ecclesiæ capitulo et conventu, convenerunt, concordarunt et transegerunt, pactumque, accordium, conventionem et transactionem firmam, perpetuam et irrevocabilem fecerunt, debitis stipulationibus hinc inde intervenientibus, ut sequitur.

Primo, q^{d} ipsi Venerabiles Guardianus et Fres Conventus Observantiæ Cimellarum possint et valeant construere quamdam parvam Capellam, subtus Domum per eos in pnti Civitate aquisitam a R^{mo} Domino Andrea Fontana, Priore claustrali, ubi dicitur *La Condamina Sobrana*, sub titulo S^{tæ} Crucis, in qua liceat eis confessiones audire et missas submissa voce celebrare, nec non SS^{m}. Eucharistiæ Sacramentum administrare, non tamen tempore Paschatis, nisi habita licentia a R^{mo} D^{o} Episcopo, seu Vicario eiusdem, seu rectoribus Parrochialium Ecclesiarum presentis Civitatis Niciæ seu Curatis earum.

Item, convenerunt, ut supra, q^{d} dicti Fratres non debeant nec possint nec valeant ibi mulieres de Puerperio surgentes benedicere, neque aliquos ibi sepelire, neque Ecclesiam ipsam in ampliorem Ecclesiam redificare sine nova licentia et nova transactione denuper facienda cum prænominatis.

Item, quod, si contingat, quod absit, presentem Civitatem aliqua hostium obsidione premi, tunc liceat eisdem Guardiano et Fratribus pro tempore existentibus, pro eodem tempore obsidionis tantum, divina officia in eadem capella celebrare et Fres conventuales suos, si qui eodem tempore ibi decesserint, ibidem sepellire.

Item, convenerunt et transegerunt, ut supra, quod dicti Fres aliquo modo aliquod præiudicium inferre non debeant Ecclesiæ Cathedrali Niciensi neque Parrochialibus Ecclesiis huius Civitatis ratione dictæ capellæ aut officiorum ibi in ea celebrandorum. Et quia d^{i} venerabiles Guardianus et Fres regulares Observantiæ supradicti asserunt impetrasse breve a SS^{mo} D^{o} N^{o} Paulo Papa quarto per quod tam ipsi quam omnes conventus sui Ordinis eximunt (ur) ab omni prestatione canonicæ portionis funeralium corporum in suis conventibus pro tempore sepelliendorum, voluerunt ipsi Venerabiles Guardianus et Fres, intuitu amicitiæ et reverentiæ, cedere huiusmodi exemptioni, prout cesserunt, et promiserunt illa non uti erga Ecclesiam Cathedralem et Ecclesiam S^{tæ} Reparatæ nec non Ecclesiam S^{ti} Iacobi presentis Civitatis, quotiescumque Fres Carmelitani inde extiterint, retinendo tamen sibi ius dictæ exemptionis eis concessæ quoad Ecclesiam S^{ti} Martini presentis Civitatis, nunc S^{ti} Augustini nuncupatam, et quoad Ecclesiam S^{ti} Iacobi, quandiu dicti Fres Carmelitani in ea residentiam fecerint.

Quibus sic transactis et conventis attentis, præfatus Rmus Episcopus Niciensis, de consensu dicti Capituli eiusdem, venerabilibus Fratribus et Guardiano prenominatis impartitus est licentiam et facultatem dictam Capellam construendi et edificandi, divina in ea celebrandi, cum modificationibus et reservationibus pactis, et conventionibus premissis dumtaxat et eis salvis et illesis manentibus et non aliter. Quæ omnia in hoc publico instrumento contenta promiserunt ipsi R. R. et Venerabiles Domini contraentes ad invicem, mutuo et vicissim, debitis stipulationibus intervenientibus, habere, tenere et perpetuo observare, rata, grata, valida et firma, et contra nunquam facere, oponere aut venire, de iure aut de facto, aliqua ratione, titulo seu causa, sub refectione damnorum, interesse aut expensarum litis et extra, et sub obligatione omnium bonorum ipsorum Venerabilium Capituli et Conventus, mobilium et immobilium, presentium et futurorum, ac sub omni et qualibet iuris et facti renunciatione ad hæc necessaria pariter et cautela; et sic premissa omnia attendere et observare promiserunt et, positis manibus eorum ad pectus, religiosorum more, ad et supra sancta Dei Evangelia iuraverunt.

In et super quibus omnibus, tanquam rite et legitime gestis, prefatus Rmus Dnus Niciensis Episcopus suam interposuit auctoritatem, pariter et decretum; de quibus omnibus ipsi R. R. et Venerabiles Domini transigere [1] petierunt eis et cuilibet eorum, prout concernit, et cuilibet alteri ecclesiarum dictæ Civitatis, fieri et tradi unum publicum instrumentum unius et eiusdem tenoris per me subscriptum Notarium, dictamine iuris, consulti facti veritate non mutata.

Actum Niciæ, in Camera paramenti Palatii Episcopi Niciensis moderni, presentibus ibidem venerabilibus Dominis Bartolomeo Oguini, Thoma Alberti alias Tieri

1. Il semble qu'il faille *transigentes,* ou que le mot soit de trop.

civitatis Niciæ, et Ludovico Barralis de Luserame, presentibus testibus ad premissa omnia vocatis et rogatis; Et me Gregorio Fulconis, Clerico et Cive Niciensi, publico sacra Apostolica Imperiali et Ducali Sabaudiæ et regia in Comitatu Provinciæ et Folqualqueri (auctoritate) Notario, qui premissis omnibus, rogatus et requisitus, interfui et de eis notam sumpsi et publicavi, ex qua hoc publicum instrumentum manu propria scriptum extraxi et inde, previa correctione, signo et nomine meis solitis signavi, in fidem premissarum, parte R. Dni Prioris Ecclesiæ S^ti^ Iacobi, membri dicti capituli Niciensis.

— Supradicta copia, extracta ab alia prefata copia authentica et collationata, concordat cum ipsa de verbo ad verbum. In fidem nos infrascripti propria manu subscripsimus. Dat. in Conventu Ste Mariæ de Cimellis Niciæ, die 13 Julii 1710.

Ita est, Fr. Michael Angelus a Bollina, Vicarius.

Ita est, Fr. Petrus a Nicia, Guardianus.

Ita est, Fr. Gentilis a Nicia, Commus Visor Delegs.

Ego Frater Pacificus a Nicia, Secretarius, de ordine R^dii^ Patris Gentilis a Nicia, Commrii Provlis Visitatoris delegati, hanc audivi legere coram supradictis Patribus et sigillo huius Conventus Niciæ munivi [1].

1. *Archives du couvent de Cimiez.*

XV

Bulle d'Innocent IV mentionnant le sanctuaire de Notre-Dame de Cimiez parmi les possessions du monastère des Bénédictins de Saint-Pons (1247).

INNOCENTIUS, EPISCOPUS,

Servus servorum Dei, Dilecto Filio Abbati S. Pontii extra muros Nicien. eiusque Fratribus, tam præsentibus quam futuris, regularem vitam professuris in perpetuum, salutem et Apostolicam Benedictionem.

Religiosam vitam eligentibus Apostolicum convenit adesse præsidium, ne forte cuiuslibet temeritatis incursus aut eos a proposito revocet aut robur, quod absit, sacræ religionis infringatur. Ea propter, Dilecti in Domino Filii, vestris iustis postulationibus clementer annuimus, monasterium S. Pontii extra muros Nicien., in quo divino estis obsequio mancipati, sub B. Petri et Nostra protectione suscipimus et præsentis scripti privilegio communimus.

In primis siquidem statuentes ut Ordo monasticus, qui secundum Deum et B. Benedicti regulam in eodem monasterio institutus esse dinoscitur, perpetuis ibidem temporibus inviolabiliter observetur.

Præterea quascumque possessiones, quæcunque bona idem monasterium impræsentiarum iuste ac canonice possidet, aut in futurum, concessione Pontificum, largitione regum vel Principum, oblatione Fidelium, seu aliis iustis modis, præstante Domino, poterit adipisci, firma vobis vestrisque successoribus et illibata permaneant, in quibus hæc propriis nominibus duximus exprimenda : videlicet locum ipsum in quo præfatum monasterium situm est, cum omnibus pertinentiis suis; in civitate Niciensi, Ecclesiam S. Reparatæ cum omnibus iuribus et aliis pertinentiis suis; Ecclesiam B. Mariæ Cimelensis cum omnibus pertinentiis suis, S. Bartholomæi, S. Silvestri, S. Michaelis de Barbalata, S. Mariæ de Falicono et S. Mariæ de Villavetula Ecclesias cum pertinentiis earumdem, S. Mariæ de Belloloco, S. Laurentii de Ysia, S. Devotæ et S. Mariæ de Aspromonte Ecclesias cum pertinentiis earumdem, S. Martini de Rupe, S. Mariæ de Levens, S. Martini de Castro Monaco et S. Blasii Ecclesias cum pertinentiis earumdem, S. Helenæ, S. Martini, S. Petri de la Escarena, S. Valentini de Berra et S. Mariæ de Gordalon Ecclesias; in diœcesi Vigintimiliensi, Ecclesiam S. Nicolai de Cespitello cum pertinentiis suis; in diœcesi Venciensi, S. Mariæ de Gratteriis et S. Petri de Oliva Ecclesias cum pertinentiis earumdem; in diœcesi Glandavensi, Ecclesiam S. Mariæ de Annoto cum pertinentiis suis; in diœcesi Foroiuliensi, S. Armentarii, S. Iacobi, S. Mariæ de Salis et S. Blasii de Vercellis Ecclesias cum pertinentiis suis; burgum S. Pontii in Civitate Niciensi cum iuribus et aliis pertinentiis suis; burgum de Mas cum iuribus et aliis pertinentiis suis; decimas, possessiones, et domos, furnos, molendina et prata quæ habetis in Civitate et diœcesi Niciensi; medietatem Castri de Falicono, quartam partem Castri de Rupe cum pratis, terris, vineis, nemoribus, usuagiis et pascuis, in bosco et plano, in aquis et molendinis, in viis et semitis, et omnibus aliis libertatibus et immunitatibus suis...

... Decernimus ergo ut nulli hominum liceat præfatum monasterium temere perturbare, vel ejus possessiones auferre, vel allatas retinere, minuere, seu quibuslibet vexationibus fatigare, sed omnia integra conserventur eorum pro quorum gubernatione ac sustentatione concessa sunt usibus omnimodis profutura, salva Sedis Apostolicæ authoritate ac diœcesanorum Episcoporum canonica iustitia et in prædictis decimis moderatione Concilii generalis.

Si qua igitur in futurum ecclesiastica sæcularisve persona, hanc Nostræ Constitutionis paginam sciens, contra eam temere venire tentaverit, secundo tertiove commonita, nisi reatum suum congrua satisfactione correxerit, potestatis honorisque sui careat dignitate reamque se divino iudicio existere de perpetrata iniquitate cognoscat et a sacratissimo Corpore et Sanguine Dei et Domini Redemptoris Nostri Iesu Christi aliena fiat atque in extremo examine districtæ subiaceat ultioni. Cunctis autem in eodem loco sua iura servantibus sit pax Domini Nostri Iesu Christi, quatenus et hic fructum bonæ actionis percipiant et apud districtum Iudicem præmia æternæ pacis inveniant. Amen. Amen.

† Ego INNOCENTIUS, *Catholicæ Ecclesiæ Episcopus.*

† Ego PETRUS, *EE. Sancti Marcelli Præsb. Card. S.*

† Ego WILELMUS, *Basilicæ duodecim Apost. Præsb. Card. S.*

† Ego Fr. IOANNES, *EE. S. Laurentii in Lucina Præsb. Card. S.*

† Ego Fr. UGO, *EE. S. Sabinæ Præsb. Card. S.*

† Ego OTO, *Portuensis et S. Rufinæ Episcopus S.*

† Ego IOANNES, *S. Nicolai in carcere Diac. Card. S.*

† Ego W., *S. Eustachii Diac. Card. S.*

Datum Lugduni, per manum Magistri Marini, Sanctæ Romanæ Ecclesiæ Vicecancellarii, Idib. Iunii, Indict. V, Incarnationis Dominicæ anno MCCXLVII, Pontificatus Domini Innocenti Papæ IIII anno quarto[1],

1. Ap. GIOFFREDO, *Nicæa civitas sacris mon. illustrata;* par. II, de Monast. S. Pontii, pp. 214-217.

XVI

Acte constatant la consécration solennelle de l'église de Notre-Dame de Cimiez (1667).

In Dei Nomine. Amen.

Didacus ab Ecclesia, Dei et Apostolicæ sedis gratia Episcopus Niciensis, et Comes Drapi.

Universis sit manifestum quod nos, existentes in ecclesia Nostræ Dominæ de Cimelis, attendentes et considerantes quod non locus hominem, sed homo locum bonis operibus sanctificare consuevit, ad instantiam et requisitionem admodum R. P. Fr. Salvatoris a Nicia, Guardiani, et aliorum RR. PP. Conventus eiusdem Ecclesiæ de Cimelis Ordinis Minorum Strictioris Observantiæ, pontificaliter induti, ad laudem, gloriam et honorem Summi et Omnipotentis Dei ac Beatæ et Gloriosæ Virginis Mariæ, Matris eius, sub cuius invocatione fundata fuit dicta Ecclesia, et eorum suffragio misericorditer implorato, omnibus melioribus modo, via et forma, intervenientibus quibuscumq. solemnitatibus, tam iuris quam facti, etiam substantialibus, in similibus opportunis de iure et consuetudine, cum aspersione acquæ benedictæ et incensu et sacræ Unctionis impressione, dictam Ecclesiam Beatæ et gloriosæ Virginis Mariæ consecrandam et dedicandam duximus, prout illam consecravimus et dedicavimus, servatis in his debitis solemnitatibus et ritibus, iuxta constitutiones et formam S. Romanæ Ecclesiæ. In cuius rei fidem has nostras litteras, debite firmatas sigilloq. nostro Epali munitas, in forma publici Instrumenti redactas, per Secretarium nostrum fieri et subscribi iussimus.

Actum in prefata Ecclesia Nostræ Dominæ de Cimelis, sita super finibus Civitatis Niciæ, pntibus et nobis assistentibus Perillbus et admodum RR. DD. Cæsare Balduino Preposito et Ioanne Baptista Torrino Archidiacono, Canonicis Ecclesiæ nostræ Cathedralis, testibus ad premissa omnia astantibus vocatis et rogatis; Anno Domini Millesimo sexcentesimo sexagesimo septimo, Indictione quinta, die vero Vigesima nona Augusti, Pontificatus sanctmi in Christo Patris et Dni. Nri. Dni. Clementis Papæ Noni anno primo.

Per memoratum Illum et Rmum Epum Nicien.

(Sceau.) DAIDERI, secr. [1]

1. *Archives du couvent de Cimiez.*

XVII

Acte d'agrégation de l'église de Cimiez à la basilique de Latran (1607).

Capitulum et Canonici Sacrosanctæ Lateranensis Ecclesiæ,

Præsentes has literas inspecturis et lecturis salutem in Dno. sempiternam.

Iuri et æquitati maxime convenit et ad nos spectare dignoscimus ut, Ecclesia nostra Lateranensi eximiis gratiis, privilegiis, immunitatibus atque indultis a Summis Rom. Pontificibus ornata et decorata, et sub cuius protectione in diversis mundi partibus innumeræ Ecclesiæ, Cappellæ, Altaria, Hospitalia, Monasteria et alia loca pia per universum orbem existentia, ab immemorabili tempore, reperiuntur, quæ sponte se submiserunt, vel in nostris solis et fundis ædificata fuerunt, ac in dies alia ad eam tamquam Matrem et Dnam. et Primævam Ecclesiam, quam Summi Rom. Pontifices eorum Patriarchalem esse voluerunt, confugiunt, eas etiam earumdem gratiarum, indultorum, immunitatum et privilegiorum participes faciamus ; Et demum, cum R. P. Fr. Paulus Brea cæterique Fratres Ord. Min. de Observantia degentes in Ecclesia Nostræ Dominæ de Cimellis, sita in territorio Civitatis Niciæ, summopere cupiant, pio devotionis affectu moti, suprad^{m} eorum ecclesiam Nræ Dominæ Ecclesiæ nostræ Lateranensi adiungere, annectere et incorporare ; propterea ab eis summa cum instantia fuimus requisiti ut dictorum nostrorum Privilegiorum, immunitatum et gratiarum et indultorum ad huiusmodi propositum pertinentium transumptum eis faceremus. Nos vero, eiusmodi eorum petitioni satisfacere eosque quantum possumus in Deo consolari volentes, prædictorum privilegiorum, indultorum, gratiarum et immunitatum eisdem transumptum facere decrevimus, quarum in suis originalibus sanarum, integrarum et omni suspicione carentium, respective tenor sequitur; et sunt tales.

Quæ privilegia continentur in Bulla Honorii.., incip. *Ecclesia nostra*, sub dat. Laterani Idibus 9bris, Pontificatus sui anno quinto ; etiam in Bulla Innocentii... quæ incipit : *Congrua officii nostri*, sub dat. Laterani XV mensis Martii, Pontificatus sui anno primo ; etiam in Bulla Bonifacii... quæ incipit : *Gerentes nos*, sub dat. Viterbii tertio nonas 7bris, Pontificatus sui anno quinto ; item in Bulla Nicolai, quæ incipit : *Meritis nostræ Religionis*, sub. dat. Reatæ Kalendis 7bris, Pontificatus sui an. primo.

Quibus omnibus et singulis præmissis tanquam per nos rite et legitime peractis, has præsentes litteras manibus Camerariorum et Secretarii Canonicorum nostrorum subscribi, sigillique nostri capitularis appensione muniri iussimus et fecimus.

Datum Romæ, in loco capitulari eiusdem Ecclesiæ Lateranensis, Anno a Nativ. Dni. Nri. Iesu Chrsti 1607, die tertia mensis 9bris, Pontificatus SS^mi^ in Christo Pris. Dni. Nri. Pauli Divina Providentia Papæ V. Anno eius 3°.

IOANNES HIERONYMUS BONFILIUS, *canonicus et camerarius Lateranensis.*

IOANNES UBERTINUS, *canonicus et camerarius Lateranensis.*

IACOBUS BRANCATIUS, *canonicus et secretarius Lateranensis* [1].

1. *Archives du couvent de Cimiez.*

XVIII

Sommaire des indulgences de la basilique de Latran en communication desquelles fut mis, au XVIIe siècle, le sanctuaire de Notre-Dame de Cimiez[1] (1623).

SUMMARIUM INDULGENTIARUM SACROSANCTÆ LATERANENSIS ECCLESIÆ,

Per quamplurimos summos Romanos Pontifices concessarum et confirmatarum, quas etiam consequuntur omnia membra eiusdem Ecclesiæ Lateranen. ; inter quæ reperitur etiam *Ecclesia Nostræ Dominæ de Cimelis*, sita in territorio Civitatis Niciæ, Fratrum Ordinis Minorum de Observantia ; ideo, tanquam eius membrum, ex iisdem gratiis et indulgentiis participat, potitur, et gaudet :

— In Primis, ad altare maius sunt Indulgentiæ quadraginta octo annorum, et totidem quadragenæ et tertiæ partis omnium peccatorum remissio ;

Item, Contantinus Imperator, *postquam fuit a lepra mundatus per sacri baptismatis susceptionem, dixit beato Silvestro : « Pater, ecce domum meam in Ecclesiam Dei ordinavi; infunde in eam tuam largam benedictionem omnibus venientibus ad eam. » Et ait ad eum Beatus Silvester : « Dominus Noster Iesus Christus, qui te mundavit a lepra et purificavit te fonte perenni, per suam misericordiam mundet et purificet omnes huc venientes sine*

1. Ce sommaire, au point de vue des pieuses légendes qu'il mentionne, est, par ailleurs, fort curieux.

peccato mortali et auctoritate Apostolorum Petri et Pauli, atque Nostra, sit eis remissio omnium peccatorum. »

Item. Idem Papa Silvester concessit Capellæ quæ dicitur mortuorum ut, *si quis celebraverit super Altari ibidem existente unam Missam, liberet unam Animam a pœnis Purgatorii.*

Item. Papa Bonifacius nonus dixit quod, si quis ad sedem nostram Lateranen., causa orationis, devotionis, sive peregrinationis accesserit, ab omni sorde peccati sit mundatus totus.

Item. In Festo S^{mi} Salvatoris, *cuius Imago, quando S^{tus} Silvester Papa dictam Ecclesiam consecravit, tunc omni Populo Romano ibidem congregato visibiliter apparuit,* in cuius locum postea Nicolaus Papa quartus, in memoriam tantæ apparitionis, Imaginem eiusdem S^{mi} Salvatoris reponere fecit in pariete et loco ubi primum apparuerat, quæ continuo videri potest et venerari debet in remissionem peccatorum, quam consequuntur.

Item. Sanctus Gregorius Papa, qui hanc eamdem Ecclesiam, post destructionem eiusdem ab hæreticis factam, et restaurationem, denuo consecravit, confirmavit Indulgentiam positam per beatum Silvestrum Papam antedictum.

Item. Prima Ecclesia septem Ecclesiarum Urbis Romæ est Ecclesia Sancti Ioannis in Laterano, quæ est etiam Prima, Caput et Mater omnium Ecclesiarum totius orbis, in qua sunt quotidie quamplurimæ Indulgentiæ.

Item. In Prima Dominica quadragesimæ est statio et plenaria omnium peccatorum remissio.

Item. In Dominica Palmarum est similiter statio et omnium peccecatorum remissio.

Item. In die Cœnæ Domini est Indulgentia Plenaria omnium peccatorum.

Item. Sabbato Sancto est statio et remissio plenaria omnium peccatorum.

Item. Sabbato in Albis est statio in qua sunt quamplurimæ Indulgentiæ.

Item. A die sexta maii usq. ad diem decimam quintam Augusti sunt quamplurimæ Indulgentiæ.

Item. In Vigilia Pentecostes est statio, et sunt quamplurimæ Indulgentiæ.

Item. In Vigilia Festivitatis S[ti] Ioannis Baptistæ, a primis Vesperis usque ad occasum solis diei sequentis, est Indulgentia Plenaria.

Item. In die Transfigurationis Domini Nostri Iesu Christi sunt quamplurimæ Indulgentiæ.

Item. In Die Decollationis Sancti Ioannis Baptistæ sunt quamplurimæ Indulgentiæ.

Item. Die nona Novembris, in festo Dedicationis ipsius Basilicæ Sanctissimi Salvatoris Nostri, est statio cum remissione omnium peccatorum.

Item. In die S[ti] Ioannis Apostoli et Evangelistæ est etiam statio et sunt quamplurimæ Indulgentiæ.

Item. In Capella S[ti] Ioannis Baptistæ, quæ dicitur in fonte, *ubi Constantinus Imperator fuit baptizatus et in qua, ob magnum sanctuarium, nunquam mulieres ingrediuntur*, singulis diebus est remissio omnium peccatorum.

Item. *In Capella S[ti] Laurentii, quæ dicitur Sancta Sanctorum, est vera Imago S[mi] Salvatoris Nostri Iesu Christi, divinitus depicta*, in qua sunt plurimæ et insignes reliquiæ sanctorum, et *in ea similiter, propter maximam loci sanctitatem, mulieribus nunquam ingredi est permissum*, sunt quamplurimæ et infinitæ indulgentiæ, ut declarant duo versus ibidem existentes : « *Omnia si lustres alienæ limina terræ, non est in toto sanctior orbe locus.* »

Item. In Capella S[ti] Thomæ, iuxta Portam magnam dictæ Ecclesiæ versus orientem, *est reposita Arca Veteris Testamenti una cum Virga Moysi et Aaron*, ac etiam *insignis tabula super qua Dnus Noster Iesus Christus cum suis Discipulis in die Iovis Sancti* (sic) *cœnavit*, et ibi sunt Indulgentiæ quamplurimæ.

Item. Qui devote ascenderit flexis genibus per scalam quæ dicitur sancta et habet viginti octo scalones, sive gradus, *quam Sancta Helena Imperatrix asportari fecit ex Hierusalem de domo Pilati, et per quam Dnus. Nost. Iesus Christus ascendit tempore suæ passionis et eius sacratissimo sanguine fuit aspersa*, consequitur septem annos Indulgentiarum pro quolibet gradu.

Item. Innocentius Papa dixit : « *Sunt tam multæ et infinitæ Indulgentiæ Ecclesiæ Lateranen. ut numerari non possint nisi a solo Deo ;* quas omnes confirmo. »

Dixit etiam Papa Bonifacius : « Si homines scirent quot sunt Indulgentiæ in Ecclesia S. Ioannis Lateranen. a summis Rom. Pontificibus concessæ, *nequaquam opere prætium esset proficisci ad sepulchrum Hierosolymitanum, nec minus ad S. Iacobum in Compostella.* »

Io. Hieronymus Bonfilius, *Can*[cus] *et Camer*[us] *Later*[is] ;
Antonius Mertius, *Canonicus et Camerarius Lateranensis.*

Iac. Branibarus, *Can*[us] *et Secr*[ius].

— Concedimus suprascriptas Indulgentias publicari in hac nostra Niciensi Diœcesi.

Datum in Palat. nostro Episcopali, 29 iunii 1623.

† Fr. Fran[s], *Eps Niciensis* [1].

1. *Archives du couvent de Cimiez.*

XIX

Décret des chapitre et chanoines de Saint-Jean-de-Latran, confirmant l'agrégation de l'église de Notre-Dame de Cimiez à leur insigne basilique (1677).

CAPITULUM ET CANONICI SACROSANCTÆ LATERANENSIS ECCLESIÆ,

Omnium Urbis et Orbis Ecclesiarum Matris et Capitis. Dilectis Nobis in Christo Guardiano cæterisque Fratribus Ordinis Minorum Strictioris Observantiæ, degentibus in Ecclesia et Conventu sub Invocatione Nostræ Dominæ de Cimellis, sitis in territorio Civitatis Niciæ, salutem in Dno sempiternam ac sinceram in eo charitatem.

Laudabilia vestrarum probitatum et virtutum merita, quibus apud Nos fide digno commendamini testimonio, Nos inducunt ut preces vestras benigno favore prosequamur. Cum itaque alias et de Anno Millesimo Sexcentesimo Septimo, sub die XX Octobris, fuerit per Vos, seu Prædecessores vestros, præfata vestra Ecclesia Nostræ Dominæ, posita in territorio Civitatis Niciæ, submissa, unita, et annexa Nostræ Sacrosanctæ Lateranensi Ecclesiæ, ad hoc ut illa omnibus gratiis, indultis Nostræ Lateranensis Ecclesiæ uti, frui, et gaudere posset et valeret; et Nos, huiusmodi submissionem et veniam recipientes et admittentes in vim facultatum Nobis a Sede Apostolica concessarum, prædictæ vestræ Ecclesiæ Nostræ Dominæ omnia et singula indulta, gratias et Indulgentias Nostræ Sacrosanctæ Ecclesiæ Lateranensis communicaverimus et concesserimus, cum obligatione solvendi, in signum superioritatis Nostræ, perpetuum annuum censum unius libræ Ceræ albæ laboratæ, singulis annis vel saltem in fine cuiuslibet quindennii, hic Romæ in manibus Camerarii Nostri pro tempore existentis, in Vigilia Nativitatis S. Ioannis Baptistæ; ac de omni quolibet quindennio dictæ concessionis Litterarum renovationem seu confirmationem a Nobis petere, et obtinere teneremini, successoresque vestri tenerentur, prout in dictis sive confectis Litteris plenius continetur; modo autem vos tanquam obedientes filii pro huiusmodi Litterarum renovatione ac confirmatione obtinenda humiliter supplicari feceritis, Nosque vestris precibus, ut par est, annuere volentes, una cum Illmo ac Rev^mo D^no Antonio Laurentio Ratta, utriusq. signaturæ S^mi D. N. Referendario, Em^mi et Rev^mi Dni D. Flavii, miseratione divina tituli Sanctæ Mariæ de Populo S. R. E. Presbyteri Cardinalis Chisii nuncupati, Sacrosanctæ Lateranensis Ecclesiæ Archipresbyteri Vicario, in Papali Romano Lateranensi Patriarchio, ut mos est, capitulariter congregati, auctoritate Nostra ordinaria ac qua, vigore indultorum, et privilegiorum Apostolicorum Nobis ac Sacrosanctæ Nostræ Lateranensi Ecclesiæ concessorum, fungimur, omnique alio quo possumus ac debemus meliori modo, via, iure et forma, iuxta Sacrosancti Concilii decreta, dictas primevæ concessionis, submissionis et unionis Litteras una cum omnibus in illis contentis clausulis, gratiis, indultis, et indulgentiis innovamus, confirmamus, et approbamus, ad aliud quindennium inchoandum die VIII. Ianuarii anni Millesimi Sexcentesimi septuagesimi Octavi et, ut sequitur, die Septima Ianuarii Anni Millesimi Sexcentesimi nonagesimi tertii finiendum, extendimus et prorogamus; Volentes ut deinceps, perpetuis futuris temporibus, decimo quinto quoque Anno huiusmodi Litterarum renovationem, seu confirmationem a Nobis petere et obtinere, ac prefatum annuum Censum unius Libræ Ceræ albæ laboratæ hic Romæ singulis Annis, vel saltem in fine cuiuslibet Quindennii, in manibus Camerarii nostri pro tempore existentis, in Vigilia Nativitatis S. Ioannis Baptistæ, in signum superioritatis Nostræ, persolvere, Visitatoresque Nostros, cum ad præfatam vestram Ecclesiam accesserint, benigne excipere, nec non insignia lapidea Sacrosanctæ Lateranensis Ecclesiæ in prospectu dictæ Ecclesiæ, quatenus apposita non fuerint, apponi facere teneamini Successoresque vestri teneantur [1].

In quorum omnium et singulorum fidem, has præsentes Nostras Litteras manibus Reverendissimorum Dominorum Camerariorum et Secretarii Canonicorum Nostrorum subscribi, Sigillique Nostri Capitularis magni, quo in talibus utimur, iussimus et fecimus appensione muniri.

Datum Romæ apud Lateranum, Anno D. N. Iesu Christi MDCLXXVII, die XVIII Mensis Decembris, Pontificatus autem S^mi^ in Christo Patris et D. N. D. Innocentii divina providentia Papæ XI, Anno eius Secundo.

ANGELUS PARRÆCIANUS, SS^mæ^ Lateranen. Ecc^æ^ Cam^ius^ Can^s^.

NUCIUS BONIOANNES, SS. Lateran. Eccl. Procam^ius^.

IO. PHILIPPUS DE RUBEIS, Cano^us^ Later^is^ Secret^us^.

Publicetur, Niciæ, die 10 Ian. 1678.

† V. HENRICUS, Ep^us^ Niciensis [2].

1. Conformément à cette prescription, un écusson en marbre, portant les mots : *Sacrosancta Lateranensis Ecclesia, omnium ecclesiarum urbis et orbis mater et caput,* fut, au XVIIe siècle, placé à la porte de l'église. Au XIXe siècle, sans doute lors de la restauration de la façade, il a été malheureusement enlevé; il en reste encore un débris dans le couvent.

2. *Archives du couvent de Cimiez.*

XX

Bref de Léon XIII accordant aux sept autels de Notre-Dame de Cimiez les indulgences des sept autels de Saint-Pierre de Rome (1897).

LEO P. P. XIII

Universis Christifidelibus præsentes litteras inspecturis salutem et apostolicam benedictionem.

Ad augendam fidelium religionem animarumque salutem cœlestibus Ecclesiæ thesauris pia charitate intenti, omnibus utriusque sexus christifidelibus qui septem altaria, quatenus sita sint in Ecclesia adnexa conventui franciscano loci vulgo « Cimiez » diœcesis Nicien., per Ordinarium designanda, duodecim vicibus pro quolibet anno per eumdem Ordinarium specificandis, devote visitaverint ibique pro christianorum principum concordia, hæresum extirpatione, peccatorum conversione ac S. Matris Ecclesiæ exaltatione, pias ad Deum preces effuderint, qua vice prædictarum id egerint, ut eas omnes et singulas indulgentias, peccatorum remissiones ac pœnitentiarum relaxationes consequantur quas consequerentur si septem altaria in Basilica Principis Apostolorum de Urbe sita et ad id designata personaliter ac devote visitarent, auctoritate apostolica, tenore præsentium, concedimus et indulgemus. In contrarium facientibus non obstantibus quibuscumque; Præsentibus ad septennium valituris.

Datum Romæ, apud S. Petrum, sub annulo Piscatoris, die XXI maii MDCCCXCVII, Pontificatus Nostri anno vigesimo.

Pro Dno. Card. Macchi,

Nicolaus Marini, *sub.*

— Vidimus, recognovimus ac concedimus ut indulgentiæ, de quibus in præsenti Brevi, lucrari possint : prima die mensis Januarii, die quarta octobris, ac in tertia Dominica decem aliorum mensium.

Nicææ, die tertia septembris, an. 1897.

FABRE, *proton. apost. V. G.*[1]

1. *Archives du couvent de Cimiez.*

XXI

Translation à Cimiez des reliques de sainte Victoire (1698)

La donazione del Corpo di S. Vittoria martire ed altre quattro reliquie insigni, riposte dentro quattro cassette piramidali con li suoi cristalli, cioè di S. Onorato, S. Deodato, S. Felicissima, et S. Liberata martiri, è stata fatta in Roma, come consta per instrumento rogato dal Sig. Giuseppe Pelusio, notaio della Curia delle cause della camera apostolica, sotto li 24 del mese di settembre del corrente anno 1698, a questa nostra Chiesa della Madonna SS^ma^ di Cimella dalla pietà dell' Illmo. ed Eccllmo. Sig. Conte et Presidente Marcello de Gubernatis, Resid^e^ per S. A. R., alla presenza di PP. Giacinto et Paolo di Nizza, nostri Religiosi, quali hanno accompagnato il sacro corpo sopra una barca, giunta nel porto di Villafranca li 9 di novembre del medesimo anno; alli 13, s'è sbarcata la cassa e riposta in una casa situata nel giardino dell' Illmo. Sig. Antonio Masino fuori le mura della Città, ed alli 14, Monsig. Vescovo Enrico Provana, viste le autentiche, ne ha fatta la recognizione ed approvazione, come consta dalle Scritture del suo Seg^rio^.

La cassa nella parte di fuori è di bosco nero, riccamente ornata con intagli dorati, e sopra della medesima ne' quattro canti quattro serafini indorati e nel mezzo altri intagli con un angelo, parimente indorato, che tiene una corona in mano. Il di dentro è foderato di brocato rosso con fiorami d'oro. La Santa sta come in riposo sopra un letto dorato col capo e busto rilevato ; tiene nella mano destra una palma e nella sinistra una scudella del suo sangue, ed in testa una ghirlanda di fiori, ed è riccamente vestita con pizzetti d'oro.

Nella festa di S. Andrea apostolo, congregati nella Cattedrale tutti li Regolari (eccetto li PP. Cappuccini) le Confraternite della Città, unitamente col clero secolare, Canonici e Monsign. Vescovo, con li Sig^ri^ Prefetto et Sindici, e tutto il Popolo, si portarono nel sud^o^ luogo, dove stava riposta la Santa, processionalmente, e fatta la remissione delle dette Reliquie dal Sig^r^ Conte di Baussone, figliuolo del Sig. Resid^e^, avendo per tale effetto consegnato nelle mani del R. P. Mansueto, nostro Commiss^io^, l'Instrumento di donazione rogato in Roma, incensato dal Vescovo il Corpo Santo ed intuonato dal medesimo il *Te Deum*, si diede principio alla solennissima processione.

Precedeva la piccola Croce del Capitolo, indi sei Compagnie di Penitenti, li Regolari per ordine, Musici con banda di violini e Clero con Sig^ri^ Canonici, e levato in sulle spalle il sacro deposito da otto nostri Frati, sei assistenti con torcie e quattro che portavano le quattro Reliquie, sud^i^ tutti parati con cotte, si presentarono gli Illmi Sig^i^ Prefetto e Sindici della Città col baldacchino, e posta sotto la Santa, seguita dopo da Monsig. Vescovo con l'assistenza di due Canonici, et dietro questi l'Ecclmo. Senato con numerosissimo concorso di popolo, passando per la porta della Marina fu proseguita la processione sino dentro S. Reparata, ove fatto il panegirico alle glorie della Santa, subito terminato, et intuonato il *Benedictus Dnus Deus*, col' istesso ordine fu portata et accompagnata la Santa (eccettuato il clero secolare, e Monsigr.) sino alla nostra Chiesa di S. Giuseppe; quivi si è fatta l'Ottava con ogni solennità, suoni, e canti, e concorso di popolo e gente straniera per guadagnar l'Indulgenza plenaria e raccomandarsi alla Santa. La Domenica poi, festa dell' Immacolata Concezione, subito dopo pranzo, levato il sacro corpo da otto nostri Religiosi, il R° P. Commiss° parato col pluviale, altri con cotte e torcie in mano, ed il rimanente della Famiglia con candelle, s'è cominciata da noi la processione, e passando per tutta la Città con bande de' violini et canti, fummo giunti al Parco dalle compagnie del ssmo. Sudario e ... quali ci accompagnarono sino in Cimella. Non parlo del concorso e devozione del popolo per tutta la Città e fuori sino al Convento, perchè dal R. P. Commissario Mansueto saprà più distintamente altre particolarità, che non posso descrivere.

Soggiungno che nella comparsa della Santa all' Ospizio fu salutata con mortaretti, l'istesso segui qui in convento, essendosi frattanto riposta la Santa nella Capella dei tre Re, come in deposito, fino a tanto che dal. Sigr Residente sia eretta una nuova Capella [1].

1. *Archives du couvent de Cimiez : Récit de la translation de sainte Victoire* et *Livre des Vêtures, du 4 octobre 1605 au 21 mai 1724*; append. dern. folio.

XXII

Concession par les religieux de Cimiez à Messire Antoine Acardi du droit de sépulture dans le « presbyterium » restauré par ses soins (1588).

Noverint omnes præsentes inspecturi quod, Anno Dni. millesimo quingentesimo octuagesimo octavo, die vero quarta mensis Iunii, Nos Fr. Franciscus Campi, Ord. Frum. Min. Regularis Observantiæ, Minister Prov^is^ Provinciæ Sti. Ludovici et in eadem Prov. Revd^mi^ P. Ministri Generalis totius dicti Ordinis Commissarius cum potestatis plenitudine, Fr. Blasius a S^to^. Iohanne, Guardianus Conventus Stæ. Mariæ de Cimellis Civitatis Niciæ, Fr. Antonius Andre, Vicarius eiusdem Conventus, Fr. Nicolaus Cotta, Fr. Antonius Vianei et alii simul capitulariter congregati, Auditis votis et desideriis Magnifici Dni. Antonii Acardi Niciensis, et pro tunc Sibilliæ Hispaniarum commorantis, quibus præsertim in honorem Beatæ Mariæ Virginis Matris Dni. nostri Iesu Xpi. et potissime erga sacellum et ecclesiam constructam in honorem ipsius prope Cimellam territorii Niciensis, iuxta quod Conventus noster adiacet, dicti Magnifici Dni. Antonii Acardi cupientes annuere votis et piis desideriis satisfacere, Præsbiterium sive Maiorem Cappellam dictæ Ecclesiæ Beatæ Mariæ reparandi, ornandi et dotandi una cum maiori Altari sponte, libere concedimus, tamquam patrono et sub titulo fundatoris, simul et facultatem eligendi, designandi, et erigendi sepulturam suam ad libitum intra metam et spatium dicti præsbiterii sive maioris sacelli et omnia alia faciendi quæ attinent ad honorem Dei et suæ Beatissimæ Matris e dispositione SS. Concilii Tridentini.

In quorum fidem præsentes nostris signis manualiter volumus munitas, in civitate Nicia et Conventu, præfato anno et die qui supra.

Fr. Fr. Campi, *M*^er^ *P*^lis^ *et R*^mi^ *P. Gen*^lis^ *Commiss.*
Fr. Blasius de Sto Ioanne, *Guard*^us^.
Honoratus Baldoinus, *Sindicus et Procurator dicti Conventus Nicien. de Observantia Nræ. Dnæ. de Cimellis.*
Fr. Antonius Andre, *Vicarius.*
Fr. Nicolaus Cotta.
Fr. Antonius Vianei [1].

1. *Archives du couvent de Cimiez.*

XXIII

Requête de M. le comte Achiardi de Saint-Léger pour faire valoir son droit de sépulture (1841).

ILLMO. E REVDMO. MONSIGNORE.

Rappresenta il Conte Amadeo d'Achiardi di S. Leger che, essendo deceduta, alle ore sette di questa mattina, la di lui consorte Giuseppina, munita di tutti i conforti della Sacrosanta nostra Religione, desiderebbe che la medesima venisse seppellita nella Chiesa di Cimella, ove vi hanno il dritto acquistato da lunghissimo tempo, per avere i suoi antenati fatto costruire a proprie spese il coro e contribuito in gran parte all' abbellimento dell' altare maggiore.

Essendo ogni concerto già preso coi RR. PP. a tal nuovo se ne ricorre alla S. S. Illma. e Reverend., onde colla sua innata bontà si degni accordare la supplicata grazia.

Suit l'autorisation épiscopale suivante :

Accordiamo di buon grado la chiesta facoltà, salvi però sempre li parrocchiali diritti.

Nizza, dal Vescovile Palazzo, il di 11 giugno 1841.

† DOMENICO *Vescovo.*
PICCO, *Pro-Cancelliere*[1].

1. *Archives du couvent de Cimiez.*

XXIV

Deux sonnets du comte Urbain Garin de Cocconato (1891-1892).

NOVEMBRE

Le foglie, ora ingiallite e disseccate,
Ad una ad una son cadute al suolo;
Le care e tiepid' aure son passate,
E non rimane più che inverno e duolo.

In tal tempo natura par che dica :
Pensa a color che giacon là sepolti,
Sciogli per loro una preghiera amica,
Prega il Signor che la tua voce ascolti !

E sul gelido avello secolare
Una tenera man soave e pia
Un mesto fiorellin venga a posare.

Sovra il labbro risuoni Ave Maria,
Mentre che il vento, ch' odi a sibilare
Tra i faggi, par risponda : « Cosi sia ! »

URBANO GARIN DI COCCONATO [1].

NOVEMBRE

Les feuilles, maintenant jaunes et desséchées,
Tombent, une par une, attristant notre seuil;

1. *Corriere Nazionale* du 23 novembre 1891.

Avec leurs doux parfums, les brises sont passées,
Il ne reste plus rien que l'hiver et le deuil.

Et la nature dit, de sa voix attendrie :
« Songe à celui qui dort, sous le tertre couché ! »
Et la nature dit : « Souviens-toi, pleure et prie,
Afin que le Seigneur de tes vœux soit touché. »

Et, sur le mausolée au marbre séculaire,
Une pieuse main égrenant le rosaire
Pose le bouquet pâle, emperlé de grésil,

Et l'*Ave Maria*, sur la lèvre résonne,
Tandis que le vent froid, qui siffle et qui frissonne
Dans les hêtres courbés, répond : « Ainsi soit-il. »

MARIA C. D'AIGUEBELLE.

MAGGIO

Cantan gli augei sovra i rami novelli,
Annunziando che 'l verno volse al fine :
Tiepide or sono l'aure verpestine
E luce il sole de' suoi rai più belli.

Gorgogliosi discendono i ruscelli
Dai ghiacci eterni delle cime alpine
A far ridenti i prati, ove bovine
Mandre traggon cantando i pastorelli.

Purpureo è il cielo, a' rai del sol che muore
Rilucon l'onde del tranquillo mare.
L'universo le glorie del Signore

Sembra che canti con inni d'amore ;
Mentre con sacri carmi ai piè dell' are
A Maria le pie turbe offrono il cuore.

URBANO GARIN DI COCCONATO[1].

1. Publié dans le *Corriere Nazionale* du lundi 16 mai 1892.

MAI

Ils chantent, les oiseaux, dans les rames nouvelles,
Annonçant les adieux de l'hiver qui s'enfuit.
Doux et tiède, à présent, est le vent de la nuit ;
Le soleil resplendit des flammes les plus belles.

Et, du haut des sommets aux glaces éternelles
Descend la source pure aux harmonieux bruits ;
Les troupeaux, dans les prés, s'en vont gaîment, conduits
Aux refrains des bergers, au chant des pastourelles.

Pourpre est le ciel, à l'heure où le soleil décline
Vers la tranquille mer, qui, soudain, s'illumine ;
Et l'univers redit les gloires du Seigneur,

Dans un hymne d'amour sublime, incomparable,
Tandis qu'avec transport, à genoux sur le sable,
Les foules à Marie offrent partout leur cœur.

Maria C. d'Aiguebelle.

XXV

Concession du droit honorifique d'une chapelle avec sépulture à Messire Vincent Dabray, de Nice (1692).

Sub die vigesima mensis augusti An. Dom. 1692, concessæ fuerunt a P. A. R. Bonaventura a Liburna, Ministro Provinciali, patentes litteræ Perillustri Domino D. Vincentio Dabray a Nicia eiusque heredibus ac successoribus, concernentes ius honorificum capellæ et sepulturæ in eadem ædificatæ Ecclesia nostra Sanctæ Mariæ de Cimellis prope Niciam, quæ capella, alias Sti Ludovici, nunc sub titulo Sti Petri de Alcantara est nuncupata.

F. Bonaventura a Liburno, *Min. Provincialis*[1].

1. *Archives du couvent de Cimiez.*

XXVI

Extrait du testament de Monsieur Barthélemy Dabray, en faveur du sanctuaire de Cimiez (1702).

TESTAMENTO DEL SIGNOR BARTOLOMEO DABRAY,

Li 30 gennaro 1702, rimeso sigillato al Sig^{r} Francesco Gastaldi, li nove febraro med^{o} anno, disigillato e publicato, giudicialmente per me not^{o} infrascritto, li 2 aprile anno corrente 1746.

... Ha eletto sepoltura nella Chiesa de' M^{to} RR. PP. della Madonna di Cimella, e nella sua Capella, ivi eretta in onore di S. Pietro d'Alcantara, ove è la sepoltura de suoi maggiori ; legga a detti PP. messe trecento in refrigerio della sua anima ed ordina che, subito dopo suo decesso, si faccian celebrare nella sud^{a} Chiesa, caricando il suo erede di pagare la solita elemosina.

Più ordina et incarica perpetuamente a tutte le spese per la manutenzione dell' Altare o capella sud^{a} eretta, come suona, in onor di S. Pietro d'Alcantara in d^{a} Chiesa di Cimella, insieme per le spese nel giorno della festa di d^{o} Santo, come è stato sempre solito di fare, tanto lui che suoi antecessori, facendo perciò un legato perpetuo sopra suoi beni et eredità per ragione della manutenzione e spese da supplirsi da chi come suona rispettosamente.

Ha instituito in d^{o} Testamento in suo erede universale il signor avvocato Ignazio Francesco Dabray di lui figliuolo...

BARTHOLOMEO MICHELIS, *Not^{o} e Seg^{rio} del Trib^{le} della Giud^{ia} di q^{ta} Città* [1].

1. *Archives du couvent de Cimiez.*

XXVII

Acte de baptême concernant la famille de Roubion (1808).

L'an mil huit cent et huit, le onze août, a été ondoyée par moi, Recteur de la Succursale de Cimiés soussigné, dans la chapelle de la maison de Mr de Roubion, suivant la permission de Mon[r] le Vicaire Général Grimaldi en date du 11 août 1808, une fille de Mr de Roubion Agapit Caissotti et de Madame Pauline Ricci d'Andon, son épouse, demeurant en cette succursale, à qui j'ai imposé les noms de Marie Thérèse Pauline, née le 11 dudit août. Le parrain Mr Victor Caissotti de Roubion et la marraine Mad[e] Thèrèse Asinari d'Andon.

JEAN-LOUIS-GUIGLIELMO, *Recteur de la Succ[le].*

L'an 1808, le 4 septembre, dans la chapelle de la maison de campagne de Monsieur Caissotti de Roubion, paroisse de Cimiez, ont été suppléées par nous, soussigné, Vicaire général du diocèse de Nice, les cérémonies du baptême à une fille, à qui on a imposé les noms de Marie Thérèse Pauline, enfant dudit Mr de Roubion et de Madame Pauline Ricci d'Andon, mariés ensemble en face de la Sainte Église, née le onze août et ondoyée le même jour par Mr Guiglielmo, desservant de la Succursale de Cimiés, en vertu de la permission par nous donnée à cet effet. Les père et mère présens, ainsi que les parrain et marraine et témoins, ont signé avec nous. Le quatre septembre mil huit cent huit.

GRIMALDI, *Vic^{re} Gl.*

AGAPITO DE CAISSOTTI ROUBION — PAULINE D'ANDON ROUBION — VICTOR DE CAISSOTTI ROUBION, *Par* — THÉRÈSE ASINARI D'ANDON, *Marraine.*

JULES FOUCARD LA ROQUE, *témoin* — GAÉTAN TONDUTI DE L'ESCARÈNE, *témoin.*

J^{n}-BAPTISTE A. DE MACCARANI, *témoin*[1].

1. *Archives de la paroisse de Notre-Dame de Cimiez* : Premier registre des baptêmes, f. 57, r°.

XXVIII

Don du comte F. de Roubion pour la restauration du portique de l'église de Cimiez (1846)

Il sottoscritto ha l'onore di porgere i suoi umili rispetti al Molto Rev^do Padre Guardiano del Convento di Cimella e di versare nelle di lui mani la somma di Lire 175, ossia metà della somma di Lire 350 che suo Padre offre in dono per contribuire al ristauro sia interno che esterno del Portico del Santuario e chiesa di Cimella, riservandosi di versare l'altra metà, ossia Lire 175, quando le riparazioni saranno portate a buon termine. Lo prega, nel mentre istesso, a fargli la ricevuta di suddetta somma, ed a volere invigilare che vengano mantenute intatte sia *l'inscrizione lapidaria* che trovasi nel muro interno del Portico, che *l'arma Caissotti* sulla soglia esterna della gran porta della Chiesa, essendo queste le intenzioni del donatore.

Nizza, 14 marzo 1846.

Il Conte F. di Roubion [1].

1. *Archives du couvent de Cimiez.*

XXIX

Liste des objets d'argenterie de l'église de Cimiez remis au commissaire de police de la ville de Nice et de ceux rendus ensuite par ordre du préfet (1802).

1° Etat des effets d'argenterie qui ont été remis au commissaire de police de la ville de Nice, en vertu d'un arrêt du préfet, en date du 21 courant, et d'après l'autorisation de la Mairie pour les aller recevoir; lesquels ont été remis par les Pères Récolets du couvent de Simiés *(sic)*, ainsi qu'il suit. Savoir :

Une grosse lampe d'argent avec ses chaînes et son couvert.

Quatre moyennes, idem, dont deux brisées.

Une petite croix avec son pied garni d'ornements.

Un gros calice avec sa patène.

Un autre calice avec sa patène.

Une partie de couronne avec une petite croix.

Soixante-quatorze cœurs de différentes grandeurs.

Quarante autres petites pièces, comme poissons, bras, cœurs, Vierges et autres petits objets.

Ayant été remis en plus une cloche avec son batail.

Lesquels objets, mentionnés ci-dessus, je déclare m'avoir été remis par lesdits Pères, à qui j'ai délivré reçu au bas de ladite note.

Au Couvent de Simiés, le 24 Messidor an dix de la République.

J. DIVE.

2° L'anno del Sig^re^. 1802, 28 luglio (v. s.), essendo stato invitato, per Biglietto dei 8 Thermidor, anno 10 della Rep. Francese, da Cittadino Dive Commissario di Polizia in Nizza, il Sacerdote Lorenzo Guiglielmo, dimorante in Cimella, di portarsi in Nizza all' officio di d° Commissario, ad effetto di ricevere, in virtù d' un decreto fatto dal Cittadino Prefetto Chateauneuf Randon, in data 4 Thermidor an. 10 sud°, parte dell' argenteria della chiesa trovata in Cimella, il sud° Sacerdote vi si portò, lo stesso giorno 28 luglio, cui di fatto fu consegnata dal d° Commissario parte di d^a^ argenteria, cioè 14 cuori di diversa grandezza, tre pesci, due figurine, una gamba; del che tutto ne fece il d° Sacerdote la ricevuta in scritto al Med° Commissario. Portata indi dal med° Sacerdote la d^a^ argentaria in Cimella, questa fu fedelmente consegnata alla Sacrestia, e subito esposta all' altare di Maria SS^ma^ in di Lei onore, come si può vedere, e come ordina il decreto del sud^to^ Cittadino Prefetto.

In fede, etc.

Nizza-Cimella, 29 luglio 1802 (v. s.).

Cosi è, Cittad° ANDREA FARANDO, *Sacerd^e^*.
Cosi è, Cittad° MODESTO CARLO, *Sacerd^e^*.
Cosi è, Cittad° GAUDENZIO NICOLAS, *Sacerd^te^*.
Cosi è, GUIGLIELMO, *Sacerd^e^ sud°* [1].

1. *Archives du Couvent de Cimiez.*

XXX

Requête du Syndic des Frères Mineurs au Vicaire général de Nice pour obtenir la restitution des objets appartenant à l'église de Notre-Dame de Cimiez, déposés à la cathédrale, et réponse à cette requête (1817-1819).

Illmo e R^{mo} Sig. Vicario generale.

Esponesi, per parte de' rev^{di} Padri Minori riformati del Convento di Cimella, che sul principio del mese di luglio 1802, il Prefetto del soppresso Dipartimento delle Alpi marittime, Chateauneuf-Randon, portatosi nel loro Convento accompagnato da soldati detti *Gendarmes*, si fece rimettere dai religiosi in quel convento esistenti gli effetti appartenenti a questa chiesa e li fece indi trasportare in questa Città, come ne risulta dallo stato qui annesso, sottoscritto, li 24 messidoro anno X, dal Sig^{r} Dives, Commissario di polizia di questa Città, di ciò incaricato dal prefato Sig^{r} Prefetto.

Alcuni giorni dopo, cioè li 28 del d^{o} mese di luglio 1802, sull' invito del d^{o} Commissario Dives, recatosi in questa Città il Sacerdote Lorenzo Guiglielmo (guardiano attuale del convento) ricevette dal med^{o}, in esecuzione di un decreto del d^{o} Prefetto, una parte di detta argenteria, cioè :

14 cuori di diverse grandezze;

3 pesci, 2 figurine, una gamba;

del che tutto ne fece il d^{o} sacerdote la ricevuta in scritto allo stesso Commissario, come risulta dalla dichiarazione sottoscritta, li 29 luglio 1802, dal med^{o} Sacerdote Guiglielmo e da tre altri Sacerdoti di d° Convento. I restanti effetti furono depositati nella chiesa di Santa Reparata di questa Città, ad eccezione di alcuni cuori ed altri voti d'argento stati distribuiti alle chiese parrocchiali di S. Giacomo e di S. Martino, pure di q^a^ città, come è di publica notorietà.

Oltre che dalle menzionate dichiarazioni risulta che li menzionati effetti appartenevano alla chiesa di Cimella, si trovano nei med^mi^ imprese le armi del Convento, o quelle dei donatori, e deve notarsi che il gran Calice e la Croce sono stati dati a quel Convento dal sommo Pontefice Paolo III.

Avendo gli stessi religiosi, dopo il felice ritorno di S. M. nei suoi stati di terra ferma, avuto ricorso a Monsignore per ottenere la restituzione alla loro chiesa degli restanti effetti stati tolti alla medesima, Monsignore si è degnato di assecurarli che, ove fosse ristabilito il convento, gli stessi effetti, i quali non erano stati dati alle menzionate parrocchie, ma solamente messi in deposito presso le med^e^, sarebbero stati restituiti.

In questo stato di cose, gli ricorrenti, trovandosi ora felicemente in possesso del loro Convento, ricorrono a V. S. Illma e Rev^ma^ acciò, preso in considerazione l'esposto, si compiaccia ordinare agli amministratori delle diverse parrocchie, le quali hanno ricevuto in deposito i menzionati effetti, di restituirli senza ulteriore ritardo, onde sia rispettata ed eseguita la pia intenzione de' donatori.

Il Conte Focard della Rocca,
Sindico apostolico.

—L'anno del Signore 1817 ed alli 3 del mese di Febraio, essendosi riuniti coi R. P. Penchienati e Passeroni assistiti dal S. Conte della Rocca sindaco apostolico, R. parroco Doneudi ed il sottoscritto Vic° Gnle Trinchieri, si è convenuto che saranno ristituiti al convento di Cimela le *cinque lampade di argento*, il *calice del papa* ed *altro d'argento*, la *campana* ed i voti che esistono nella chiesa cattedrale e nelle altre due parrocchie di questa città e che si riconoscerà essere di quelli che furono presi per ordine del governo nella sud[a] chiesa di Cimela; ed in contracambio li R. P. si obligano di ristituire alla chiesa e convento di S. Ponzio i scanni, i candelieri e le reliquie che furono messe in deposito presso de' stessi R. P. — Nizza, li 5 feb[o] 1817.

TRINCHIERI, *Vic[o] Gnle.*
DONEUDI, *Can. Curato.*
FOCARD DELLA ROCCA.
FR. PIETRO DI CONTES (Passeron), *Custode.*
FR. FRANCESCO MARIA DA CONTES, *Vic.*

— Si dichiara che restarà la *campana* nella chiesa cattedrale in sino a che possa farsene un altra; che pure, comunque sia, dovrà quella restituirsi, o il suo valore, fra un anno e mezzo. — Nizza, li 7 agosto 1817.

TRINCHIERI, *Vic. Gnle.*

— Dopo convenzione fatta tra i M[to] R[di] Padri di Cimella Padre Passeron, Guardiano, e Padre Penchienati, curato, ed il R[mo] Sig[r] Vicario Generale Trinchieri, ed il can. curato della cattedrale Doneudi, di restituirsi reciprocamente tutti gli effetti che si trovano nella cattedrale già appartenenti al convento di Cimella, e parimente che i detti religiosi avrebbero restituiti alla cattedrale quelli, già appartenenti al Monastero di S. Ponzio, che si trovano come in deposito nel loro convento, ed essendo già in parte realizato detto convegno, il Can. Doneudi, in qualità di Parroco della Cattedrale, resta ancora a consegnare la *campana piccola*, che si trova nel Campanile di detta chiesa; quale promette e si obliga di restituire fra lo spazio di mesi sei, con il *calice del papa*, che si è fatto fondere. — Nizza, li 4 8bre 1819.

DONEUDI, *Can. Curato.* [1]

La cloche, enlevée à Cimiez et dont il est question dans la pièce qui précède, portait en relief l'image de saint François en contemplation devant la sainte Vierge, avec l'inscription :

SANCTA MARIA DOLORATA,
ORA PRO NOBIS.
MDCLXXI.

Malgré les promesses contraires, elle ne fut jamais restituée au sanctuaire de Cimiez et resta dans le campanile de Sainte-Réparate. Le 8 novembre dernier (1900), au moment même où — coïncidence singulière! — nous compulsions les documents la concernant, elle s'est fracturée, pendant l'absoute d'un service de *Requiem* chanté, à la cathédrale, pour la Congrégation de Saint-Joseph. Elle va, suivant toute vraisemblance, être fondue et, de la sorte, disparaître.

1. *Archives du couvent de Cimiez.*

XXXI

Ordonnance de Mgr Jean-Baptiste Colonna nommant le Père Jean-Louis Guiglielmo desservant de la paroisse de Notre-Dame de Cimiez (1803).

Joannes Baptista Colonna de Istria, miseratione Divina et S. Sedis Apostolicæ gratia Niciensis Episcopus.

Magistrum Joannem Mariam Guiglielmum Civitatis Niciensis, presbyterum diœcesis Nostræ, bonum et laudabile testimonium habentem, commisimus et committimus per præsentes litteras ad principaliter deserviendam succursalem Ecclesiam sub titulo Annuntiationis B. M. V. Cemellarum, administranda sacramenta, matrimonia celebranda et omnia generatim munia parochialia obeunda, quamdiu Nobis placuerit.

Datum Niciæ, sub signo Nostro, anno Domini millesimo octingentesimo tertio, Reipublicæ undecimo, die vero mensis maii primo, et undecimo floreal.

† JOANNES BAPTISTA,
Episcopus Niciensis[1].

1. *Registres de l'évêché de Nice.*

XXXII

Élection du R. P. Léonard de Dolceacqua comme curé de Notre-Dame de Cimiez (1827).

Retro laudatus Adm. R. P. Franciscus Maria Penchienati a Contes, qui hanc Cemellensem Ecclesiam seu Parœciam laudabiliter atque digne, per spatium undecim annorum cum dimidio, magno animarum progressu utilitateque administravit, Provincialatus officio postea decoratus est a Revd^{mo} Patre Joanne a Capistrano, Ord. nostri Mnro. Generali, sub die 17 9^{bris} 1827. Ob hoc Cura seu Curati onere sese dimisit propter Provinciæ regimen exactumque gubernium. Hinc per patentes litteras, sub die trigesima elapsi nuper novembris ejusdem anni, ab Illmo ac Revd^{mo} Episcopo Joanne Baptista Colonna de Istria, subscriptas : « Alexander Paperonus Can^{cus} Secret, », electus fuit Rector dictæ succursalis Ecclesiæ Parochialis sub titulo S^{æ} Mariæ in cælum Assumptæ R. P. Leonardus Arnaudo a Dulceaqua, qui, die nona x^{bris} eiusdem anni 1827, in possessionem eiusdem Curæ deductus fuit per manus supradicti Adm. R. P. Francisci M^{æ} a Contes, ab Illmo. et Revdmo. laudato Episcopo ad hoc specialiter delegati.

E Conventu Cemell., die 9 x^{bris} 1827.

Fr. LEONARDUS ARNAUDO A DULCEACQUA [1].

1. *Archives de la paroisse de Notre-Dame de Cimiez :* Premier registre des baptêmes, f° 245 verso.

XXXIII

Notes relatives au passage de Pie VII à Nice (1809 et 1814).

Anno Domini millesimo octingentesimo nono, die septima augusti, Summus Pontifex Pius VII, Chiaramonti, e Gallia inopinato veniens, transivit per hanc nostram Niciensem Civitatem et hic tribus diebus moratus est, scilicet die 7, 8 et 9 Augusti. Die autem 10 mane, discessit versus Pedemontem. Die 9 d^ti^ Augusti, felicem sortem habui Ego infrascriptus osculari pedes ejus ac manum cum pluribus aliis ; in qua occasione peculiares facultates ac indulgentias, a me ipsi humiliter petitas, mihi speciatim benigne concessit.

(Suivent les indulgences obtenues.)

JOANNES LUDOVICUS GUIGLIELMO,
Succursalis Rector[1].

Voici maintenant le texte des inscriptions de la colonne élevée en souvenir du second passage du Souverain Pontife à Nice (1814) :

Du côté du Midi

EX. AVCTORITATE. REGIS. KAROLI. FELICIS.
NICAEENSES.

1. *Archives de la paroisse de Notre-Dame de Cimiez* : Premier registre des baptêmes ; folio placé en tête.

QVORVM. RELIGIONEM. ET. ERGA. SE. OBSERVANTIAM.
PIVS. VII. PONT. MAX.
AMPLISSIMO. LITTERARVM. TESTIMONIO.
HONESTAVIT.
MOLITIONE. OPERIS. ANNO. MDCCCXXII. DECRETA.
CVRANTIB. RAYMVNDO. GARIN. COMIT. A. COCCONATO.
IOAN. IOS. FRANCO. STEPH. LEVAMIS. COSS.
DICAVER. ANNO. SVBSEQ.
ALOYSIO. ALEXANDRO. SAISSI. A. CASTRONOVO.
IOAN. PECOVD. PETRO. VERANI.
COSS.

A l'Est

OB. REDITVM. FAVSTVM. FELICEM.
PII. VII. PONT. MAX.
QVEM. ECCLESIAE. PERDVELLIVM. IMMANITATE.
REGNO. SPOLIATVM.
ATQ. HAC. SATELLITIBVS. STIPANTIBVS. ABDVCTVM.
VII. ID. SEPT. A. MDCCCVIIII.
CIVES. ADVENAEQVE.
VOTIS. ET. LACRIMIS. PROSECVTI. FVERANT.
ORDO. POPVLVSQ. NICAEENSIS.
OVANTI. GRATVLATVS.
MONVMENTVM. LAETITIAE. PVBLICAE.
STATVIT.
DEVOTVS. SANCTITATI. MAIESTATIQ. EIVS.

Du côté Ouest

PIVS. VII. PONT. MAX.
HOSPES. NICAEENSIVM. AD. TRIDVVM.
QVOD. FVIT. EX. V. IN. III, ID. FEBRVAR.
ANNO. MDCCCXIIII.

TOTA. VRBE. PER. NOCTEM.
LVMINIBVS. VLTRO. APPOSITIS.
COLLVCENTE.
MORTALES. OMNIVM. GENERVM. AETATVM. ORDINVM.
IN. SINGVLAS. HORAS. VNDIQVE. CONFLVENTES.
SALVTARI. PRECATIONE. E. MAENIANO. LVSTRATOS.
MAIESTATE. ADSPECTVS. SANCTISSIMI.
PERPETVIS. VOCIBVS. EFFLAGITATA.
BEAVIT.

Au Nord

ANNO. MDCCCXIIII. V. ID. FEBRVAR.
PIVS. VII. PONT. MAX.
ADSERTOR. CATHOLICI. NOMINIS.
OBSES. RELIGIONIS. PER. QVINQVENNIVM.
QVVM. E. GALLIA. SAVONEM. DEDVCERETVR.
COLLEGIO. PATRVM. CANONICOR. NICAEENSIVM.
ET. KLERO. ET. SODALITATIBVS. VNIVERSIS.
CVNCTAQ. SEDIBVS. SVIS. PROPE. AVVLSA. CIVITATE.
OBVIAM. HVC. VSQUE. PROGRESSIS.
CVRRVQVE. AB. HOMINIBVS.
MILITE. NEQVIDQVAM. OBNITENTE. CERTATIM. PERTRACTO.
INTER. FAVSTAS. CONTINENTESQ. ACCLAMATIONES.
NICAEAM. INGRESSVS. EST.

XXXIV

L'abbaye de Saint-Pons.

Suivant une légende, l'abbaye de Saint-Pons, construite près du lieu où ce saint fut martyrisé, aurait été fondée, au VIIIe siècle, par Charlemagne et aurait eu pour premier abbé saint Syagrius.

Gioffredo (*Nicæa civitas sacris monum. illust.*, part. II, de Mon. S. Pontii) a donné la liste de ses abbés, depuis 1004 jusqu'à 1658.

Nous avons reproduit ci-dessus (Pièce XV) la bulle par laquelle, en 1247, Innocent IV confirma ses possessions et ses privilèges. Sécularisée à la Révolution, elle est maintenant occupée par une congrégation italienne d'Oblats de Marie.

L'inscription suivante, placée sous le portique, en résume ainsi l'histoire :

« COENOBIUM ISTUD, DIVI PATRIS BENEDICTI ACCOLIS A SÆCULIS SACRUM, TEMPLUM DIVO MARTYRI PONTIO PRÆSULI DICATUM, INFENSISSIMIS DEPRESSA TEMPORIBUS, SUMMA AUGUSTI REGIS KAROLI ALBERTI MUNIFICENTIA B. MARIÆ VIRGINIS OBLATIS ADDICTA, D. D. EPISC. DOMINICI GALVANO SOLERTI STUDIO ET CURIS ASSIDUIS REGALIBUS ELARGITIONIBUS RESTAURATA, DIRUPTIS AMOTIS AMPLIATA, MUNITA, CONDECORATA, AD DEI GLORIAM, AD ANIMARUM SALUTEM, SPLENDIDA DICANTUR IN ÆVUM. XII KAL. APR. 1835. »

L'église, presque entièrement modernisée, possède pourtant quelques vieux tableaux, parmi lesquels un *Christ en croix* fort remarquable et un beau cadre, la Vierge entre saint Philippe de Néri et saint Dominique, don du baron de Saint-Maclou. Dans la première chapelle du côté de l'évangile sont les débris de l'antique tombeau de saint Pons :

TUMULI S. PONTII M. IN VETUSTO HUIUS MONASTERII TEMPLO QUÆ SUPERSUNT FRAGMENTA.

Une petite chapelle en contrebas, placée tout près, renferme sous son autel une partie des ossements du martyr et une partie aussi de ceux de saint Front de Périgueux :

CORPORA S. PONTII, EP. M., ET FRONTONIS, EPISCOPI.

En face une longue inscription rappelle les vicissitudes de ces reliques.

Disons, en terminant, que c'est fort aventureusement et contre toute vraisemblance historique que saint Pons a été qualifié d'*évêque*.

TABLE

TABLE DES MATIÈRES

INTRODUCTION

PREMIÈRE PARTIE

LE COUVENT

CHAPITRE I

LES FRÈRES MINEURS A NICE

CHAPITRE II

LES FRÈRES MINEURS A CIMIEZ JUSQU'A LA RÉVOLUTION

CHAPITRE III

LES FRÈRES MINEURS A CIMIEZ DEPUIS LA RÉVOLUTION

CHAPITRE IV

LES FILS DE CIMIEZ

DEUXIÈME PARTIE

LE SANCTUAIRE

CHAPITRE I

LE SANCTUAIRE DE NOTRE-DAME DE CIMIEZ AVANT LA RÉVOLUTION

CHAPITRE II

LES INDULGENCES ET LES RELIQUES

CHAPITRE III

LES GRANDES FAMILLES PROTECTRICES ET BIENFAITRICES DU SANCTUAIRE

CHAPITRE IV

LE SANCTUAIRE DEPUIS LA RÉVOLUTION

ÉPILOGUE

LE SANCTUAIRE ET LE COUVENT DE CIMIEZ A L'HEURE ACTUELLE

526. — Ligugé (Vienne). — Imp. Saint-Martin. M. Bluté. — 12-09.

www.ingramcontent.com/pod-product-compliance
Ingram Content Group UK Ltd.
Pitfield, Milton Keynes, MK11 3LW, UK
UKHW012016240726
13965UKWH00002B/397

9 782013 49332